한국의
대통령들

한국의
대통령들

1판 1쇄 발행 2017년 11월 20일

지은이 김한창

펴낸이 원하나
펴낸 곳 도서출판 호박

디자인 정미영
출력·인쇄 금강인쇄(주)

출판등록 2011년 11월 10일 제251-2011-68호
주소 서울시 관악구 남부순환로 1855 통일빌딩 308-1호
전화 070-7801-0317 팩스 02-6499-3873
홈페이지 www.theonebook.co.kr

ISBN 979-11-85987-03-3 03340

ⓒ2017, 김한창
이 책은 저작권법에 의해 보호받는 저작물이므로 무단전재와 무단복제를 금지하며, 이 책의 전부 또는
일부를 이용하려면 반드시 저작권자와 출판사의 서면 동의를 받아야 합니다.

책값은 뒤표지에 있습니다. 잘못된 책은 구입하신 곳에서 바꾸어 드립니다.

이 도서의 국립중앙도서관 출판예정도서목록(CIP)은 서지정보유통지원시스템 홈페이지(http://seoji.nl.go.
kr)와 국가자료공동목록시스템(http://www.nl.go.kr/kolisnet)에서 이용하실 수 있습니다.(CIP제어번호:
CIP2017031752)

표지 사진 출처 : 연합뉴스

한국의 대통령들

대통령은 역사의 이정표다

김한창 지음

대한민국 제1-3대 대통령 이승만(1948~1960)·대한민국 제5-9대 대통령 박정희(1963~1979)·대한민국 제11-12대 대통령 전두환(1980~1988)·대한민국 제13대 대통령 노태우(1988~1993)·대한민국 제14대 대통령 김영삼(1993~1998)·대한민국 제15대 대통령 김대중(1998~2003)·대한민국 제16대 대통령 노무현(2003~2008)·대한민국 제17대 대통령 이명박(2008~2013)·대한민국 제18대 대통령 박근혜(2013~2017)·대한민국 제19대 대통령 문재인(2017~)

호박

**『한국의 대통령들』
책을 내며**

　『한국의 대통령들』은 2016년에 『한국의 장관들』 집필을 마치면서 운명처럼 써야 할 주제가 되었다. 정치현장에 출사의 경험을 해봤던 학자로서 독자들보다는 개인적 학습의 필요에 의해서도 저술의 필요성을 절감한 것도 사실이다. 그래서 한편으로는 대중적이면서도 현대사를 조망할 수 있고, 한국의 민주주의 수준도 진단할 수 있는 욕심을 부린 책이기도 하다. 나아가 촛불혁명 1주년 즈음하여 문재인 정부의 성공이 그 어느 때보다 대한민국의 운명을 좌우할 시기라는 점에서, 문재인 정부가 집권 초기의 강한 힘을 갖고 있는 시점에 예외 없이 검증하고 검토해야 성공할 수 있다는 메시지도 담고 싶었다. 그리고 필자가 공무원노조와의 인연으로 『한국의 장관들』을 집필한 것처럼 『한국의 대통령들』을 통해서도 공무원노조와 동행하고 싶은 생각이 있었다. 공무원노조가 기획과 발간에 동참함으로써 정책노조로서 품격과 역량을 강화하는 계기가 되길 바랐다. 관료 민주주의가 정치 민주주의와 경제 민주주의의 다리역할과 균형추의 역할을 하기 때문에 계급제하에서 관료 민주주의의 중요성이 더해가고 있고, 그 역할이 제대로 되기 위해서는 공무원노조의 역량강화가 필수적이라는 소신이기 때문이다.

『한국의 대통령들』은 크게 세 부분으로 구성되어 있다. 첫 번째는 한국의 정치 민주주의라는 주제 아래 역대 대통령들의 리더십과 국정 주도 세력 그리고 대통령의 의미에 맞는 정치사상을 소개하면서 한국의 정치적 민주주의 수준을 직간접으로 진단하고자 했다. 두 번째는 한국의 관료 민주주의라는 주제 아래 역대 대통령들이 위기 때 가장 중요한 정부의 관료들의 진퇴를 어떻게 하였는지에 대해서 초점을 맞추고 리더십을 도출하기 위한 모델을 제시했다. 즉 위기라는 상황에서 가장 중요하다고 할 수 있는 국무총리, 비서실장, 정보기관장의 임명이 본질적인 대통령의 총합적인 리더십을 보여줄 수 있다는 가정하에 대통령의 리더십 도출 모델을 제시해보았다. 물론 주요한 자리에 어떤 사람들이 인선되었는지를 살펴봄으로써 간접적으로 관료 민주주의에 대한 진단을 병행했다. 관료 민주주의에 대해서는 별도로 저서를 쓰고 싶을 정도이지만 책의 전반적인 주제가 초점이 흐려질 수 있어서 많이 싣지는 않았다. 세 번째로는 경제 민주주의 관점에서 그동안 역대 대통령들이 중점을 가져야만 했고 주창했던 부분들이 과연 이뤄졌는지에 대해 검토를 해보고자 하였다. 결과적으로 문재인 정부의 목적과 사명이라고 할 수 있는 촛불혁명의 뜻을 잊지 말자는 취지가 내포되어 있기도 하다.

흔히들 대통령은 하늘이 낸다고 한다. 그 말의 뜻이 무엇인지를 조금은 이해가 되었다. 성공하느냐 실패하느냐는 그 하늘이 준 사명에 충실했느냐 하지 않았느냐의 차이일 뿐이다. 충실한 것과 욕심을 부리는 것 또한 하늘과 땅만큼의 차이가 있다. 충실한 소명의 이행이 성공한 정부와 성공한 대통령 그리고 행복한 국민을 만든다. 문재인 정부의 촛불혁명의 소명이 충실하게 이행되길 바라마지 않는다.

끝으로 『한국의 대통령들』의 책을 함께 기획하고 후원해준 많은 공무원노동조합과 공무원노동조합이 중심이 된 연구정책모임이라 할 수 있는 공공정책연구원의 기관회원들께 큰 감사를 드린다. 그리고 사무관이 되거나 평조합원이 되신 후에도 공공정책연구원의 후원회원으로 함께 하고 있는 구문회 전 행공노 사무총장, 이옥경 전 위원장, 김명균 사무관, 정원철 사무관께도 감사를 드린다.

2017년 11월

김 한 창

추천사

김한창 박사의 『한국의 대통령들』은 평범한 시민들이 읽기 편하면서도 현실정치와 이론정치를 공부하는 데에 도움이 되는 한국현대사라고 할 수 있다. 또한 이 책은 일반 시민들이 단순히 공부를 하는데 그치는 것이 아니라 대한민국 현대사를 통찰할 수 있게 한다. 아울러 『한국의 대통령들』은 현재의 정부와 정치에 대한 분석을 쉬우면서도 강력하게 할 수 있는, 현대사 분석의 리트머스 시험지와 같은 분석틀을 담았다.

이와 함께 『한국의 대통령들』은 '위기 시 사람의 본질이 나온다.'라는 가설로 한국정치의 최정점에 있는 대통령의 리더십 역시 정치적 위기 시에 국무총리, 비서실장, 정보기관 수장의 임명에 따라 그 본질을 꿰뚫어 볼 수 있는 툴을 제시한다.

콤플렉스를 통해 대통령 리더십을 분석한 본인 이론의 보완일 수 있는, 상대적인 개념인 자존감을 가지고 대통령의 리더십을 파악하고자 한 점도 상당히 흥미롭다. 콤플렉스를 넘어서고자 하는 원초적인 동인 즉 '리비도'가 무의식적 동인이라면, 학습된 원초적인 동인 '이드'에서 발현한 자존감이 대통령 리더십의 또 다른 분석틀이 될 수 있다고 보고, 콤플렉스와 자존감이 보완적인 개념으로 사용 가능할 수 있는 좋은 통찰력이라고 판단된다.

끝으로 정치 분야인 이 책의 주요 기획의도 중 하나가 정권이 힘이 있을 때 평가한다는 저자의 의도에, 학자적 용기와 패기에 대해서 칭찬할 만하다고 생각한다. 이는 당연히 새로운 촛불체제의 시대에 걸맞은 저술 태도라고 할 수 있겠다.

아울러 촛불정부가 성공하는 것이 대한민국의 성공이라는 국가와 민족에 대한 애정이 이 책 곳곳에 담겨있는 점도 눈에 띈다. 이와 함께 본인의 세부적 의견은 절제하면서도 타 학자의 견해를 빌려 인용하는 큰 틀에서, 본인의 생각과 메시지를 전달하는 서사적 기술을 통해 책의 군더더기가 전혀 없다는 점도 주목할 만하다.

『한국의 대통령들』이 시발점이 되어 시대를 통찰하는 큰 생각이 마무리되고, 김한창 박사를 또 한 번 책으로 만날 수 있기를 기대한다.

고려대 행정학과 명예교수 **김 호 진**

추천사

김한창 박사의 『한국의 대통령들』은 기획과 구성이 뛰어난 책이다. 대통령제를 채택하고 있는 한국 헌정체제에서 정권교체기를 맞아 역대 대통령의 정치 민주주의, 관료 민주주의, 경제 민주주의에 관한 업적, 리더십, 그리고 실책까지를 일목요연하게 분석하고 평가한다는 것은 중요할 뿐 아니라 시의적절한 기획이다.

이 책은 큰 틀에서는 민주주의에 대한 이해의 관점에서, 작게는 정치철학과 대통령을 연계해서 우리 한국정치의 이론적 그리고 정책적 화두를 독자들로 하여금 스스로 생각해보도록 구성되어 있다. 그리고 이 책은 한국 대통령들의 성공과 실패를 통해 한국사회의 모순에 대해 독자들로 하여금 성찰할 수 있는 기회를 줌으로써 한국의 민주주의에 대한 심층적 이해를 높여주고 있다.

『한국의 대통령들』은 한국의 공무원노동조합들이 기획에도 참여하고 후원하였다. 정부와 공공기관의 학술지원이 압도적인 상황에서 선진국처럼 시민사회단체들이 젊은 학자들의 학술연구와 출판을 지원하는 기부문화를 만들어가는 것은 바람직하다. 공무원노동조합의 이론가로서 험난한 길을 개척해오고 있는 현장형 학자로서 김한창 박사가 학문적 시장이 형성되지 않는 분야에서 이룩한 학문적 성과는 학술적 가치 이상의 사회적 파급효과가 있다. 또한 이 책이 공무원노동조합이 올바르게 발전해 나가는데 밑바탕이 되기를 진심으로 바란다.

2016년 말에서 시작하여 아직까지 현재 진행형인 촛불혁명에 의해 정권이 교체되었고, 민주적 대통령이 무엇인가에 대한 국민들의 인식의 대전환이 일어나고 있다. 이러한 한국 민주주의의 시대적 전환기에서 『한국의 대통령들』은 한국 대통령의 리더십, 업적, 성공과 실패에 대한 이해의 폭을 넓히고 접근도 용이할 수 있도록 최대한 간결하고 절제된 서술방식을 취하고 있다는 장점이 있다.

끝으로, 김한창 박사가 『한국의 장관들』에 이어 『한국의 대통령들』을 출판한 것을 시작점으로 해서 한국의 최고 정책결정자들에 대한 더 깊은 연구를 통해서 학문적 업적을 쌓음으로써 대한민국 정치발전에 크게 기여하는 학자가 되기를 빌어마지 않는다.

고려대 정치외교학과 명예교수/광주과학기술원 석좌교수 **임 혁 백**

추천사

　김한창 교수의 『한국의 대통령들』 출간을 보면서 우선 반가운 마음이 먼저 들었습니다. 한국 민주주의 역사와 정치사를 『한국의 대통령들』의 책 속에 간결하면서도 압축적으로 다뤄줘서 청소년들도 어렵지 않게 대한민국의 정치사에 쉽게 접근할 수 있는 기획과 구성이 되었기 때문입니다. 역사는 부끄러운 역사도 있고 자랑스러운 역사도 있습니다. 부끄러운 역사나 자랑스러운 역사나 자라나는 청소년들에게는 거짓 없이 알려줘 청소년들이 교훈을 얻고, 그렇게 성장한 청소년들이 우리 세대의 미래가 되는 것입니다.

　보통의 사람들도 마찬가지이겠지만 지도자들은 더욱이 '위기에 그 인격의 본질이 발현된다.'라는 평범한 진리를 대통령의 주요보직에 대한 인사방식과 접목하여 대통령을 평가하는 분석틀이 『한국의 대통령들』에서

도출된 점도 흥미롭게 읽었습니다. 대통령에 대한 평가방식과 평가는 다층적이고 복합적인 측면이 있습니다. 고도의 통치행위라는 점에서 일반적으로 접근하기 어려운 측면이 많았습니다. 하지만 대통령의 정치행위는 국민 속으로 점점 탈권위 되어가고 있습니다. 대통령이 사랑받는 만큼 성공하는 정부라고 해도 과언이 아닙니다.

이런 측면에서 대통령에 대한 연구도 일반화·보편화되고 연구하는 학자들이 많아지는 것은 바람직한 현상입니다. 저는 대통령이라는 주제에 대해서는 운명적으로 특수한 관계라고 할 수 있습니다. 이러한 연구흐름에 지지를 보내고 이해관계에 얽매이지 않고 아낌없는 후원을 하고 싶습니다.

또한 대통령에 대한 연구가 한국의 대통령들이 행복한 대통령이 되고 국민들이 더더욱 행복한 대한민국이 되는 튼튼한 기초공사에 벽돌 한 장이라도 기여가 될 수 있다면 그 가치는 충분하다고 생각합니다. 책을 쓴 저자와 이런 취지에 동행한 공무원노동조합 등의 수고에 다시 한 번 격려를 드립니다.

민족화해협력범국민협의회 대표상임의장 **김 홍 걸**

차례

『한국의 대통령들』 책을 내며 · 4

추천사
    고려대 행정학과 명예교수 김호진 · 8
    고려대 정치외교학과 명예교수/광주과학기술원 석좌교수 임혁백 · 10
    민족화해협력범국민협의회 대표상임의장 김홍걸 · 12

1장 한국의 정치 민주주의

한국 대통령들의 리더십과 정치사상 · 20

  1. 이승만 - 국가와 민주주의: 혼재와 혼돈 국가의 시작
      1) 이승만 리더십과 자존감 · 26
      2) 이승만 정부 국정 주도세력 · 31
      3) 홉스, '국가는 만인 대 만인의 투쟁' · 33

  2. 박정희 - 관료제와 민주주의: 국가의 분화와 민주주의 태동
      1) 박정희 리더십과 자존감 · 41
      2) 박정희 정부 국정 주도세력 · 44
      3) 베버, '근대화된 국가는 필연적으로 관료화된다' · 48

  3. 전두환 - 민주주의와 헤게모니 : 한국 지배계층의 강화
      1) 전두환 리더십과 자존감 · 55
      2) 전두환 정부 국정 주도세력 · 59
      3) 그람시, '헤게모니를 쥐는 계급이 사회를 지배한다' · 62

4. 노태우 - 민주주의의 여정과 민주화의 길(1) : 탈군인화

    1) 노태우 리더십과 자존감 · *68*

    2) 노태우 정부 국정 주도세력 · *72*

    3) 센, '발전의 의미는 실질적 자유의 확장이다' · *74*

5. 김영삼 - 민주주의의 여정과 민주화의 길(2) : 문민화

    1) 김영삼 리더십과 자존감 · *79*

    2) 김영삼 정부 국정 주도세력 · *84*

    3) 슈미트, '적과 동지의 구분이 민주주의의 동질성을 만든다' · *86*

6. 김대중 - 민주주의와 진보정부(1) : 진보의 경제

    1) 김대중 리더십과 자존감 · *92*

    2) 김대중 정부 국정 주도세력 · *95*

    3) 롤즈, '정치란 다양한 신념 간에 공정한 협동조건을 만드는 것이다' · *97*

7. 노무현 - 민주주의와 진보정부(2) : 진보의 정치

    1) 노무현 리더십과 자존감 · *103*

    2) 노무현 정부 국정 주도세력 · *108*

    3) 스키너, '정치사상은 시대적 고민에 참여하는 정치행위다' · *110*

8. 이명박 - 민주주의와 보수정부(1) : 보수의 경제

    1) 이명박 리더십과 자존감 · *113*

    2) 이명박 정부 국정 주도세력 · *117*

    3) 듀이, '경험은 유일한 실재이고 지식이다' · *120*

9. 박근혜 - 민주주의와 보수정부(2) : 보수의 정치

　　1) 박근혜 리더십과 자존감 · *126*

　　2) 박근혜 정부 국정 주도세력 · *130*

　　3) 룩셈부르크, '혁명의 힘은 자발성에서 나온다' · *132*

10. 문재인 - 민주주의와 진보정부(3) : 국민과 참여정부를 넘어

　　1) 문재인 리더십과 자존감 · *138*

　　2) 문재인 정부 국정 주도세력 · *142*

　　3) 매킨타이어, '좋은 삶은 가치를 공유한 공동체의 전통 속에서 완성된다' · *144*

2장　한국의 관료 민주주의

한국의 대통령과 핵심 관료들 · *150*

1. 역대 총리 · *154*

2. 역대 비서실장 · *199*

3. 역대 정보기관 수장 · *236*

4. 빅big3 인선을 통해 본 대통령 리더십 분석

　　1) 대통령 리더십 분석을 위한 체계 도출 · *273*

　　2) 빅big3 인선을 통해 본 대통령 리더십 분석의 한국적 적용 · *279*

　　3) 대통령 리더십 분석 결과 · *296*

3장 한국의 경제 민주주의

한국 대통령들의 신화 · 302
1. 이승만 - 국가가 건강하게 탄생하였는가? · 305
2. 박정희 - 한강의 기적은 존재하는가? · 315
3. 전두환 - 경제 안정은 시장경제의 존중에서 비롯되었는가? · 324
4. 노태우 - 보통사람의 시대는 열렸는가? · 330
5. 김영삼 - 호랑이 굴의 호랑이는 잡혔는가? · 335
6. 김대중 - 민주주의와 시장경제의 병행 발전이 성취되었는가? · 341
7. 노무현 - 민주주의 인프라는 강화되었는가? · 346
8. 이명박 - 국민은 잘 살게 되었는가? · 351
9. 박근혜 - 산업화와 민주화 세력의 화해는 이뤄졌는가? · 356
10. 문재인 - 촛불혁명은 달성될 수 있는가? · 361
11. 소결 - 촛불혁명은 경제 민주화다 · 365

참고문헌 · 367

선거 정보
    역대 대통령 선거 · 386
    역대 국회의원 선거 · 388
    역대 지방선거 일시 · 390

공동기획 및 후원 · 391

1장

한국의 정치 민주주의

한국 대통령들의 리더십과 정치사상

대한민국 민주주의 여로旅路

정치발전이란 정치적 평등성의 증가와 정치체제의 능력신장 및 구조적 분화를 지향하는 변동과정을 지칭하는 것으로 간주될 수 있다. 특정국가의 정치질서가 오랜 기간에 걸쳐 보다 덜 민주적인 상태로부터 더 민주적인 상태로 전환되는 하나의 과정을 정치발전으로 간주한다. 즉 정치제도화란 민주주의 정치질서의 정착을 의미하기 때문에 민주성의 문제가 최우선적으로 고려되어야 할 것이다. 민주성이란 특정 정치질서의 구조기능적인 존재양식과 운영규범이 얼마나 민주주의 원칙에 부합하느냐를 반영하는 개념이다. 민주성을 판가름할 수 있는 주요지표로는 ① 정치집단의 공존 ② 삼권분립의 여부와 삼권 간의 역학관계, 특히 국회의 존재여부와 권한 ③ 평화적 정권교체 여부 ④ 정치지도자 및 국회(경쟁성의 여부와 정도) ⑤ 일반국민의 참정권 여부와 정도 ⑥ 언론자유와 인권보장의 정도(특히 정치적 반대의 자유화 정도) ⑦ 결사의 자유 ⑧ 입법부의 효율성 ⑨ 정당의 활동성(특히 이익표명 정도) ⑩ 군부의 정치적 중립성 등을 들 수 있다.(김호진 1983:122-123) 즉 민주주의를 향해 나가는 정도가 한국 대통령의 의미라고 환언해도 과언이 아닐 것이며 민주주의 정착에 어떤 기여를 했는가 하는 것이 대통령의 역할이라고 할 수 있을 것이다.

지병근(2008)은 게디스(Gaddes, 1999)와 헌팅턴(Huntington, 1991)의 연구를 인용하여 민주화는 비민주적 정치형태, 즉 다양한 형태의 권위주의 체제로부터 민주주의 체제로의 이행을 의미한다고 설명한다. 군부 체제, 단일정당 체제, 개인주의적 권위주의 체제 등 민주화의 대상인 권위주의 체제 사이의 차이는 민주주의 국가들과의 차이만큼 크다. 그러나 다양한 권위주의 체제로부터 민주주의 체제로의 이행은 대체로 다음의 세 가지 과정을 공통적으로 포함한다. ① 권위주의 체제 붕괴 ② 민주주의적 정치체제의 출현 ③ 이행한 민주주의 체제가 공고화 되어가는 과정이다.

친일·군부독재와 시민들과의 응전의 시간

정대화(1997:181-182)는 한국의 민주화가 군부독재와 민중진영 간의 대립양상으로 전개되었다는 것이 정치변동의 가장 본질적인 측면이며 한국에서 지배세력의 교체를 설명하기 위해서는 두 가지 전제가 필요하다고 말한다.[1] 두 가지 전제는 군부세력과 부르주아 계급이 교체되지 않고 존재한다는 것이며 군부세력과 부르주아 계급과의 동맹이 계급적 연대로 강화되면서 정치변동에 대응하고 진화해 왔다는 것이다.

민주화 이론을 볼 때, 한국의 설명력은 꽤 높다고 할 수 있다. 립셋(Lipset, 1959)은 산업화와 도시화가 어느 정도 일정한 수준에 도달했을 때 민주화는 가능하다고 말한다. 한국도 서울역에 무작정 상경을 하는 도시화가 이뤄지면서 여촌야도與村野都현상으로 민주화의 전제 조건인

---

[1] 정대화(1997)는 두 가지 전제를 다음과 같이 설명한다. 첫째, 민주화의 출발점으로 작용한 87년의 6월 항쟁과 6·29선언의 시점에서 군부세력 내부에 심각한 분열이 없었다는 사실이다. 군부세력은 통일되어 있었으며 6월 항쟁에 대해서도 통일적으로 대응했다. 따라서 중남미의 민주화 과정에 대한 연구에서 제기되었던 군부세력 내에서 강경파와 온건파의 분열 및 이들 사이의 권력교체라는 설명방식은 전혀 성립되지 않는다. 이것은 지배세력 내부의 대립이 군부세력 내부에서 형성된 것이 아니라 군부세력과 외부의 다른 세력사이에서 발생했다는 것을 의미한다. 둘째, 한국에서 국가주도의 경제발전 과정에서 특혜적 성장을 거듭한 부르주아지는 80년대의 상황에서 민주화나 자유화 조치를 요구한 바가 없었으며 6월 항쟁의 시점에서도 지배블록의 수준에서 부르주아지의 명시적 이탈이 없었다는 사실이다. 그러나 6월 항쟁 시점에서 확인된 부르주아지의 정치적 침묵이 그 이후의 침묵을 자동적으로 담보하는 것은 아니다. 군부독재와 민중진영 간의 극한적인 대결상황에서 침묵으로 일관하면서 군부독재를 수동적으로 지지했던 부르주아지는 노태우정권의 출범을 전후한 변화된 정치상황에서 자신의 계급적 이익을 중심으로 전개했다는 것이다.

정당과 같은 다른 정치집단이 생존할 수 있었다. 무어(Moore, 1965)는 부르주아 계급과 농민 등 상이한 계급이 민주화의 발전이나 지연을 가져온다고 했는데 한국적 상황은 발전과 지연의 변증법적 움직임을 보이며 점진적으로 민주주의가 성장했다고 할 수 있다. 그리고 알먼드와 버바(Almond & Verva)는 시민문화가 사회에 전반적으로 존중되는 시점에서 민주화가 이뤄진다고 주장한다. 이 역시 한국사회에서 시민단체의 활동이 사회변화를 이끌었던 시점을 지나 국가 전체적으로 시민의식이 성숙하면서 촛불혁명과 같은 평화적 정권교체가 시민들의 손으로 이뤄졌다는 점에서 한국적 상황과 부합된 이론이라고 할 수 있을 것이다.

한 가지 불편하지만 유념해야 될 민주화의 이론이 있다. 어쩌면 현 시점에서 한국의 민주주의를 설명할 때 가장 적합한 이론이 될지도 모르는 가설이다. 그 가설은 루쉬마이어와 동료학자(Rueschemeyer et al., 1921)들이 언급하고 있는 "자본주의적 산업화 부르주아가 피지배계급에 힘을 실어줄 때 비로소 민주화가 가능하다."라는 논리다. 한국은 한국은행이 발표한 불평등 지수가 세계최고 수준일 만큼 경제양극화가 심각하다. 이런 상황에서 한국은 재벌이 민주화에 동의하지 않으면 민주주의가 더 이상 나가지 못하는 상황이 올 수 있다는 측면으로 해석이 가능하다. 현실은 냉혹하다. 새로운 신 계급사회의 도래는 구 계급사회보다 보이지 않는 올가미가 더욱 강하고 많다는 점에서 아무도 장

담할 수 없는 현실이 됐다. 다시 말해 경제 민주화를 이뤄내지 못하면 민주주의는 후퇴할 수 있다는 것을 충분히 인지해야 한다.

대통령은 역사의 추, 시대가 대통령을 선택한다

한국은 성공한 대통령을 찾기가 힘들다. 성공의 의미를 어떻게 규정하느냐에 따라 달라지겠지만 그럼에도 불구하고 한국의 대통령들은 시대적 요구와 명령에 나름의 기여를 해 왔다. 최소한 국민의 이름으로 탄핵을 당했던 박근혜 대통령마저도 어쩌면 아버지 박정희 대통령의 유산을 정리하고 대한민국을 완전히 과거에서 미래로 떠날 수 있도록 한 공헌이 있을 수 있을 것이다. 과거의 대통령들도 도도한 역사의 흐름 속에서 그 시대가 요구했던 시대정신을 담아내는 분기점의 역할을 해 왔다. 물론 악습을 이데올로기화 하여 국민을 분열시키고 지배체제를 공고히 하는 반민주적인 퇴행도 있어왔다. 하지만 대한민국의 민주주의는 더디지만 계속 발전해 왔고 이러한 흐름은 거스를 수 없는 천명과 같은 것이다.

문재인 정부가 민주주의의 바다로 항해를 시작했다. 촛불민심을 좌표삼아 또 다시 출항을 했다. 촛불혁명의 엔진을 달고 가고 있는 이상 좌초하지 않을 것이란 믿음을 갖고 있다. 부디 문재인 호가 항해를 마쳤을 때 많은 인파가 항구에서 그 수고로움에 따뜻한 격려를 하는 행복한 대한민국의 모습이 역사의 한 장면으로 기억되길 바란다.

1
이승만
국가와 민주주의: 혼재와 혼돈 국가의 시작

1) 이승만 리더십과 자존감

• 김호진의 평가

　김호진(2006:164-166)은 이승만 대통령 리더십의 특성으로 "가부장적 권위형으로 아첨꾼을 중용했다."라고 정의하고 있다. 이승만은 국민 대다수가 이름도 쓸 줄 모르던 암흑기에 이미 서구 문명을 익히고 국제 정세를 논할 정도로 의식이 깨어 있었다. 이런 메시아적 환상에서 싹튼 우월 콤플렉스가 그를 가부장적 권위형으로 만든 결정적 동인이었다. 할아버지가 손자를 귀여워하듯 가부장적 지도자는 아첨꾼을 좋아한다. 이런 성향 때문에 그는 사람을 쓸 때도 자기 말을 잘 듣는 사람을 선호했다. 한민당의 도움으로 대통령이 되었으면서도 고분고분하지 않은 김성수(한민당 위원장)를 총리로 지명하지 않고 이윤영과 이범석을 번갈아 지명한 것이 이를 반증한다. 그는 다루기 힘든 한민당과의 동거를 원치 않았던 것이다. 또한 이범석의 세가 커지자 그를 경계한 이승만은 아들까지 양자로 바치며 충성을 표시한 이기붕을 2인자로 간택하고 처세에 능한 친일관료들을 중용했다.

• 임혁백의 평가

임혁백(2004:93)은 이승만에 대해 우리의 의사와 관계없이 외부로부터 주어진 조건이었던 냉전하에서 분단국가를 건설하는데 가장 적합한 리더십을 갖추고 있었다고 평가한다. 그래서 그는 분단과 전쟁이라는 어려운 상황에서도 근대국가를 건설함으로써 그에게 맡겨진 시대적 소명을 다했다. 2차 세계대전 이후 가장 큰 규모의 정규전이었던 한국전쟁을 미국의 힘을 빌려 치러냄으로써 신생국가를 수성한 공로도 인정된다. 하지만 그는 노자의 공성퇴신功成退身의 리더십 원칙을 지키지 않았으며 권력을 연장하려는 노추老醜를 드러냄으로써 자신의 리더십에 치명상을 남겼을 뿐 아니라 한국의 신생 민주주의를 발전시키기는 커녕 오히려 퇴행시키는 역사적 오점을 남겼다.

이승만의 자존감

○ 이승만은 미국 유학파 엘리트라는 우월감이 기반으로 있었다.[2]

이승만이 초대 대통령이 될 수 있었던 원동력은 ① 한 평생을 바친 독립운동 경력 ② 19세기 말 배재학당 재학과 졸업 직후의 독립협회 활동 ③ 세계최고 수준인 미국 명문대학교에서 유학하고 박사학위를 취득한 뛰어난 지적능력 ④ 1919년 임시정부 태동 당시 여러 임시정부들에서 대통령 또는 국무총리로 추천되었고 상해 통합 임시정부에서도 초대 대통령으로 추대될 정도의 높은 인지도 ⑤ 일제 강점기에 독립운동가들 사이에서 대표적인 외교통으로 활동한 경력 및 이 시기에 구축해 놓은 국제적 네트워크 ⑥ 세계 최강대국으로 부상하던 미국을 19세기 후반부터 알아보고 미국 중심의 외교에 집중한 선견지명 ⑦ 1945년 이후의 냉철하고 현실적인 국제안목 ⑧ 강력한 집권욕구 및 국가의 기틀을 세워야겠다는 사명의식 ⑨ 전국적 조직 및 상대적으로 넉넉했던 정치자금 등으로 볼 수 있다.(하태수 2016:72)

---

[2] 이준석(2013:134)에 따르면 이승만은 1945년 귀국당시 국내에서는 잊혀진 존재였다. 이승만 계열인 홍업구락부 회원들과 일부 미국 유학 지식인들만 이승만을 알고 있었다. 미국 정보당국이 1940년대 초부터 다양한 통로로 한국의 유력한 지도자를 파악했는데 이승만이 거론되는 경우는 거의 없었다고 한다. 그런데 3년이 지난 후 1948년에는 독보적인 존재가 되어 김구까지도 통일된 대한민국의 최초 대통령은 이승만 박사가 되어야 한다고 주장할 정도가 된다.(김명섭·김석원 2009:71)

○ **개인적 우월감을 바탕으로 벼랑 끝 리더십을 전개하였다.**

이승만은 생전에는 물론, 지금까지도 논란이 끊이지 않는 인물 중 하나다. 대한민국 초대 대통령이었던 데다가 그가 집권한 시기가 현대 한국 사회의 기초가 된 점을 감안하면 그에 대한 역사적 평가를 둘러싼 논란은 당연하다. '애국에는 충신, 외교에는 귀신, 내정에는 등신'이라는 평가는 한 정치 지도자에 대한 역사적 평가로는 지나치게 함축적이고 소략하지만 그에 대한 세간의 통념화된 인식을 잘 보여 준다. 이승만에 대한 역사적 평가를 둘러싸고 논란이 끊이지 않는 데에는 배경과 이유가 있다.

우선 이승만이라는 인물 자체, 또는 그의 행동양식이 그가 활동한 동시대부터 항상 논란을 일으켰음을 상기할 필요가 있다. 그가 1919년 미국의 윌슨 대통령에게 제출한 위임통치 청원이 당시 독립운동계에 가져온 충격과 논란, 그의 노선과 행동이 미주 한인 사회에 몰고 온 분란, 그의 단독정부 수립 방안이 해방직후 정계에 불러일으킨 파문, 한국전쟁 당시 휴전협상 막바지에 그의 일방적인 반공포로 석방[3]으로 휴전협상을 난항에 빠트리고 미국의 입장을 난처하게 만든 점 등은 그

---

[3] 이승만은 한미방위조약이 체결되기 전에는 휴전협정을 인정할 수 없다고 천명하였는데 미국은 구체적인 반응이 없었다. 본인의 의지가 관철되지 않자 이승만은 즉각적으로(10일 뒤) 반공포로 3만 7천명을 비밀리에 석방하는 조치를 취했다. 휴전협상을 최대한 늦춰 협상력을 극대화하려는 치밀하게 계산된 행동이었다.(신동준 2009:54)

단적인 예이다. 이와 같이 독립운동 시절부터 그의 노선과 활동은 '죽기 아니면 살기'식이어서 맹목적 추종자와 완강한 반대파 사이에 가로놓여 있었을 뿐 아니라 그의 성격 또한 다중적이었다. 그는 모든 정치자금과 개인문서들을 직접 관리하는 치밀함을 가졌지만 예측불가능한 행동의 소유자이기도 했고 타협을 허용하지 않는 독선적인 성격의 소유자이기도 했다.(정용욱 2007:13-15)

2) 이승만 정부 국정 주도세력

▎이승만의 권력 획득 과정, 유학파-친일파-경찰 동맹의 시작

○ 이승만은 40년 동안 독립운동을 한 명성을 바탕으로 1948년 5·10선거로 구성된 제헌국회에서 대통령에 당선되어 임기를 시작하였으나 후반에는 이기붕을 중심으로 한 자유당 과두세력, 즉 일부 추종자가 권력을 장악하였다. 처음에는 선거를 통하여 합법적으로 집권하였으나 직선제로의 발췌개헌, 중임제한 철폐의 사사오입 개헌, 사전투표 및 3인조 또는 5인조에 의한 반 공개 투표, 유령 유권자의 조작과 기권 강요, 기권자의 대리투표, 투표함 바꿔치기 등 3·15 부정선거로 권력의 정당성을 상실하였다. 이를 종합평가한다면 이승만은 합법적인 방법으로 권력을 획득하였으나 시간이 지날수록 권력기반의 정당성을 상실했다고 볼 수 있다. 특히 전국적인 영향력을 행사한 경찰조직은 중앙 집권화와 체계적인 조직으로 이승만 정부의 권력기반을 뒷받침하였다.(윤종성 2015:94)

○ 이승만의 권력독점은 강력한 행정부를 이용함으로써 가능했다는 점을 간과할 수 없다. 관존민비라는 조선시대에 확립되고 일제시대에 강화된 규범을 민주제도 속에서도 계속 활용함으로써 행정부 내의

권력집중을 꾀했다. 더구나 서구의 학자들이 종종 지적하여 온 것처럼 미국의 대외정책 역시 행정부 권력의 팽창을 촉진시켰음이 틀림없다. 이승만 정권은 전반적으로 국가경제를 미국의 대외원조에 크게 의존하였다. 이러한 원조는 행정부에 집중되었고 결과적으로 관료조직은 정부의 다른 부분의 성장은 거의 미미하였던 것과는 대조적으로 급속하게 팽창하였다.(안병만 2014:128)

3) 홉스, '국가는 만인 대 만인의 투쟁'

- 이승만은 국제적 엘리트였을 수는 있으나 이승만의 국가관은 전근대적 인식에 머물렀다고 볼 수 있다. 이것이 한국 현대사의 질곡의 시작이라고 할 수 있다.

- 토마스 홉스Thomas Hobbes는 야성의 투쟁의 장에서 개인을 보호하기 위해 국가와 계약을 통해 안전을 담보해야 한다고 했다.

▎국가의 개념

국가란 무엇인가?[4] 국가의 사회적 질서의 구성요소로 국가주의the statism, 시장 기저market mechanism, 공동체주의the communitarianism가 제시되고 있다. 국가주의에서는 국가를 구성하는 엘리트들이 전문성과 책임성을 지니지 않고 민주적으로 통제되지 않을 때 과대성장하게 되며 무사안일주의, 권위주의, 형식주의, 지대 추구, 공직부패 등의 부작용을 낳을 수 있다.

---

[4] 국가에 대한 이론은 일반적으로 크게 네 가지로 분류된다. 첫째는 국가주의 국가론이다. 둘째는 자유주의 국가론이다. 셋째는 마르크스주의 국가론이다. 넷째는 목적론적 국가론이다. 국가주의 국가론의 대표는 토마스 홉스이다. 자유주의 국가론은 존 로크, 애덤스미스, 하이에크에 이르기까지 고전적 자유주의자와 신자유주의 철학자들이 대표적이다. 마르크스주의 국가론의 대표는 마르크스이며, 목적론적 국가론은 플라톤과 아리스토텔레스가 펼쳤던 가장 오래된 국가관이다.

시장 기저는 사회를 사적인 이익을 추구하는 개인으로 원자화하고 금전적 가치에 의한 효율성으로 평가함으로써 시장경쟁에서 뒤처진 사회적 약자들을 보호하는데 미흡하고 평등과 참여, 절제 등 공동체의 가치를 경시한다. 공동체주의는 소속집단에 대한 정체성을 지나치게 강조하는 경우 다른 집단과의 갈등과 충돌을 유발할 수 있다.(유현종 2015:267-268)

국가의 개념사를 연구했던 라인하르트 코젤렉 R. Koselleck에 따르면 국가개념의 결정적인 변화는 1800년경을 전후로 해서 나타났다. 프랑스 혁명이 발발하기 이전까지 국가라는 말은 적어도 독일에서는 신분적 의미를 갖고 '사치 Aufwand'나 '관청 Amt'과 같은 말이 덧붙여지거나, 영주국가, 궁정국가와 같은 말처럼 신분적 지배를 부언하는 말로 쓰였다. 그러다가 1800년경에 이르러 '국가'는 거의 모든 신분적 의미함축들을 흡수하는 독점적이고 배타적인 요구를 하는 행위주체 내지는 기관이 되었다.(김기봉 2004:12)

국가의 개념은 16세기 말경에 정치구조를 분석하는데 중심과제가 되면서부터 마키아벨리, 보댕, 홉스 그리고 19세기의 마르크스 등을 중심으로 연구가 활발히 진행되었고 20세기에 이르러 여러 이론들이 전개되었다. 국가의 개념에는 크게 세 가지 흐름이 나타난다.

첫째는 다원론적 관점pluralist perspective으로 개인이나 집단의 정치적 행태 등을 강조하고 있으며 둘째는 관리적 관점managerial perspective으로 엘리트들의 조직세력을 강조하는 입장을 나타내고 있다. 셋째는 마르크스주의적 계급관점marxist class perspective으로 자본가적 생산양식에 의해서 국가의 역할이 결정되는 것으로 보고 자본주의 사회에서의 계급 간의 모순 등 계급의 중요성을 강조하는 흐름이다.(고태경 1994:281) 환원하면 이러한 흐름에서 언급된 요소들이 국가 개념의 주요한 구성요소라고 할 수 있다.

▌홉스의 자기보전 개념에 따라 정치를 한 이승만

국내 헌법학계에서의 국가의 개념 논의를 살펴보면 세 가지 이론들이 있는데 국가 요소설과 통합 과정설 그리고 두 이론을 절충한 절충설로 나누어 볼 수 있다. 다수설이라고 할 수 있는 국가 요소설에 따르면 '국가는 시원적 지배력이 부여된 정주하는 인간의 단체 통일체'라고 정의된다. 통합 과정설은 '국가란 개별적 생활의 표현들, 즉 법률, 외교행위, 판결, 행정행위들을 스스로 발생시키는 정태적 완전체가 아니라 이들 개개의 행위에 의해 형성되는 항구적인 갱신의 과정'이라고 정의한다. 절충설은 국가의 사회적 실체성과 동태적 형성과정을 동시에 고려하는 입장을 취하는 것으로 모든 시대, 모든 장소에 통용되는 일반

국가론의 불가능성을 지적하고 국가론의 시대 구속성을 인정하면서 국가론을 사회학적 현실학, 일반적 문화이론으로 규정하는 이론이라고 할 수 있다.(김주영 2008)

한국정치에는 두 가지 입장이 있다. 진보와 보수가 그것이다. 진보와 보수는 서로 다르지만 공통점도 많다. 사실 다른 점보다 같은 점이 더 많다. 양자 모두 국가주의의 아류이기 때문이다. 우리나라는 세계에서 그 유래를 찾아보기 어려울 만큼 단시간 내에 비약적인 발전을 이뤘는데 그 성공의 열쇠 중 하나가 강력한 국가주의 체제에 있었던 것도 사실이다. 한국 정치가 늘 첨예하게 대립하고 반목하는 이유도 이와 무관하지 않다.(정연교 2010:46-47) 대한민국의 건국초기에 여러 정치세력 간의 투쟁의 상황을 만인 대 만인의 투쟁이라고 보고 그 상황 속에서 이승만 대통령은 미국을 통해 홉스의 자기보전 개념에 가장 충실한 자기 정치를 하면서 대한민국의 건국을 이끌어 냈다.

▎자유와 평화를 위해 국가의 필요성 주장한 홉스

정헌빈(1989:91-92)은 홉스가 인류의 원시상태를 '만인의 만인에 대한 투쟁'으로 묘사하고 있는데 이 말은 원래 '인간은 인간에 대한 적'이라는 뜻으로 사용된다고 설명한다. 홉스가 이처럼 자연 상태를 만인이 만인에 대해서 투쟁하는 극한 상태라고 생각하기 때문에 인간은 생활의 안전을 완전히 빼앗기는 것이며 생명의 안전과 노동의 성과가 보장되지 않는다는 것이다. 홉스의 자연 상태는 로크나 루소의 평화적인 자연 상태나 아리스토텔레스의 정치적 자연 상태와는 처음부터 근본을 달리하고 있다고 설명한다. 로크의 자연 상태하의 인간은 자유롭고 평등하며 선점과 노동에 의해서 재산을 향유하고 타인의 침해를 막는 데 필요한 한도에 있어서는 자유를 가질 수 있는 상황을 의미한다. 이러한 로크의 평화롭고 천부인권적인 사상은 처음부터 투쟁적인 홉스의 자연 상태와는 근본적인 차이가 있는 것이다. 루소는 국가 권력이 우월하여 자유가 침해되는 것을 피하기 위해 통치 계약을 부정하였는데 홉스는 아이러니하게도 이와 반대로 자유와 평화를 지키기 위해 강력한 국가 권력을 인정하게 되는 것이다. 그러므로 루소의 경우 정부는 주권자인 인민의 단순한 대행자minister, steward에 불과하나 홉스는 강력한 주권자가 되는 것이다. 따라서 루소는 사회계약을 통해 이를 인민주권 원리에 귀결시키는데 홉스는 특정인에 의한 전제 군주적 통치자의 지도 원리로 귀결시킨다는 것이다.

홉스는 자연 상태에서 인간은 자기보존의 권리라는 명목으로 자신에게 이익이 되는 모든 것을 가지려고 하고 타인보다 더 많은 것을 가지려고 한다고 설명한다. 때문에 자연 상태에서 인간은 '만인에 대한 만인의 투쟁 상태'에 있게 된다고 본다. 이러한 투쟁 상태의 지속으로 인간은 죽음의 공포를 느끼게 되는데 이로 인하여 인간본성의 또 다른 측면인 이성이 작용하여 자기보존의 보편적인 법칙을 계속 따르면서 안정된 생활을 위하여 인간이 서로 단결하고 협력할 수 있는 평화의 조건인 자연법을 만들게 된다고 한다. 그런데 이성을 통하여 확인된 자연법에도 불구하고 공동의 권력Common Power이 없는 곳에서는 법도 정의도 없고 또한 법과 정의가 있다고 하더라도 이를 관철할 수도 없기 때문에 '만인에 대한 만인의 투쟁 상태'는 계속된다. 그러므로 이를 중지하기 위해서 인간은 사회계약을 통하여 국가를 형성한다는 것이다.(박경철 2006:77-78)

▮ 국가주의로 귀결된 홉스의 이론

홉스는 자연 상태를 인간의 이기심으로 인하여 만인에 대한 만인의 투쟁 상태라고 규정하고 이를 극복하기 위하여 절대 권력을 형성하여 이기심에 따른 개인의 자율적 활동을 통제해야 한다고 주장한다. 홉스가 영국의 시민혁명기였던 당시의 정치적 혼란의 주된 원인이 시민계급의 이기심과 탐욕에 있다고 보고 시민계급의 이기심을 극도로 혐오하였다는 점 등에 비춰볼 때 그가 예정하는 주권자는 '인간의 집단'이 아니라 '한 사람', 즉 군주라고 할 것이다. 이런 점에서 홉스의 사회계약론은 개인의 자율성을 바탕으로 절대군주제를 정당화하려는 군주 주권론에 해당된다는 것이다.(박경철 2006:81)

홉스의 패러다임은 자연상태→사회계약→국가로의 이행을 필연적으로 제시하고 있으며 개인은 그러한 국가에 반드시 복종해야 한다는 결론이 필연적으로 도출된다. 개인은 오직 국가가 자신의 자연적 권리인 자기보존에 위배되는 행위를 할 때에만 국가에 대항할 자유를 가진다. 하지만 이 경우는 이미 국가가 국가로서 역할을 못하는 상태를 의미하므로 그의 패러다임에서는 고려의 대상이 되지 않는다. 따라서 홉스의 이론에는 개인주의적 요소가 있을 뿐 그의 이론을 개인주의라고 말할 수 없다. 오히려 그의 사상은 국가주의라고 보는 것이 타당하다. 개인의 '평화와 안전'만 보장한다면 국가권력은 무엇이든지 행해도 좋다. 개인은 백성이 되어 자기보존에 위배되는 것을 제외하고 무조건적으로 복종해야 한다. 개인주의적 요소인 개인의 '동의'는 결국 '지배'를 정당화하는 국가주의 논리로 귀결된다.(송석현 2012:91-124)

우리는 이미 오랜 독재사회를 경험했고 그에 대항하여 민주화를 이루었기 때문에 부당한 국가권력에 매우 민감한 편이다. 그럼에도 불구하고 정치적인 발전과 민주적인 시민의 삶보다 권력의 쟁취와 안정을 우선하는 일부 정치세력들은 그들이 휘두르는 부당한 공권력을 여전히 홉스의 정치철학을 통해 정당화하고 있을지도 모른다. 대부분의 국민들은 정치를 인민주권을 실현하기 위한 '공공의 장'으로 이해하기보다는 직업 정치인들이 권력투쟁에 몰두하는 세속적인 '정치판'으로 보고 민주주의를 회의하고 냉소한다. 적어도 국가의 권위와 권력에 대한 정의가 인민이라는 그 출발점을 중심으로 보다 명확하게 정의되고 표현될 필요가 있는 것은 당시 홉스가 처했던 시대적 상황이나 우리가 살아가는 현재가 그 맥락에서 크게 다르지 않기 때문이다.(이충한 2012:59-60)

> **TIP**
>
> 토마스 홉스는 영국의 철학자, 정치학자다. 영국 유물론의 창시자인 베이컨의 유물론 철학을 계승, 체계화 시켰다. 체계화의 과정에서 그는 수학적 요소를 중시하여 자연 현상을 역학적, 양적 양식으로 파악하였다. 아이러니하게도 그의 이론은 베이컨이 물질에서 인지한 다양한 운동 형태를 부인하는 결과가 되었다.
>
> 출처 : 네이버 철학사전, 홉스 편

2

박 정 희

관료제와 민주주의: 국가의 분화와 민주주의 태동

1) 박정희 리더십과 자존감

• 김호진의 평가

김호진(2006:211)은 박정희 대통령의 리더십을 '교도적 기업가형이며 민주주의 장례식을 치른 반칙의 혁명가이고 빵과 자유를 바꾼 근대화의 기수'라고 정의한다. 박정희는 시대에 따라 다른 얼굴로 등장했던 참으로 이해하기 힘든 인물이다. 한때는 초등학교 선생님이었다가 느닷없이 침략군 장교가 되더니 해방 직후에는 광복군으로 옷을 갈아입었다. 그것도 잠시뿐, 곧바로 한국군 장교로 변신했고 그 신분으로 남로당 지하조직을 이끌기도 했다. 정체가 드러나자 모든 것을 자백하고 결국 군복을 벗게 되었지만 얼마 후 오뚝이처럼 현역에 복귀한 그는 놀랍게도 청렴하고 정의감 넘치는 모범군인으로 부활하는데 성공했다. 그러다가 5·16 군사정변을 일으켜 대통령이 되더니 이번에는 극우 민족주의자로 돌변했다. 그리고 18년이나 절대 권력자로 군림하며 이 나라를 가난의 질곡에서 해방시키는 기적을 연출했다. 통치자로서의 박정희는 철두철미하게 강자 지배론을 신봉한 독재자였다. 그에게 최선의 통치수단은 채찍과 공포였다. 권력자는 두려움의 대상이 되어야 복종을 이끌어 낼 수 있다는 것이 박정희의 지도자론이었다.

• **임혁백의 평가**

임혁백(2004:102)은 박정희를 대한민국 최초의 근대화주의자였다고 정의한다. '조용한 아침의 나라', '은둔의 왕국'이었던 한국을 '빨리 빨리'의 나라로 바꾸고, '싸우면서 건설하자'는 구호로 압축적이면서도 저돌적으로 회초리와 당근을 같이 들고 근대화를 독려했던 박정희를 모르고서는 한국의 근대화를 이해할 수 없다. 수백 년 동안 진행되어 왔던 '느림'의 정치문화를 '빠름'의 정치문화로 바꾸기 위해 한국인의 심성까지 개조하려 했던 박정희를 모르고서는 역시 한국의 근대화를 이해하지 못한다.

박정희의 자존감

○ **가난으로부터 오는 영웅적 자아의 정체성이 힘의 근원이었다.**

박정희에게 가난은 권력동기를 불타오르게 만든 자극제였다고 말할 수 있다. 박정희 본인도 이 점을 자랑삼아 말한 적이 있다.(김호진

2006:214) 박정희는 1952년 5월 10일 이용문과 함께 총리로 있다가 1년여 만에 퇴임한 장면을 표면에 내세우는 군사정변을 꾀하고 있었다. 또 1960년 3·15 부정선거 직전에 독자적으로 군사정변을 꾀했다.(신동준 2009:61-69) 그리고 결국 1961년 5·16 군사 쿠데타를 감행하고 권력을 쟁취한다. 그는 여러 번 군사정변을 꿈꿨던 것이다.

○ **영웅적 자아를 바탕으로 국가 지상주의 리더십을 발휘하였다.**

강정인·하상복(2012:185-186)은 박정희가 정치의 목적과 제도가 국가에 봉사하는 것이라고 인식했다고 보고 있다. 박정희에게 '국가의식'은 '정치 이전에 요구되는 것'이었기 때문에 국가의 목표가 민주적 합의에 의해서 설정되는 것이 아니라 냉엄한 현실 속에서 최고 통치자의 결단과 예지의 산물로 귀결되며 그 결과 유신시절 박정희의 통치가 전형적으로 보여주는 것처럼 정치는 초월적 영도자에 의한 행정적 독재의 모습을 보이게 되는 것이다.

2) 박정희 정부 국정 주도세력

▌군부와 관료제와의 동맹[5]으로 산업화 추진

○ 제3공화국 시절 경제개발계획을 강조하면서 행정부는 급속히 기구를 팽창하였고 행정권력을 집중시켰다. 관료들의 부패는 고질적인 문제로 존재하였고 그것은 1967년과 1971년 대통령 선거 유세에서 주요 쟁점으로 등장하기도 하였다. 박정희 정권하에서 행정 엘리트는 경제개발의 도구적 역할을 담당하였으며 이전의 엘리트보다 더 성취지향적이고 변동지향적이었다고 주장된 바도 있다.(안병만 2014:133)

○ 박정희의 권력기반은 군부였다. 박정희는 만주군관학교 수석졸업, 일본 육군사관학교 3등 졸업이라는 우수한 경력과 자질로 군 내부의 신망을 얻어 쿠데타에 성공하였다. 성공 후에는 '이 땅에서 가난을 몰아내자'라는 경제제일주의를 명분으로 국민적 지지를 얻어 재선

---

[5] 김인균·강원택(2017:131-132)에 따르면 박정희 집권기 중에 군 출신이 정치 엘리트로 충원되었다. 그러나 어느 영역에서도 군이 조직적이고 집단적으로 공직을 담당한 경우는 없었으며 박정희 집권기 동안 군이 집단적으로 통치를 담당한 체제로 보기는 어렵다고 분석했다. 박정희는 군부 주류에 해당하는 육사출신의 수직적, 수평적 파벌의 정치세력화를 좌시하지 않았기 때문에 관료제와의 동맹은 필연적이었을 것이다. 또 군부의 정치영역 유입을 일정하게 통제하는 과정에서 11기 이하의 정규 육사출신은 군부 안팎에서 고위직에 등용된 선배군인들과 비교할 때 진급의 정체 등 인사상의 불이익에 불만을 갖게 되었을 것이다. 이는 박정희 사망 이후 전두환 노태우 등 육사 11기가 주도한 이른바 신군부의 12·12 군사반란 및 5·17 쿠데타 발발의 원인에 대한 의미 있는 한 가지 설명이 될 수 있다.

에 성공하였으나 3선 개헌, 10월 유신 등으로 국민적 지지를 상실하였다. 박정희는 비합법적인 방법으로 권력을 획득한 이후 경제발전 등으로 권력의 정당성을 확보하고자 노력하였으나 시간이 지날수록 권력기반 및 정당성을 상실하였다고 볼 수 있다. 특히 박정희 정권의 권력기반은 군대와 중앙정보부로부터 창출되었고 이를 통하여 강력한 통치기반을 구축하였다.(윤종성 2015:96)

○ 서구식 민주주의의 한국적 적실성에 대한 회의와 민간통치의 완전한 실패를 내세우며 집권한 박정희 정부는 정치보다 행정적, 경제적 효율성을 강조하며 강력한 통치체제를 구축하였다. 이러한 과제를 수행하기 위해 개혁대상인 관료제를 동반자로 삼지 않을 수 없었고 효율적 과업수행을 위해 관료제의 권한을 강화시켜 주어야 했으며 또 관료제를 집권적으로 운용되도록 해야 했다. 그 결과 관료는 크고 작은 정책뿐 아니라 산업화를 위한 자원 배분권도 독점적으로 행사하게 되었으며 민간 부분에서도 관료 조직의 지배를 받지 않을 수 없었다.(임성한 1994:429)

○ 박정희 정부 관료제의 특징은 다음과 같다.

첫째, 기구 개편에 있어서 합목적성을 띠었다. 혁명공약과 정책목표에 따라 기구 개편이 있었다. 반공을 위해 중앙정보부를, 국민 문화수준의 향상을 위해 국민재건운동본부를, 구악 일소를 위해 혁명경찰부와 혁명재판소를, 국가 경제발전을 위해 경제기획원, 국토건설청, 건설부, 철도청, 노동청, 울산계획개발본부 등을 설치하였고 행정관리 효율화를 위해 조달청, 기획통제관실, 행정관리국을 설치하였다. 둘째, 행정개혁의 참여자는 법률적 배경을 가진 사람은 제외되고 군인, 행정학자, 실무 공무원 등이 참여하였다. 특히 행정학자들은 미국식 교육을 받은 사람이 참여하였지만 고전적 조직이론에 매몰된 나머지 조직 내의 수단적 능률추구에는 기여했지만 행정의 민주화에는 의미 있는 기여를 했다고 보기 어려웠다.(오석홍 1995:246)

셋째, 기존 행정관리국과 함께 행정조사위원회가 설치됨으로써 행정개혁이 전문적으로 다루지게 되었으며 제도화되는 모습을 보여주었다. 아울러 고도 경제성장을 통해 하루빨리 국가경제를 도약시켜야 한다는 명분 때문에 경제목표 달성을 위해 합목적적으로 많은 기구가 설치되었다. 수산청, 산림청, 과학기술처, 경제과학심의회의 등이 여기에 해당한다. 넷째, 국가발전에 있어 행정의 주도적 역할이 강조되었으며 행정기구 및 기능이 다원화되고 전문화되었을 뿐만 아니라 정책의 기획입안과 계획수립을 위한 참모 조직이 많이 설치되고 그 기능이 강화되었다.(김수영 1996:384) 다섯째, 행정개혁이 고도의 중앙 집권화를 지향함으로써 외부 통제장치는 그 기능을 원활하게 수행할 수 없었으며 이익집단과 언론의 투입기능 역시 상당 부분 제약되었다. 여섯째, 국가발전을 경제 부분에만 초점을 맞춤으로써 불균형발전 전략을 채택할 수밖에 없었으며 이로 인해 파생된 빈부격차, 주택난, 가치관의 혼란과 사업화 초기 단계에서 나타난 도시의 빈민가 형성 등은 박정희 정부에 크나큰 부담을 안겨 주었다.(신윤창 2009:193)

 ○ 박정희를 정점으로 한 군부와 군부를 뒷받침한 행정 관료에 의해 산업화를 이룬 박정희 집권 18년 동안의 경제성장은 '한강의 기적'으로 대변될지 모르지만 정치발전이 경제발전을 못 따라가는 불균형으로 인해 한강의 기적은 정치의 범람을 막아내지 못하고 정권은 막을 내리게 됐다.

3) 베버, '근대화된 국가는 필연적으로 관료화된다'

- 박정희는 관료제와 동맹을 하였다. 그리고 대한민국은 근대화되었다. 산업화를 얻는 대신 민주화를 잃었다고 한다. 관료제는 민주주의와 어떤 관계인가.

- 막스 베버Max Weber는 관료제와 민주주의는 양립할 수 없다고 단언하였다. 관료제는 현대사회의 피할 수 없는 제도이다.

근대화된 국가의 필연, 관료화

베버는 근대화된 국가는 필연적으로 관료화된다고 말한다. 그는 현대 국가의 실질적 지배권을 필연적으로 관료들이 차지한다고 본다. 권력이란 의회의 토론이나 군주의 선언이 아니라 사람들이 살아가는 일상생활에서의 행정의 집행을 통해 이루어지기 때문이다. 행정의 관료화는 근대 국가의 특성이다.(김만권 2005:144) 학자들의 이념적 철학을 뒤로하고 박정희 정부가 근대화의 역할을 수행해 냈다는 점에서 거의 이견이 없고 베버의 이론대로 근대화를 위해 한국도 관료화가 이뤄졌고 한강의 기적은 관료화의 기적이라고 대치해도 무방할 만큼 관료조직이 한국사회를 지배하게 됐다.

현대 한국사회는 독재와 민주화의 갈등을 겪으면서 민주주의를 발전시켜 왔다. 남북분단의 상황에서 통일은 한민족에게 궁극적 의무였으나 그 의무를 실행하는 것은 다른 정치적 문제를 야기했다. 공안정국이었다. 독재정권은 간첩사건, 통일운동 등을 공안정국을 조성하는 데 이용했다. 베버는 근대 관료제를 합리성의 보편화 과정으로 이해했다. 베버는 법에 의해서 명확하게 정의된 지위와 책무, 위계적 질서로 구조화된 지위, 규칙과 판례, 무인격성과 공평무사, 출세단계, 효율성의 원칙 등으로 관료제의 특징을 정의한다. 관료제가 발달하는 과정에서 합리적이고 전문화되고 특수한 훈련을 습득한 관료들이 탄생했다. 그러나 합리화된 관료들과 지도자들은 지배를 위해 조직을 이용한다. 이 과정에서 목적전치 현상이 발생한다. 조직의 목적달성이 아닌 조직의 생존을 위해 관료제가 움직인다는 것이다. 이 목적전치 현상이 가장 크게 일어난 것이 바로 조직이 시민을 적으로 삼고 간첩을 조작한 사건들이다.(문상석 2014:163)

필연적 관료화는 민주주의 발전의 방해 요소

베버는 민주주의 발전이 관료화를 수반할 수 없고 또한 관료화가 '신분적 평준화'를 창조함으로써 민주주의 발전에 기여를 한다고 해도 민주주의 발전과 관료화는 서로 양립할 수 없는 불가피성을 갖게 된다고 보고 있다. 즉 민주주의 발전이 피지배자들의 정치활동 참여의 '필연적인 증가'를 의미할 필요는 없다고 해도 결국 폐쇄된 관료층의 발전을 막고 가능한 공론의 영향권의 확장 속에서 관료층 지배권력의 최소화를 요구하게 된다는 것이다. 결론적으로 민주주의 발전은 자신에 의해 만들어진 관료화의 경향과 필연적으로 모순에 빠지게 된다는 것이다. 베버는 관료화의 경향에 대항하는 최종 해결책을 소위 말하는 '정밀 조직을 갖춘 지도자 민주정치'에서 찾고 있다.(최치원 2009:46-47)

관료제하에서 합리화의 역설은 두 측면에서 나타날 수 있다. 하나는 관료제 조직과 조직구성원 간의 관계에서 나타나는 역설로 구성원의 도구화를 내용으로 한다. 다른 하나는 관료제 조직과 환경 간의 관계에서 나타나는 역설로 민주주의에 대한 위협을 내용으로 한다. 구성원의 도구화는 기술 관료제의 특성과 일맥상통하는데 영혼 없는 기계처럼 작동되는 기술 관료제의 흐름을 거역할 수 없다는 것이 그 내용이다. 기계화된 관료제 안에서 구성원들은 단지 작은 톱니바퀴에 불과하다. 구성원들의 개성은 사라지고 구성원들에게 생각을 요구하지도 않는다. 이렇게 되면 구성원들은 언제든지 교체가 가능한 기계의 부속품이 된다.

작은 톱니바퀴인 구성원들은 더 큰 톱니바퀴가 되고자 하는 권력에 대한 욕망을 갖게 되고 그것은 도저히 벗어던질 수 없는 '강철 같은 겉

껍질'이 되어 버린다. 이러한 관료제를 움직이는 고위 관료들은 지배적인 계급이나 계층 혹은 엘리트들과 사회적 친화성을 갖게 되고 그들의 이해관계를 실현하는데 초점을 맞추게 된다. 관료의 신분적 편향성은 민주주의에 위협적으로 작용하여 시민의 자유를 심각하게 위축시킬 가능성이 있다.[6]

사회주의에서도 나타나는 관료제의 폐해

베버는 인간성을 보장하고 증진하는 문제에 있어서 마르크스Marx가 자본주의의 대안으로 사회주의를 제시한 것과 의견을 달리하고 있다. 베버는 인간의 질서를 어지럽히고 인간성을 위협하는 것은 마르크스가 지적한 자본주의 구조와 자본주의적 분배형태가 아니라 관료제

---

[6] 베버는 『프로테스탄트의 윤리와 자본주의 정신』에서 자본주의 사회에서는 재화에 대한 욕망이 벗어던질 수 없는 '강철 같은 겉껍질'이 되어 버린다는 비판을 제기한 바 있다. 또 구성원들은 관료제적 질서에 완전히 편입될 때, 편안함을 느끼고 언제든지 자유를 지불하고 편안함을 구매할 태세를 취한다. 또 다른 하나인 국가의 지배기구로서 관료제의 고도화는 민주주의를 위협하고 시민의 자유를 침해할 가능성을 가지고 있다. 민주주의를 위협하는 위험한 도구로서 관료제에 대한 베버의 생각에 따르면 민주주의와 관료제는 대립적이다. 첫째, 관료제는 비사인성을 특성으로 하기 때문에 그것을 통제할 능력이 있는 사람이라면 누구에게나 봉사할 준비가 되어 있다. 다시 말해서 천사의 도구도 될 수 있고 악마의 도구도 될 수 있다는 것이다. 이러한 도구적 성격 때문에 불안의 원천이 된다. 둘째, 관료제는 비밀과 전문성을 기반으로 권력을 추구하는 속성을 가진다. 관료들은 자신들의 지식과 의도를 비밀로 하는 방식으로 자신들의 전문적 우월성을 더욱 강화하려 한다. 국민의 사적인 정보가 축적된 관료제 그리고 의회를 압도하는 전문성을 가진 관료제를 배경으로 관료들은 특권집단이 되어 정치적 지배력을 잠식할 수 있다. 셋째, 관료제는 특수한 지위 집단의 등장을 촉진한다. 관료의 충원은 평등의 원칙에 따라 공개경쟁을 통하여 이뤄진다. 공개경쟁은 일반적으로 시험의 형태를 취하며 교육은 신분의 차이를 창출하는데 가장 중요한 역할을 한다. 따라서 관료제를 움직이는 고위 관료는 사회의 중상 이상의 계층에서 배출된다.(임의영 2016:158-159)

의 증가에 있다고 확신하고 있다. 이러한 관점에서 생산수단의 자본주의적 소유로부터 탈피하여 생산수단을 공유한다고 해서 문제가 조금도 개선되지 않는다는 것이다. 생산수단을 공유한다고 해서 소외된 계층의 문제가 근원적으로 풀리는 것이 아니라 오히려 생산수단의 공유는 분배를 수행하기 위한 대규모 조직, 즉 강력한 관료제를 불러 온다고 주장한다. 강력한 관료제의 등장은 문제를 해결시키는 것이 아니라 오히려 문제를 악화시키고 더 나아가 또 다른 문제를 낳는다는 것이다.

이와 같이 관료제의 폐해가 민주주의 체제를 갖는 국가에서만 적용되는 것은 아니다. 공산주의 혁명 이후 국유화된 기업의 관리가 국가 관료의 소관사항이 되었으며 이로써 관료제의 권력은 엄청나게 증가하였다. 국유화된 기업의 관리는 시민의 직접 참여에 의하지 않고 관료에 의해 이루어진다. 오히려 관료제에 의한 시민참여는 이전보다 더욱 심하게 차단당했던 것이다. 이러한 베버의 논리로 보면 도구적 합리성의 증가라는 관료제의 장점도 발휘하지 못하고 관료제를 효과적으로 통제하지도 못하는 사회주의 체제는 그 목표인 실제적 합리성을 보장했다고 볼 수가 없다.

▌결국 관료제는 시민통제가 되어야

베버는 일반 시민의 이익보호를 사회주의와 같은 새로운 제도의 도입에서 찾는 것이 아니라 일차적으로 전통적인 국가체제에서 찾는다. 그는 "국가 관료제가 다수 노동자들에게 높은 임금과 소비상품의 저렴한 가격을 보장해 주겠다고 약속하며 자신들이야말로 다수 노동자의 대표라고 역설하고 노동자들이야말로 진정한 주권자임을 강조하며 자신들의 자리에 앉아있다. 그러나 하나의 조합으로서 국가는 국가재정을 파탄으로 몰고 가지 않기 위해 본질적으로 높은 소비재 가격과 낮은 노동자 임금을 유지하려 한다."라고 관료제의 이중성을 설명하고 있다. 이는 관료제가 근본적으로 시민의 대표성을 보장할 수 없다는 점을 보여 주는 것이다. 따라서 시민의 이익을 대변하고 보호하기 위해서는 시민이 직접 국가를 통제하는 국가체제, 즉 전통적인 의회 민주주의에 의존해야 함을 내포하고 있는 것이다.(박희봉 1998:133-134)

국가와 사회가 합리화된다는 것은 관료제가 합리적으로 통제된다는 것이고 의회 민주주의 입장에서 통제되어야 한다는 것은 의회가 대표하고 있는 국민이 관료제를 통제해야 한다는 것을 뜻한다. 따라서 관료제의 민주성 확보를 위한 노력은 지금도 진행형이다.

> **TIP**
>
> 신은 천재에게 모든 것을 다 갖춰주지 않았다. 막스 베버는 심각한 신경질환을 앓게 되었고 교수직도 그만두었다. 저술도 힘이 들었다. 그의 사상이 알려지게 된 것은 평생을 학자로서 함께한 그의 아내 마리안네 덕분이었다. 그녀는 27년간 잠시라도 베버의 곁을 떠나지 않은 평생의 동반자였다. 베버의 사후에도 마리안네는 동료 및 제자들과 유고 정리를 하고 방대한 전기인 『막스 베버의 생애』를 1926년에 남겼다.
>
> <온라인 서울대학교 철학사상연구소, 막스 베버 편>

3
전두환

민주주의와 헤게모니 : 한국 지배계층의 강화

1) 전두환 리더십[7]과 자존감

• 김호진의 평가

김호진(2006:300-301)은 전두환 대통령의 리더십을 "저돌적 해결사형으로 뚝심으로 경제정책을 밀어붙이고 쌀독을 지켰다."라고 평가하고 있다. 전두환은 목적을 위해서는 수단을 가리지 않는 마키아벨리안이었다. 12·12 군사반란과 5·18 광주민주화운동을 피로 얼룩지운 것이 이 점을 말해준다. 뿐만 아니라 천문학적인 액수의 비자금을 챙기고도 남은

---

[7] 정윤재(2000:148)는 전두환이 국가경영자로서 경제를 아주 단순하게 이해했다고 기술하고 있다. 여러 경제이론이나 학설은 있지만 경제를 가정살림에 비유해 그 이치대로 처리하면 된다는 생각을 가졌고 대통령이 경제행정의 세부사항까지 다 알 필요는 없지만 물가안정은 가장 중요한 국가경영 성패의 기본이라고 판단했다는 것이다. 이를 뒷받침하는 예로 경제안정화 정책을 밀고 나가는 시점인 1984년 국회의원 선거에서 민심에 민감한 여당은 예산증액과 공무원 임금인상, 추곡 수매가 인상을 요구했지만 거부했고 물가인상이나 예산증액을 요구할 때는 반드시 해당 장관의 사표를 첨부하게 할 정도로 정치와 경제를 분리시키려 했다는 점을 들고 있다. 그리고 정윤재는 전두환의 보스 기질과 소집단주의 그리고 권위주의적 군사문화가 민주주의 발전에 중요한 공과 사를 구분하는 책임윤리를 희박하게 만들고 일종의 네포티즘nepotism 형태로 나타나 아주 원시적인 부패현상을 초래했다고 평가한다. 이러한 점을 종합해 보면 전두환의 시장경제 존중에 따라 물가가 안정되었다기 보다는 물적 기반을 무너뜨리지 않으려는 권위주의적 발상에서 경제에 대한 정치의 개입을 차단했다고도 해석이 될 수 있다.

것이 없다고 태연하게 공언하는 사람이었다. 후흑厚黑형이 가진 장점은 대담무쌍이고 단점은 인면수심이다. 10·26 사태 직후 전두환의 이름이 나돌았을 때 아무도 그가 대통령이 되리라고 생각지 못했지만 대담하게 밀어붙여 대권을 잡았다. 후흑의 장점을 살린 것이다. 한편 그가 광주민주화운동을 무력으로 진압하고 전공을 과시했을 때는 물불 안 가리는 야수성이 넘쳤다. 이것은 후흑의 단점이다. 이성과 절제를 거부하는 이 단점이 결국 그를 파멸로 이끈 것이다. 전두환은 이처럼 후흑의 장점으로 일어섰다가 단점으로 쓰러진 독재자였다. 소크라테스는 이런 인간형을 정열과 욕망에 사로잡힌 군주형으로 규정지었다. 흔히 말하는 폭군이 이에 해당된다.

- **임혁백의 평가**

임혁백(2004:122)은 보안사 사령관인 전두환이 이끄는 '신군부'가 박정희의 유신체제보다 더한 공포의 독재체제를 등장시켰다고 설명한다. 전두환 장군이 이끄는 신군부는 '박정희 없는 유신체제'를 구축하려 하였다. 그러나 그들은 권력을 장악하고 유지하기 위해 때로는 박정희가 구축한 제도와 문화, 관례를 부정하기도 하였다. 박정희 사후 전두환은 '박정희 없는 유신체제'의 복원을 내걸고 군부 쿠데타를 일으켜 5공 군부독재정권을 수립했다. 5공 군부 엘리트들이 박정희를 계승하려 하기보다는 박정희의 부정을 통해 자신들의 권력 정통성을 살리려 했다는 증거는 많이 발견된다.

▎전두환의 자존감

○ **도망자의 곤두선 신경처럼 생존에 대한 본능과 직관이 탁월했다.**

전두환의 아버지 전상우는 노름꾼의 빚보증 때문에 경찰에 쫓기는 몸이 되었다가 우연하게 순사 부장을 낭떠러지 아래로 밀어 버리고 그 길로 가족을 데리고 만주로 갔다. 하지만 추위와 배고픔을 견디지 못하고 1년여 만인 1941년에 다시 대구에 돌아와 정착했다. 이국땅 만주에서의 도피생활은 감수성이 예민한 소년 두환에게는 고향에서 쫓겨난 패자의 아픔을 절실히 느끼게 했을 것이다.(김호진 2006:260-261)

○ **도망자의 본능으로 보스**boss**리더십을 발휘하다.**

전두환은 하나회의 보스가 되고 하나회를 통해서 정권을 탈취하였다. 도망자는 자신이 갖고 갈 수 있는 만큼만 갖는 특성이 있다. 전부를 가지려 하지 않는다. 도망자이기 때문에 자신의 도망을 도와주는 사람에게 은혜를 갚을 수 있으면 갚으려 한다. 도망자는 항상 뒷일을 염려하고 경계한다. 도망자는 현재의 상황이 언제든지 끝날 수 있다고 가정한다. 그래서 다음을 위해 준비한다. 도망자는 당면하고 있는 문제를 어떻게든 해결해야만 한다. 민주적 절차를 따질 여유가 없다. 도망자는 의리를 중시하지 않을 수 없다. 의리가 없다면 잡히는 건 시간문제이기 때문이다.

2) 전두환 정부 국정 주도세력

▮ 핵심 군부와 경제 관료들과의 동맹

○ 전두환의 권력기반은 군부였다.[8] 전두환은 박정희 대통령과의 특별한 인연으로 군에서 승승장구할 수 있었고, 특히 하나회라는 사조직으로 12·12 군사반란을 자신에게 유리한 방향으로 이끌어 집권을 할 수 있었다. 집권 후에는 경제적인 성공을 위하여 국민적 지지를 확보하려고 노력하였으나 뜻대로 되지 않았다. 비합법적으로 권력을 획득하여 경제성장·물가·국제수지 목표달성 등 많은 노력에도 불구하고 정당성의 한계가 존재하였다. 특히 전두환 정권의 기반은 군에서도 보안사를 통하여 창출되었고 집권 후에도 보안사 인맥을 요직에 배치하여 권력을 유지하였다.(윤종성 2015:98)

○ 제5공화국에서는 육사출신 정치 엘리트(국무총리, 행정부처 장관, 대통령 비서실장, 중앙정보부장, 검찰총장)의 비율이 3공화국 25%, 4공화국 20%에 비해 28.7%로 가장 높았다. 또 대구경북 위주의 지역주의적인

---

[8] 정통성 시비에 시달려야 했던 5공 정권의 주도세력은 육군의 사조직인 하나회로 상징될 수 있다. 강창성 전의원이 유사 군벌로 규정한 바 있는 하나회는 주로 경상도 출신 장교들의 조직이었다. 이들은 5·16 주도세력에 비해 혁명지식과 지적 수준이 떨어지는 집단이었다.(경향신문, 1998년 10월 20일자, 경향의 눈)

충원 방식이 심화되었다.(이남영 1994:279-280)

  o 전두환 정부 출범은 처음부터 강한 도전과 저항을 동반하였으며 정권의 유지는 반대세력에 대한 철권적 억압에 의존할 수밖에 없었다. 이처럼 항거와 강압이라는 상호작용 속에서 형성된 전두환 정부는 애당초 체제의 정통성 문제에 부딪치게 되었고 이를 극복하는 방법으로 과감한 개혁, 경제의 안정과 성장이라는 전략을 세웠다.(안병만 1993:169) 따라서 과감한 개혁대상은 관료제에 집중되었고 상대적으로 군부나 기업에 대해서는 관대하였다. 새로운 군사정권이 등장할 때 관료제는 가장 손쉬운 개혁대상이 된다. 정치권력이 국민의 지지를 상실하게 될 때 이를 해결하는 방법은 안보문제를 이용하거나 관료제를 희생양으로 삼아 공격하는 것이다. 유사 이래 최대 공무원 숙청과 급진적인 '10·15 행정개혁'은 그 일환으로 이뤄진 것이었다.[9](안문석 1995:41-42)

---

9 제5공화국 행정개혁의 특징은 다음과 같다. 첫째, 1963년 형성된 이래 계속 팽창되어 온 한국 행정조직과 인원을 처음으로 축소·정비시켰다. 둘째, 권력기반 구축이라는 정치적 동기가 내재하고 있었으나 강력한 정치적 리더십의 주도적 역할이 개혁목적의 달성을 가능케 하였다. 셋째, 국가보위 비상대책위원회가 1980년 사회 각 부문에 걸쳐 추진한 대규모의 광범위한 개혁 작업이 전개되면서 개혁 지향적 분위기와 사회긴장이 행정개혁에 대한 저항을 감소시켰다. 넷째, 이전의 정부에서 존속하였던 행정개혁위원회가 개혁의 추진세력이 되지 못하고 폐지되면서 그 업무가 총무처 장관 소속의 행정조사연구실로 축소·이관되는 아이러니한 현상이 발생하였다. 다섯째, 개혁안의 작성과 개혁 작업의 추진에 특별위원회나 외부의 참여 없이 행정관리국을 중심으로 하는 총무처 관료가 담당하였으며 각 부처의 행정관리 담당관이 참여하였다. 여섯째, 정부기능의 합리적 분석에 입각한 중앙행정기관의 재편성은 이뤄지지 않았다. 개혁시기의 적시성 문제, 개혁안과 기준의 졸속성, 획일성 등의 문제기구 증가 방지를 위한 이론적 제도적 장치의 부재 문제 등은 체제 정당성이 결핍된 전두환 정부의 행정개혁에 오랜 시간 부작용으로 나타났다.(신윤창 2009:199-200)

○ 제5공화국은 경제정책마저도 유신체제를 그대로 이어받았다. 경제성장 제일주의 원칙을 세워 수출주도의 정책을 계속 밀고 나간 결과 1986년부터는 국제수지 흑자를 기록하게 된다. 하지만 장영자·이철희 사건, 범양사건, 전경환의 새마을 비리 등 초대형 권력형 경제 부정사건들, 저임금·저곡가 정책으로 인한 빈부격차 심화, 권력과 재벌 간의 유착 등이 유신체제보다 더 큰 사회적 문제로 부각되었다.(안병만 2014:137)

3) 그람시, '헤게모니를 쥐는 계급이 사회를 지배한다'

- 전두환은 헤게모니가 무엇인지를 본능적으로 알았다.
- 안토니오 그람시Antonio Gramsci는 '문화'를 통해서 헤게모니를 장악해야 한다고 생각했다. 그람시는 막시스트였지만 이는 민주주의에도 적용이 가능하다. 좋은 문화, 민주주의가 문화로 정착되어야 한다.

| 헤게모니가 이데올로기를 야기한다

헤게모니hegemony란 하나의 세력이나 집단, 개인에 대해서 일정한 지적·도덕적 호소력, 리더십 혹은 주도성을 갖는 것을 의미한다. 예컨대 모든 권력자들은 자신에게 승복하는 것이 도덕적 행위라는 것을 부각시킨다.(조희연 2008:92) 그람시의 주요 개념인 역사적 블록historic block은 헤게모니 개념을 통해 구체화시킨 지배집단과 네트워크로 해석하고 있다.(김종법 2010:142)

국가와 시민사회에 관한 그람시의 논의는 일관되게 기술되어 있지 않다. 분명한 것은 그가 마르크스와는 달리 국가와 시민사회를 상부구조로 놓고 설명한다는 것이다. 이러한 이유는 그의 헤게모니론 때문이다. 헤게모니의 사전적 의미는 '패권주의hegemonism'에서와 같이 지배domination를 의미할 때도 있고, 일정한 동의consent의 개념을 포함하고 있는 지도력leadership을 의미할 때도 있기 때문에 매우 복잡해질 수 있다. 그람시가 이 말을 '지배'의 의미로 사용할 때는 강제력을 동반한 정치사회로서 '좁은 의미의 국가' 기능에 해당된다고 할 수 있다. 그러나 그람시는 후자, 즉 지배계급이 지적·도덕적 지도력을 행사함으로써 피지배계급들로부터 자발적인 동의를 얻는다는 점을 중시하고 있다. 서구 자본주의 사회를 놓고 보았을 때, 이는 시민사회와 국가의 영역에서 이루어지고 있으며 이 점이 양자를 상부구조로 놓고 설명하는 이유이기도 하다.(이순웅 1993:201-202)

부르주아 헤게모니 개념의 해석을 둘러싼 흐름은 두 가지이다. 그 하나는 그람시의 헤게모니 개념을 이데올로기적인 허위의식 또는 베버적인Weberian 정당성의 개념으로 이해하는 것이다. 이러한 이해에 따르면 지배계급은 '대대적인 세뇌화 과정', '피지배계급에 대한 이데올로기의 압도적 우위', '끊임없는 허위의식의 생산', '이데올로기적 신화화'를 통해 피지배계급으로부터 동의, 즉 헤게모니를 획득한다는 것이다. 또 하나의 흐름은 헤게모니는 물질적 기초를 갖고 있으며 경제적 타협이 헤게모니 체제의 구축을 위한 필수적 조건이라는 것이다. 이 해석에 따르면 그람시는 경제적 구조가 다른 모든 것을 규정한다고 본 마르스크주의자라는 사실을 간과해서는 안 된다. '지적·도덕적 지도력'으로서의 헤게모니는 기본적 생산관계에서의 경제적 타협이 정치와 이데올로기적 수준에서 구체화된 것으로 이해되어야 한다는 것이다.(임혁백 2012:160-161)

▮ 이데올로기적 헤게모니로 양극화 현상을 설명

이데올로기적 헤게모니가 지배계급의 효과적 지배를 모두 설명하는 것은 아니다. 그보다는 냉전이라는 국제정치나 권위주의적 문화의 영향 등이 더 큰 설명력을 갖고 있는지도 모른다. 즉 한국사회가 아직도 반공주의, 지역주의 같은 봉건적 유습들을 해소하지 못했고 미국이라는 지구적 패권국에 정치·경제적으로 종속된 사회이기 때문에 대다수 국민들이 자율적이고 합리적 판단력을 배양하지 못했을 것으로 보인다. 또 혹자가 지적하듯이, 국민은 진보세력의 실질적이고 구체적인 정책비전과 대안이 취약하다고 판단했을 수도 있고 진보정당이 집권했을 때의 경제성장 가능성을 회의적으로 보았을 수도 있다. 이런 경우, 국민은 차라리 기득권 정당에 협력하는 것이 더 이익이 된다고 판단했을 것이다. 그러나 보다 강한 설명은 지배와 피지배를 속성으로 하는 계급관계에서 찾아야 한다. 사실 민주화 이후에 근로자들의 절대 생활수준은 나아졌을지 몰라도 상대적 빈곤감은 훨씬 더 커졌고 근로의 강도나 조건은 나아지지 않았다. 실제로 '88만원 세대'로 대표되는 시급노동자와 비정규직 노동자의 비율은 점점 더 커지고 있고 이에 따라 소득 불균형은 점점 더 악화되고 있다.(이성로 2010:145-146)

그람시 사상의 가장 핵심적인 테제는 노동계급이 자본주의 사회구성체 내에서 정치적으로 지배계급이 되기 이전에 문화적으로 이데올로기적 헤게모니를 획득할 수 있다는 생각이다. 한 사회그룹의 패권霸權은 '지배'와 '지적·도덕적 지배력'의 두 가지 방법을 통하여 표현된다. 한 사회그룹은 적대그룹을 지배할 때 심지어 군사력을 동원해서라도 그들을 궤멸시키거나 종속시키는 경향이 있다. 지배그룹은 동맹그룹들을 지도한다. 한 사회그룹은 정부의 권력을 획득하기 이전에 '지도력'을 행사할 수 있고 사실상 이미 행사하지 않으면 안 된다. 이것은 실로 그러한 권력을 획득하기 위한 기본조건들의 하나이다. 한 사회그룹은 그 다음 단계로 권력을 행사할 때 지배하게 된다. 그러나 그 그룹이 확실히 권력을 잡고 있다 하더라도 지도를 통하여 지배하기를 계속하지 않으면 안 된다. 그람시는 여기에서 적대계급에 대한 강제력의 사용과 동맹계급에 대한 합의적 지도를 조심스럽게 구분한다. 권력의 장악 이전에 행사하지 않으면 안 되는 헤게모닉 행위는 이러한 맥락에서 다만 노동자 계층과 다른 피지배계층 간의 동맹의 문제에 관련된 것임을 알게 된다.(최장집 1984:31-32)

▌좋은 이데올로기는 좋은 사회구조를 만든다

그람시는 「이데올로기의 개념」이라는 제목의 글을 쓰기도 했다. 하지만 그의 이데올로기 개념은 개념화 작업이라기보다는 기존의 이데올로기 이론의 종합이어서 물질적 힘을 가진 일종의 사상적 무기로서의 유기적 이데올로기에 대한 강조라고 할 수 있다.[10] 그람시는 이데올로기를 유기적 이데올로기와 자의적 이데올로기로 구분했는데 유기적 이데올로기는 역사적으로 필연적이고 구조에 필수적인 것이고, 자의적 이데올로기는 개인적인 사변이다. 이데올로기는 특수한 사상체계이거나 예술, 법, 경제적 활동 그리고 개인적이고 집합적인 삶의 모든 표현들에서 암묵적으로 나타나는 세계관으로 간주된다. 그러나 그람시에게 이데올로기는 세계관이나 사상체계 이상의 것이다. 그는 종교에 관해 말하면서 세계에 대한 이해와 그 관념에 수반되는 행동의 규범 사이에 존재하는 신념의 통일성은 '종교'뿐만 아니라 '이데올로기' 혹은 '정치'라

---

10 이데올로기에 관한 마르크스와 엥겔스의 가장 중요한 저서는 『독일 이데올로기』일 것이다. 여기서는 이데올로기의 부정적 의미가 잘 드러난다. 그람시는 이 저서를 보지 못했지만 이데올로기의 부정적 의미에 관해 잘 알고 있었고 이데올로기를 부정적 의미로도 사용한다. 한편 그람시는 이데올로기를 긍정적(중립적) 의미로도 사용한다. 그람시는 마르크스의 『정치경제학 비판』 서문(1859년)이나 『포이어바흐에 관한 테제』 등을 접했는데 여기에는 이데올로기가 부정적 의미만을 갖는다고 보기 어려운 구절들이 있다. 그러나 그람시가 이데올로기를 긍정적 의미로 사용하는 데에는 마르크스보다 엥겔스와 레닌의 영향이 더 크다고 봐야 할 것이다. 마르크스와 엥겔스의 차이점은 미묘한 문제이긴 하나 두 사람이 같이 쓴 『신성가족』, 엥겔스의 『반듀링론』이나 『포이어바흐와 독일 고전철학의 종말』 등에는 이데올로기를 긍정적으로 보고 있는 구절이 있다. 상부구조는 토대의 자동적 반영이 아니며 토대에 반작용할 수 있다는 것인데 이러한 점이 그람시의 긍정적 이데올로기 개념에 영향을 미친 것으로 보인다.(이순웅 2008)

고 부를 수 있다고 말한다. 바로 이러한 점 때문에 이데올로기는 대중을 조직해 주고 대중활동의 발판을 마련해 주며 나아가 대중으로 하여금 자신의 위치와 투쟁을 의식하게 하는 지반을 창출하게 한다는 것이다.(이순웅 2008:436-437)

> **TIP**
>
> 1926년 가을, 무솔리니는 자신에 대한 암살기도가 있었다는 것을 구실로 모든 반대조직과 간행물들을 금지시키고 반대파를 검거했다. 이때 체포된 사람 중에 안토니오 그람시가 있었다. 1928년 5월 그람시에 대한 재판에서 검사는 이렇게 말을 하고 논고를 끝냈다. "우리는 이 자의 두뇌가 작동하는 것을 20년 동안 중지시켜 놓아야 한다." 하지만 파시스트 정권은 그를 가둘 수는 있지만 그의 두뇌가 작동하는 것을 결코 막을 수 없었다. 감옥에서 죽어가면서도 오히려 그람시의 역사와 사회에 대한 분석은 더욱 예리해져 몇 년에 걸쳐 2,848페이지에 달하는 『옥중수고』 필사본을 남겼다.
>
> 출처 : 네이버 인물세계사, 안토니오 그람시 편

4

노태우

민주주의의 여정과 민주화의 길(1) : 탈군인화

1) 노태우 리더십[11]과 자존감

• 김호진의 평가

김호진(2006:328-332)은 노태우 대통령의 리더십을 '소극적 상황 적응형으로 성공한 2인자에서 실패한 대통령'이라고 평가하고 있다. 그는 생도시절부터 대통령이 될 때까지 40년이나 전두환을 그림자처럼 따라다닌 2인자였다. 2인자의 자리는 결단의 자리가 아니다. 결과에 책임을 지는 자리도 아니다. 개성과 자존을 죽이고 1인자의 비위를 맞추면서 참모 역할만 잘하면 된다. 따라서 이런 자리에 오래 있으면 누구든 신념의 윤리와 책임의 윤리가 존재하지 않는다. 노태우 대통령이 바로 이런 경우다. 그의 소극적 리더십에 지친 국민들은 그를 '물태우'라고

---

11 이남영(1995:290)은 김호진의 '노태우·전두환·박정희 리더십 비교연구'(「신동아」, 1990년 1월호)를 재인용하면서 노태우는 과업지향형과 성원지향형의 이중성을 나타낸다고 평가하고 있다. 박정희는 기업가적 실무형, 전두환은 감독자적 과시형이라고 평가했다.

불렀다. 그러자 노태우 대통령은 물처럼 유연하게 사는 것이 생활 철학이라는 말로 응수했다. 전두환의 그늘에서 평생을 2인자로 살면서 터득한 삶의 지혜일 것이다.

•임혁백의 평가

임혁백(2004:133)은 '결과론적 입장'을 취하는 사람들은 1987년 대선에서 구 권위주의 정권의 핵심적 인물이었던 노태우 대통령의 당선을 후퇴로 본다고 밝힌다. 그러나 '절차론적 입장'에서 볼 때 1987년의 대선은 16년 만에 국민들의 자유로운 참여에 의해 정부를 구성한 것으로 평가된다. 여기에 더하여 1988년의 총선에서 국민들이 여소야대의 권력구조를 창출함으로써 대선에서 권력을 재장악한 구 권위주의 세력들로 하여금 더 이상 권위주의로의 복귀를 시도하지 못하게 만들었던 것이다.

┃노태우의 자존감

○ **홀어머니 밑에서 자란 장남의 어깨를 짓누른 인내의 책임감이다.**

노태우는 네 칸짜리 초가집에서 태어났다. 빈농이었지만 면서기를 지낸 아버지로 인해 집안 분위기가 꽤 개명開明한 편이었다고 한다. 아버지의 유품은 책, 스케이트, 유성기, 바이올린, 퉁소 등으로 일제 말기 시골가정에서는 보기 힘든 것들이었다고 하니 빈농이었지만 정서적으로 수준이 있었던 것으로 유추된다. 7살 때 아버지를 여의고 삼촌의 도움으로 공부를 해야 했던 노태우의 육사 선택은 경제적인 문제를 해결하면서 공부를 할 수 있었던 거의 유일한 길이었다고 볼 수 있다. 더욱이 원래 노태우는 기술자나 의사가 되는 것이 소망이었던 점을 보면 더욱 그러하다. 노태우는 장남으로서 문제를 일으키지 않고 사회에서 일정하게 자리를 잡아야 한다는 의무감이 있었을 것이다. 장남은 보이지 않는 혜택을 받고 크지만 가정형편이 어려웠던 노태우는 의무감이 더욱 더 컸을 것이다. 이런 의무감이 인내하고 참는 노태우를 형성했을 가능성이 크다.

○ **욕먹지 않으면서 중심부에 서 있는 중재자 리더십[12]을 발휘했다.**

노태우의 처신과 판단은 중심부에 있되 중심이 되지 않으려는 것이다. 대세의 흐름을 따라가되 대세가 되지 않으려는 것이다. 이런 노태우의 처신은 아버지를 일찍 여의면서 보호막이 사라진 아들의 생존술이었을 것이다. 대세를 따라가는 것이 안전한 처신이고 대세의 중심부에 있는 것이 더 안전을 담보 받는 것이기 때문이다. 대세의 중심부에 있기

---

12 한편 '대한뉴스'에 나타난 노태우 정권은 관계지향 통치 리더십과 진취적 상황판단과 위기관리, 책임감, 중재 협력적 통치 리더십이 상대적으로 많이 표현된 시기이다. 군사정권이었던 노태우 시기에는 1987년 6·29선언으로 사회 각계각층에서 표출되는 민주화의 요구를 무시할 없는 상황이었으며, 여소야대인 정치상황에서 자연스럽게 통치자의 관계지향 리더십이 대국민 뉴스를 통해 많이 표현되었을 것이다. 시기적으로 소련, 중국과의 북방외교를 통한 과거 공산국가들과의 새로운 국가 간 관계정립 과정도 대통령의 관계지향 리더십 행동들에 포함되고 있었다.(박종민 2008:175)

위해서는 보좌역할이나 중재자 역할을 해야 중심에서 안전을 보장받을 수 있다. 때문에 그러한 역할을 자임하거나 본능적으로 그런 역할을 키워왔을 가능성이 크다. 육사시절에 한 살 많은 전두환의 보좌역을 한 것만 봐도 알 수 있듯이 실제로 노태우가 자신의 특기로 가장 자랑스럽게 생각하는 분야가 분쟁의 조정자 역이다.[13] 그러면서도 지존이 되기 위한 구상을 버리지 않았던 것은 장남으로서 집안을 일으키기 위한 원초적인 동인이 있었다고 보인다.

노태우는 탈권위와 보통사람들을 주창했다. 노태우의 탈권위는 중심에 있으면서도 주변부인 인생경로에 대한 방어적 태도이다. 기존의 권위에 대한 노태우식 도전이 탈권위인 것이다. 겉으로는 교과서적인 바람직한 방향이지만 내면으로는 기존 권위를 무너뜨리기 위한 이중성이라고 할 수 있다. 이러한 이중적 태도는 대통령 후보시절 "내가 제일 싫어하는 것은 돈 있다고 해서 날뛰는 사람이다. 부정에 대해선 대통령을 포함해 어느 누구도 성역을 두지 않고 단호히 대처하겠다."라며 청렴한 대통령이 되겠다고 했지만[14] 결국 부정부패로 구속된 본인의 삶이 반증해주고 있다.

---

13 노태우는 제3공화국 초기에 정부의 특명을 받아 재일교포 재벌들의 분쟁에 끼어들어 해결사 노릇을 한 일화를 자랑스럽게 이야기를 했다고 한다.(동아일보, 1987년 9월22일자, '대권을 향한 사람들, 노태우 편')

14 동아일보, 1995년 11월 17일자, '노태우 씨 인생역정'

2) 노태우 정부 국정 주도세력

▎권위주의적 관료제와의 동맹

○ 제6공화국은 87년 대선 이슈인 '군정종식'으로 군 출신을 경계하는 사회적 분위기와 3·4·5공화국의 엘리트 충원의 고질적인 문제로 상존했던 영남중심과 군 출신 대거 등용의 문제가 해소될 것으로 기대됐다. 그러나 제5공화국 모든 부문에서 다수를 차지했던 사람들이 제6공화국에 와서도 계속 등용되어 제5공화국의 연속으로 볼 수 있다. 특히 여전히 영남세가 지배적이며 사법 엘리트 부문에서는 전보다 더욱 영남세가 증가된 면을 보여 주고 있다.(안병만 2014:224-225; 이남영 1995:287)

○ 노태우의 권력기반은 군부[15]였다. 결정적으로 12·12 군사반란 이후 전두환을 도움으로써 2인자의 길을 걸을 수 있었고 전두환의 후광으로 대통령까지 되었다. 비록 36.6%의 지지를 얻었지만 박정희 유신체제 이후 최초로 국민의 지지를 받아 선출된 직선제 대통령이 되었다. 합법적으로 권력을 획득하여 소련 붕괴에 따른 세계사적 전환기에 북방외교, 남북기본합의서, 한반도 비핵화 선언 등 남북관계를 상당히 진

---

[15] 6공의 주도세력은 하나회 출신과 권력지향적인 교수들이 뒤엉킨 기형집단이었다.(경향신문, 1998년 10월 20일자, 경향의 눈)

척시켰다는 평가이다. 이에 따라 권력의 정당성도 어느 정도 확보한 것으로 평가된다. 노태우는 군 출신과 전두환의 후광이라는 태생적 한계가 존재하였으나 시간이 지날수록 권력기반 및 정당성을 확보하였다. 특히 노태우는 대통령 직선제로 어느 정도 정당성을 확보한 자신감으로 군대조직이나 검찰보다 문민 분위기가 상대적으로 짙은 국세청을 권력기반으로 선택하여 세무조사 등을 통치권 행사에 유효 적절히 활용하였다.(윤종성 2015:99)

3) 센, '발전의 의미는 실질적 자유의 확장이다'

- 노태우는 정권의 정당성에 자부심이 있었다. '보통사람들의 시대'는 탈군인, 탈전두환이었다.
- 아마르티아 센Amartya Sen은 더 정의로운 사회가 되기 위해서 민주주의는 필수적이라고 했다.

❙ 센의 정의론

센의 정의론은 '완벽하게 정의로운 제도는 무엇인가'라는 문제의식보다는 '어떻게 정의가 개선될 것인가'라는 문제의식이 두드러지게 나타난다. 따라서 비교의 방법을 취하고 단지 제도나 법이 아닌 사회에 기반을 둔 실제 현실에 주목을 하는 것이다. 정의로운 제도가 정의를 보장하지 않는다는 것이다.(김대근 2011:185)

센은 평등주의적 정의론으로 세 가지 이론 ① 공리주의적 평등utilitarian equality ② 총 효용 평등total utility equality ③ 롤즈식 평등Rawlsian equality을 비판하고 대안으로 자신의 기초적 능력의 평등basic capability equality을 제시한다. 센은 정의의 두 원리two principles of justice로 구성되는 롤즈의 평등론과 공리주의 관념상의 평등론을 비교·검토하고 취사선택하여 자신의 적당한 평등론을 구성하는 방법을 모색한다. 먼저 센의 관점은 인간의 생존과 발전의 필수요소인 필요개념concept of needs이 롤즈가 제시하는 기본재primary goods와 공리주의 효용utility에 관한 정보를 통해서는 적당한 취급을 못한다는 관찰을 전제로 한다. 센은 분배의 수령인인 사회구성원의 한 사람으로서 한계효용상의 불리함을 가진 지체장애인을 예로 들면서 지체장애인의 장애를 제거하거나 현저하게 감소시키는 데 자원이 투입되어야 한다는 식의 평등론을 주장하려 한다면 필요개념을 기본적 능력의 형태로 해석해야 한다고 주장한다. 평등의 요구를 이러한 필요와 이익의 해석으로 보려는 평등론을 센은 '기본적 능력 평등basic capability equality'이라고 부른다.(오병선 2008:467-468)

▍자유를 논할 때 개인의 역량과 효용도 고민해야

센의 자유는 구속받지 않는 무제약liberty이나 타인에게 억압받는 상태를 벗어나는 소극적 자유에서 한층 더 나아가 인간이 가치 있는 삶을 위해 자신이 원하고 바라는 대로 살아갈 수 있는 적극적 자유를 뜻한다. 자유의 발전은 결국 개인의 잠재능력을 발휘하고 자신이 바라는 삶을 살아갈 수 있도록 잠재능력을 키워주는 데 있다고 본 것이다. 센의 경제학적 사상체계에서 가장 중요한 개념은 잠재 능력capability이다. 센의 잠재능력 개념은 우리가 상식적으로 알고 있는 것과는 조금 다른데 '사람이 좋은 생활이나 양질의 삶well-being을 살아가기 위해서 어떠한 상태being에 있고 싶어 하는가와 어떤 행동doing을 하고 싶어 하는가를 결부시킴으로써 그것을 달성할 수 있도록 만드는 선택 가능한 기능들functionings의 집합'으로 규정한다.(원용찬 2015:135-136)

센은 따라서 무엇에 대한 평등인가에 집중해야 한다고 주장하며 이를 역량이라고 개념화 한다.[16] 역량이란 한 개인이 성취할 수 있는 기능들의 다양한 조합으로 개인 자신이 가치 있다고 여기는 삶의 방식을 영위할 실질적 자유를 의미한다. 이는 기능과 구별되는 것으로 기능이란 개인이 자신이 가치 있다고 여기는 상태beings 또는 행위doings들 중 개인이 실제로 성취한 것을 말한다. 이러한 관점에서 보면 개개인의 복지나 평등, 삶의 질을 평가할 때 궁극적으로 관심을 가져야 할 문제는 개인들에게 어떠한 역량 집합capability set이 주어졌는가에 관한 것이다. 역량 집합이 보장된 이후 성취된 기능은 개인의 자유에 따라 달라질 수 있지만 역량 자체가 박탈되는 것은 개인의 자유가 제약되는 것이기 때문이다.(채상원 2016:187-188)

---

[16] 센에 의하면 역량 개념은 자유와 인권의 기회 측면을 이해하는데 매우 유용하다. 이 개념을 통해 우리는 한 사람이 가치가 있다고 여기는 행위나 상태, 그리고 그 사람이 스스로 가치 있다고 여기는 것을 성취하기 위해 가지고 있는 수단을 서로 적절히 구별할 수 있게 된다. 특히 전자로 주의를 돌림으로써 역량에 기초한 접근법을 몇몇 정의론들에서 발견할 수 있는 소득이나 기본적 선과 같은 수단에 과도하게 집중하는 것에 반대한다. 역량 접근법은 두 사람이 정확히 동일한 일련의 수단들을 가지고 있을 때 소자노 서로 전혀 다른 실질적인 기회들을 가질 수 있는 가능성을 확인하는데 도움을 줄 수 있다. 센은 인권과 역량이라는 두 개념은 우리가 어느 하나를 다른 하나 속에 완전히 포섭시키려고 하지 않는 한, 서로 조화를 이룰 수 있다고 말한다. 많은 인권이 역량 관점으로부터 적지 않은 것을 제공받을 수 있다는 것이다.(허성범 2013:146-147)

센은 토대역량을 실질적인 자유substantial freedom를 행사할 수 있는 상태를 의미한다 하였고 이것을 발전의 궁극적인 목표로 삼는다. 실질적인 자유를 행사할 수 있다는 것은 개인의 가치 있는 삶의 결과물인 기능들의 조합을 선택하는 것을 의미하기도 한다. 센은 개인의 삶을 다양한 행위와 존재의 조합으로 바라보았다. 따라서 삶의 질에 대한 평가는 가치 있는 기능들을 획득할 수 있는 개인의 토대역량을 바탕으로 이뤄져야 한다고 주장한다.(유성상·이은혜 2013:123)

민주주의가 중요한 이유

센은 민주주의가 더 정의로운 사회를 만드는 데 중요하다고 지적한다. 첫째, 민주주의는 인간의 삶과 행복 그리고 복지를 위해 내재적intrinsic 가치를 갖는다. 시민의 자유와 권리는 개인이 사회적 존재로 살아가는 데 필수 불가결하기 때문이다. 둘째, 민주주의는 정치적 자유를 보장함으로써 정부의 책임성과 응답성을 고무시킨다. 정부의 책임성과 응답성은 표현의 자유와 언론의 자유가 전제되어야만 확보될 수 있다. 셋째, 민주주의는 그 자체로 사회 복지의 발전과 향상에 기여한다. 센은 만약 발전 개념이 인간의 삶에 초점을 맞춰 광의적으로 이해된다면 발전과 민주주의 관계는 명확해진다고 말하면서 정치적 자유와 민주적 권리가 발전의 '구성적 요소'임을 강조한다.(김병곤·봉재현 2014:31-32; Sen

2008:148-149; Sen 2009:338-347)

센은 경제발전에서 민주주의와 자유의 확대야말로 가장 소중한 가치이며 앞으로도 인류가 계속 지키고 끌고 나가야 할 진정한 목표라고 밝힌다. 자유와 민주주의는 다른 어떤 보상이나 대가와 맞바꾸거나 훼손되어서는 안 되는 보편적 가치이다. 센은 『자유로서의 발전Development as Freedom』에서 발전이 의미하는 것은 경제적 입장에서 총체적인 부를 향상시키는 것이 아니라 실질적 자유를 확장하는 것이라고 본다.(김만권 2005:247) 센은 정책은 사회 구성원이 할 수 있는 것과 될 수 있는 것, 그리고 가치가 있다고 선택한 삶을 살 수 있는 자유를 확대하고 장애물을 제거하는 것에 목적을 두어야 한다고 주장한다.(최혜지 2013)

TIP

센 교수는 아시아인으로서는 처음으로 노벨경제학상을 수상하였으며 빈곤퇴치에 지대한 관심을 갖고 빈곤을 수치로 측정하여 어떤 상태에 있는 사람을 빈곤층으로 봐야 하는가에 대한 기본모형을 제시하기도 하였다. 그동안 경제학이 주로 합리성과 효율성만을 주된 목표로 삼았다면 그는 여기에다가 사회 전체적인 의사결정인 인간의 자유와 권리, 정의라는 정치 사회학적 요소도 함께 고려해 경제학이 분배정의 실현에 중점을 둬야 한다고 주장했다.

출처 : 네이버 경제학사전, 센 편

5

김영삼

민주주의의 여정과 민주화의 길(2) : 문민화

1) 김영삼 리더십[17]과 자존감

• **김호진의 평가**

김호진(2006:339)은 김영삼 대통령의 리더십 특성을 '공격적 승부사형'으로 정의한다. 그리고 '고개 숙인 민주화의 기수'라고 평가한다. 김영삼은 문민정치의 꿈을 이룬 실패한 경영자이면서 도덕정치와 비리정치의 이중주로 나락을 경험하게 된다. 그는 평소 대도무문이란 휘호를 즐겨 썼다. 큰 길에는 막힘이 없다는 말이다. 사실 정치인 김영삼은 굽힐 줄 모르는 신념과 투지로 문민정치의 꿈을 이룬 큰 정치인이었다. 한때는 군부독재에 지친 국민들이 그에게서 희망과 안식을 찾기도 했다.

---

[17] 이종범(1995)은 김영삼 대통령의 리더십 특성을 크게 두 가지로 봤다. 하나는 권위적 민주주의자이고 또 다른 하나는 현실주의적 정치가라고 밝힌다. 이와 함께 문민정부의 대통령이면서도 민주주의적 지도자로 평가되지 않고 있다면서 백상창(1993)과 정윤재(1993)가 정의한 김영삼 대통령의 리더십 유형도 소개하고 있다. 백상창은 '큰 인물 콤플렉스를 가진 사람'이라고 정의했고 정윤재는 '계몽군주적 지도자'라고 평가했다.

1992년 대선에서 승리했을 때만 해도 문민대통령으로서 긍지와 자부심이 넘쳤고 국민들도 큰 기대를 걸었다. 하지만 이 믿음은 오래가지 못했다. 집권 초반부터 인사 실패와 주변 비리가 말썽을 일으키더니 임기 막바지에는 경제 환란까지 일어났다. 이처럼 국정이 무너져 내리자 재임 중 여섯 번이나 사과문을 발표하고 용서를 빌었다. 쌀 개방, 성수대교 붕괴사건, 한보사건과 아들 현철, 대선자금, IMF와 경제 환란에 대한 것이었다. 이렇게 되자 사람들은 그를 망국의 지도자로 혹평했고 그는 현대사의 흐름을 바꾼 민주화의 영웅이 아니라 도덕성까지 잃은 실패한 국가 경영자로 인식되었다. 임기 말의 그는 포효할 기력조차 잃어버린 중상 입은 호랑이였다.

• **임혁백의 평가**

	임혁백(2004:136)은 김영삼 대통령의 당선은 그 자체가 한국 민주화의 진전을 의미한다고 하였다. 1960년대 이래 처음으로 한국 민주화를 이끌었던 민간인 지도자가 선거를 통해 권력을 계승했다는 의미를 지니고 있기 때문이다. 따라서 김영삼 정부는 자신을 군부정권이 아닌 '문민정부'로 규정함으로써 자신의 역사적 의미와 사명을 스스로 규정하였다. 민자당이라는 구 권위주의 지배세력의 자궁 속에서 김영삼 대통령이 선출되었을 때 많은 사람들은 개혁보다는 현상유지를 꾀할 것이라고 우려했다. 그러나 그는 예상을 뒤엎고 전광석화처럼 질풍노도의 군부개혁을 단행하였고 공직자 재산공개를 통해 관료와 정치인의 사정에 나섰으며 금융실명제의 단안을 내림으로써 자본가의 특권에 중대한 제약을 가했다.

김영삼의 자존감

○ **부유한 집안의 외아들이다.**

김영삼의 중학교 시절 일본인 교장인 기타지마 슈이치로는 한국인 학생들을 지독하게 차별하고 수시로 입에 담을 수 없는 말로 조선학생들을 욕하고 심한 체벌을 가했다. 이에 김영삼은 전근 가는 교장의 이삿짐을 나르면서 당시로서는 귀한 설탕과 곡물자루에 구멍을 내 땅에 쏟아 버리고 대신 다른 잡동사니를 넣어 놓는 사건을 일으켜 통영 경찰서 고등계에 불려 가서 조사를 받은 뒤 무기정학 처분을 받은 사건이 있었다.[18] 담대하거나 철이 없거나 둘 중에 하나였다. 본인이 직접 언론에 쓴 바에 따르면 식민지 시대 말기와 해방직후 소용돌이의 혼돈과 격동의 시절에 막 역사와 사회에 눈떠 갔다고 진술하고 있는 것을 보면 담대한 측면에 무게 중심이 더 있다고 할 수 있을 것이다.[19] 하지만 어린 시절 소금에 절인 멸치를 마구 집어 먹고 배탈이 나거나 목이 마르다고

---

18 경향신문, 1992년 6월 23일자, '대선후보 연구'
19 경향신문, 1992년 11월 26일자, '대선후보 연구'

논에 엎드려 올챙이배가 되도록 논물을 마셨다가 어머니로부터 회초리를 맞는 등 천진난만한 개구쟁이 기질도 갖고 있는 것을 보면 두 가지 측면이 공존했을 것이다.[20] 부유한 집안의 외아들은 생계라든지 학업에 대해서 고민할 필요가 없었다. 부유한 것 자체가 프리미엄인 것은 예나 지금이나 다를 바 없지만 일제식민지 시대를 전후로 한 당시에는 더욱 보이지 않는 많은 혜택을 받고 자랐을 것이다. 김영삼은 부유한 가정형편 덕분에 사실상 정치에 집중할 수 있었던 것이다.

○ **부유한 집 외아들의 왕자적 리더십이 발휘되었다.**

김영삼은 자유당으로 정치에 입문했다. 그리고 3당 합당으로 대권을 잡았다. 하지만 자유당에 입문한 지 7개월 만에 사사오입 개헌의 부당함에 항의하기 위해 탈당을 하면서 야당의 길을 걸었다. 김영삼은 자신의 삶에 대한 자신감과 자신의 신념에 대한 확신이 정치적 이념보다 우위에 있었던 것이다. 자신이 걸어온 삶이 옳기 때문에 3당 합당과 같은 야합도 용인될 수 있다고 확신하였다. 오히려 노태우 대통령은 정책연합을 제안했으나 당시 김영삼 총재는 합당을 역제안했다.[21] 대통령이 돼서도 금융실명제와 하나회 척결, 전직 두 대통령의 구속 등 거칠 것 없는 그의 의사결정은 아쉬울 것 없는 왕자적 리더십의 발현이었다. 김

---

20 경향신문, 1992년 12월 20일자, '소신의 정치 뚝심의 정치'
21 경향신문, 1999년 12월 31일자, '노씨 연합제의에 합당이 낫다'(김영삼 씨 회고록 주요 내용)

영삼은 전두환에 의해 강제로 정계 은퇴를 당한 것에 대한 저항과 광주민주화운동 3주기를 맞아 야당인사들의 단결을 위해 단식을 했었다. 당시 민정당 권익현 사무총장이 해외로 나가라고 하자 해외로 시체를 부치라고 하면서 죽음을 각오한 단식을 23일간 감행한다. 아쉬울 것이 없다는 담대한 배짱이었다.

2) 김영삼 정부 국정 주도세력

▎권위적 정당 연합 간 동맹

o 김영삼의 권력기반은 정당에서 시작되었다. 여당인 자유당에서 야당인 민주당을 거쳐 여당인 민자당, 신한국당으로 이어졌다. 정당이 후보를 내고 국민이 지지하여 대통령에 당선되었으니 당연히 국민을 권력기반으로 하였다. 그러한 과정에서 대한민국의 민주화를 위해 약 40년간 투쟁한 점도 도움이 되었다. 합법적으로 권력을 획득하여 그 정당성을 확보했다. 그러나 자세히 보면 권력 획득과정에서 3당 합당이라는 야합이 있었고 초원복집 사건에서 보는 바와 같이 지역주의에[22] 호소하였다. 정면돌파형 승부사 김영삼은 국민을 기반으로 합법적으로 권력을 획득하였으나 정치적 야합과 지역주의에 일부 편승하였으며 임기 말에는 6·25 이후 최대 국난이라는 IMF를 불러옴으로써 권력기반 및 정당성이 상당부분 훼손되었다. 특히 김영삼의 권력기반은 검찰로 정치개혁 과정에서 사정 정국을 주도하며 가장 긴요한 통치수단이 되었다.(윤종성 2015:100)

---

[22] 이미 1, 2공화국이 순수한 민간정부였음에도 굳이 최초의 문민정부인양 신진한 YS정권은 철저하게 부산·경남지역 출신으로 주도세력을 구축했다. 변화와 개혁이라는 슬로건과 배치되게 과거 TK정권보다도 지역성이 심했으며 그러한 구호와 실상의 틈바구니를 김현철의 그룹이 파고들어 주도세력 행세를 한 것이다.(경향신문, 1998년 10월 20일자, 경향의 눈)

○ 김영삼 정부의 초기 장·차관급 충원과 관련된 가장 큰 특징은 군 출신과 대구·경북 출신 인사를 과감히 배제했다는 데 있다. 하지만 자질 미달의 측근인사 등용, 부산·경남출신의 급부상, 지역 대표성의 질적 미비와 같은 문제점 또한 내재되어 있다. 1기 내각은 직계세력보다 외부 지지세력과 구 여권인사를 중용했었다.(이종범 1995:498)

3) 슈미트, '적과 동지의 구분이 민주주의의 동질성을 만든다'

- 김영삼은 3당 합당 당시에 호랑이 굴로 들어가서 호랑이를 잡겠다고 표현하였다. 민주주의는 피가 필요하기도 하지만 피만으로는 부족하다. 오랜 시간이 필요하다.
- 칼 슈미트Carl Schmitt는 정치의 본질은 적과 아군을 구별하는 것이라고 했다.

┃국가는 정치의 장, 정치는 적과 아군을 구별하는 것

슈미트는 정치란 '적과 동지의 구분'이라고 말한다. 이러한 개념은 민주주의 사회의 결속력과 연관이 있다. 민주주의는 평등이란 가치를 기반으로 하고 있기 때문에 사회적 결속력을 유지하기 위해서는 구성원들 간의 동질성이 필요하다. 민주주의에서 가치의 분열이 위험한 것은 내부의 가치분열이 사회적 충돌을 불러오고 이로 인해 구성원들이 내전상태에 이를 수 있기 때문이라고 주장한다. 슈미트는 이러한 적과 동지의 구분은 최고직의 정치지도자 즉 대통령이 한다고 말한다.(김만권 2005:150-154)

슈미트는 그의 저작 『정치적인 것의 개념』에서 국가-적-전쟁-결정

개념을 핵심으로 하는 정치의 본질을 해명하고 이를 통해 자유주의를 극복하고자 했다. '이제 국가성의 시대는 끝났다'라고 선언한 슈미트는 근대국가란 무엇이었나에 주목한다. 그의 분석에 따르면 고전적 유럽국가에는 경찰만이 존재할 뿐 정치란 없었고 고도의 정치는 대외정치일 뿐이다. 보호와 복종, 안전과 질서를 보장하는 행정국가의 내치는 주권국가들 상호 간의 우호, 적대, 중립 관계 속에서 세력균형과 평화를 추구하는 외치와는 구별된다. 주권국가로서의 상호 승인을 전제로 전쟁권을 독점한 국가들의 상호 적대성이 표출되는 영역이 고유한 의미에서의 정치영역이었다. 대외관계에서 주권국가로서의 상호 승인은 전쟁의 독점적 주체로서의 승인, 교전권의 인정인 동시에 '정당한 적'으로서의 승인을 의미하며 이런 '적대성'을 둘러싼 관계가 정치의 본질이고 바로 이런 관념과 질서에 기초한 국가성의 시대, 체계의 시대, 유럽공법의 시대, 정치의 시대가 지나갔음을 슈미트는 인식했다. 슈미트가 이해한 정치의 본질은 무엇보다 '적과 동지의 구별'이다. 슈미트가 규정한 적은 세 가지의 의미 차원, 즉 인간 본래의 대립성이라는 의미에서의 존재론적 차원, 사적인 적대감과는 다른 공적 차원, 경제영역의 경쟁이나 지적·윤리적 영역의 논쟁과는 다른 정치투쟁적 차원을 지닌다.(임미원 2012:240-241)

▎민주주의를 위해 적과 아군을 구별해야

헌법학자이며 정치사상가, 민주주의 이론가로서 슈미트는 정치질서를 질서 자체가 추구하려는 목표와 가치로부터 정의하려는 입장에 반대하며 정치질서의 고유성이란 그것이 직면하는 '위협'과의 관계에서만 드러난다고 주장한다. 민주주의를 포함한 모든 정치질서는 질서 자체에 대해 상존하는 위협을 완전히 제거하거나 피할 수 없다. 특히 이러한 위협 중에서도 가장 극단적인 경우는 홉스가 자연상태라고 부른 내전civil war이며 이는 홉스 자신뿐만 아니라 슈미트가 겪었던 바이마르 공화국의 불안정한 정치 사회적 상황과 무관하지 않다. 슈미트는 홉스와 마찬가지로 민주주의 정치질서로부터 내전의 원인이 될 수 있는 모든 요소들을 제거하고자 했는데 그 결과 그에게 있어서 민주주의란 국민, 혹은 인민의 '동질적인 상태'로 정의된다. 그러나 이러한 '동질성'이란 순수하게 정치적인 동질성이며 그렇기 때문에 인종이나 종교, 혹은 경제적인 동질성(평등)과는 다르다. 영원한 투쟁의 장인 정치의 영역에서는 그러한 동질적인 상태, 즉 정치 공동체의 내적평화란 결코 자명한 것으로 간주될 수 없고 어떤 방식으로든 끊임없이 동질성을 저해하는 위협요소에 대항하여 재창출되어야만 한다.(홍철기 2005:28-29)

▎국가의 임무는 집단 간 투쟁의 종식과 질서 회복

슈미트는 '20세기의 홉스T.Hobbes'라고도 불릴 만큼, 홉스의 사회계약론을 수정하여 발전시킨 측면이 있다. 그런데 슈미트가 홉스와 다른 점은 자연 상태가 단순히 개인들이 대결하는 '만인의 만인에 대한 투쟁 상태'가 아니라 그 개인들이 헤쳐 모여 만든 '집단과 집단의 투쟁 상태'라고 본다는 것이다. 슈미트는 자연 상태에서 개인들 간의 투쟁이 새로운 양상을 만든다고 생각한다. 이런 가운데 적과 동지가 구별되고 그런 상태에서 집단들의 투쟁이 생성되며 결국 국가란 이 집단들 간의 투쟁을 종식시키고 질서를 회복하는 것이 임무라는 것이다.(이동수 2013:7-8)

▎슈미트, 국가주의 학자에서 진보학자들의 관심으로

슈미트는 독일의 바이마르 공화국 시기를 대표하는 법 및 정치 이론가이자 20세기의 가장 영향력 있는 정치사상가 중 한 사람으로 널리 알려져 있다. 그러나 많은 사람들에게 그는 독일 국가사회주의, 즉 나치즘을 적극 옹호한 대표적인 극우 사상가로 더 잘 알려져 있다. 슈미트는 제3제국, 즉 나치의 '황제 법학자'라는 악명에서부터 마키아벨리나 홉스에 버금가는 '최고의 정치학의 고전적 사상가'라는 찬사에 이르기까지 그에 대한 평가는 극과 극을 달리고 있다. 슈미트를 의미 있는 사상가로 평가하는 것은 일단의 보수적인 사람들에게 국한되어 있지 않다. 20세기 프랑스의 위대한 정치 이론가이자 자유민주주의 신봉자인 레이몽 아롱R. Aron 역시 그의 『회고록』에서 슈미트를 '막스 베버의 전통을 계승한 위대한 사회철학자'로 평가했다. 비판사회이론의 프랑크푸르트 학파 2세대를 대표하는 하버마스 역시 슈미트를 '가장 지혜롭고 가장 의미 있는 독일 국법학자'로 평가한 바 있다.(나종석 2009:228) 슈미트의 헌법이론과 국가철학 전체를 관통하는 중요한 사상적 기초가 결단주의 사상이다. 슈미트에 따르면 법학적 사고방식에는 세 가지 유형이 있다. '규범주의적 사고방식', '구체적 질서 사고방식', 그리고 '결단주의적 사고방식'이 그것이다. 규범주의적 사고방식은 바로 법 실증주의적 사고형태를 말한다. 구체적 질서 사고방식이란 제도적 사고유형이라 할 수 있다. 결단주의적 사고방식은 법을 주관적 요소로 파악한다. 즉 법을 주관적 자의나 권위의 요구로 바라본다. 규범주의가 법은 타당한 것이지 명령하는 것이 아니라고 본다면 결단주의는 법을 명령하는 것, 지배하는 것으로 파악한다. 결단주의 사상은 의지주의적인 성격을 갖는다. 진리가 아니라 권위가 법을 만든다고 본다. 정당하기 때문에 법이 되는 것이 아니라 법이기 때문에 정당하다는 것을 핵심명제로 삼는 의지주의라고 할 수 있다.(양천수 2007:98-99)

> **TIP**
>
> 슈미트는 나치에 협력한 독일의 법학자이자 정치학자이다. 베를린 대학교의 교수가 되자 나치당에 입당한다. 그는 제2차 세계대전이 끝날 때까지 나치당원으로 활동했으며 나치 히틀러의 독재체제에 대한 이론적 토대를 제공하였다.
>
> 그러나 조르조 아감벤과 샹탈 무페를 비롯한 많은 저자들에 따르면, 슈미트는 오늘날 우파에게 필수적인 참고 대상인 만큼 좌파에게도 그런 인물이 되어가고 있다고 한다. 그가 정치학의 문제에 대해서 매우 적절한 문제 의식을 제기하고 있기 때문이다.
>
> 출처 : 위키백과, 칼 슈미트 편

6

김대중

민주주의와 진보정부(1) : 진보의 경제

1) 김대중 리더십과 자존감

• 김호진의 평가

김호진(2006:401-418)은 김대중 대통령의 리더십을 '계몽적 설교형'으로 정의한다. 실용주의와 이상주의를 겸비했고 관용과 설득의 리더십을 가졌지만 완벽주의 경향은 역기능도 있었다고 평가한다. 김대중은 서자로 태어났다. 이 서자 콤플렉스가 그를 대통령으로 만든 원초적인 본능이다. 출생의 한계를 뛰어넘으려는 자아실현 욕구가 그를 권력의 세계로 견인했던 것이다. 정치인 김대중의 인생역정은 보통사람은 도저히 견디기 힘든 고난의 연속이었다. 그러나 그는 구도자처럼 이 연옥 같은 역경을 극복해 냈다. 민주화와 통일이라는 대의가 그에게 신념과 용기를 불어넣어 주었기 때문이다. 김대중은 카리스마가 있었다. 그가 연출한 신화 같은 민주화 투쟁의 인생드라마가 그에게 카리스마를 부여한 것이다. 뿐만 아니라 그는 타고난 달변가였다. 단순히 언변만 뛰어난 게 아니라 실무자 이상으로 사례와 통계에 밝았고 학자 못지않게 지식이 해박했다. 그는 설득에 강했지만 때로는 성직자의 강론처럼 계몽성을 띠기도 했다. 상대방의 의견을 귀담아듣기보다는 자기주장을 일방적으로 주입하는 경향이 강했다는 뜻이다.

• **임혁백의 평가**

김대중은 네 차례에 걸친 대선 도전 끝에 1997년 말 마침내 대통령으로 선출되었다. 이는 50년 만에 처음으로 야당 후보가 선거를 통해 평화적으로 정권교체를 이룩한 사건이었다. 김대중의 당선은 한국 민주주의의 공고화 여정에서 또 하나의 전기를 이룩한 것으로 기록될 것이다. 임혁백(2004:139)은 김대중의 선거 승리는 경쟁자 간 권력의 역전 가능성을 증명해 주었다고 평가한다. 권력의 역전 가능성은 정치적 경쟁자로 하여금 결과가 불확실하다는 것을 보장해 주는 것이기 때문에 민주주의의 공고화를 가늠하는 핵심적 요건이다.

김대중의 자존감

○ **뛰어난 지적능력이다.**

김대중은 그의 자서전 『다시 새로운 시작을 위하여』에서 대학을 가지 못한 것이 콤플렉스였다고 고백한다. 뿐만 아니라 대통령을 연구하는 많은 학자들이 김대중을 콤플렉스를 극복한 정치가로 평가하고 있다. 그가 콤플렉스를 극복할 수 있는 자존감은 어디서 온 것일까 살펴보면 당연히 목포상고를 수석으로 입학한 그의 지적능력이다.

○ 뛰어난 지적능력을 기반으로 사상가적 리더십을 발휘하였다.

김대중은 제3·4공화국 때는 의문의 자동차 사고로 죽음을 당할 뻔하기도 하고 중앙정보부에 의해 납치되어 대한해협에서 수장될 상황에 직면하기도 하였다. 제5공화국 때는 내란음모사건으로 결국 사형선고를 받기까지 했다. 그러나 김대중은 대통령이 되자마자 사면과 용서를 한다. 김대중은 남북관계에 대한 철학과 원칙에 있어서도 학자 등의 전문가들보다 더 해박했고 이를 바탕으로 햇볕정책을 시행하였다. 이론과 현장이 겸비된 정책이었고 결과적으로 남북정상회담까지 실현시켰다고 할 수 있다. 또한 대중경제론 등 국정전반에 걸쳐서 전문가들과 토론이 가능한 대통령이 되었다.

2) 김대중 정부 국정 주도세력

▍전통적 비주류와 주류 이탈세력과 연합 그리고 시민세력 등장

○ 김대중의 권력기반은 무소속에서 시작하여 야당인 민주당, 신민당을 거쳐 여당인 새정치국민회의, 새천년민주당으로 이어진다. 국민을 권력기반으로 하였고 투옥, 망명, 사형선고 등 목숨을 건 40년의 민주화 투쟁도 도움이 되었다. 이는 아리스토텔레스가 그의 저서 『정치학』에서 폴리스에 가장 공헌을 많이 한 사람에게 명예가 주어져야 한다고 강조한 것과 맥을 같이한다. 권력 정당성 측면에서는 합법적인 권력획득과정에서 DJP연합이라는 야합이 있었고, 호남·충청의 지역주의에 호소하였다. 물론 김대중은 지역주의 피해자일 수 있으나 한편으로는 호남이라는 견고한 지역의 덕을 보았다는 점도 부인할 수 없다.[23] 임기 말에는 측근들과 아들이 연루된 각종 비리사건과 대북송금 사건으로 퍼주기라는 비난을 받았고, 이로 인해 IMF체제 극복, 6·15 남북정상회담이라는 뛰어난 성과에도 불구하고 권력기반 및 정당성은 상당 부

---

[23] 당시 언론의 관점을 보자면 경향신문(1998년 10월 20일자, '경향의 눈')에 "현 정권의 주도세력은 무엇인가? 국민회의와 자민련의 공동정권을 만들어낸 주역인가, 동교동계인가, 외부에서 발탁된 개혁진보성향의 지식인 그룹인가, 또는 반관반민의 시비에 휘말리고 있는 국민운동단체들인가, 아니면 그동안 눌려있던 호남출신 엘리트 군인가, 그도 저도 아니면 DJ 1인인가?"라는 사설의 대목이 나온다. 결국 언급된 그룹들이 국민의 정부 국정 주도세력이라고 할 수 있다.

분 퇴색되었다. 특히 김대중의 권력기반은 시민단체다. 사상 최초의 수평적 정권교체를 이룬 민주정부임을 자임한 김대중은 그동안 소외지대에 있었던 시민단체를 국정의 새로운 정치 파트너로 설정하였다. 기득권에 대한 저항, 개혁성이라는 특성을 바탕으로 시민단체는 버팀목 역할을 하였다.(윤종성 2015:101)

3) 롤즈, '정치란 다양한 신념 간에 공정한 협동조건을 만드는 것이다'

- 김대중은 DJP연합을 통해 정권을 창출했다. 제6공화국의 통합제안은 야당으로의 정권교체를 원했기에 거절했었다.

- 존 롤즈 John Rawls는 사회적 정의의 실현은 분배에 있다고 믿고 있다. 어떻게 분배를 할 것인가, 서로에 대한 상호 인정이 그 첫걸음이다.

정의를 통해 정치와 분배에 대한 해답에 접근

롤즈는 『정치적 자유주의』에서 서구 사회가 안고 있는 가치 다원주의의 조건을 어떻게 해결할 것인지를 제시한다. 17세기 이후 종교전쟁까지 경험한 서구의 경험에서 나온 것이 가치 다원주의다. 전쟁은 종교적 입장의 차이를 인정하지 않으면 너무나 많은 이들이 죽음을 피할 수 없다는 가르침을 주었고, 종교적 다원주의에서 시작한 그 가치의 다양성이 철학과 도덕영역으로 확장됐다. 『정치적 자유주의』에서 가치 다원주의의 조건을 형성하는 해답은 바로 '정치적인 것'을 형성해 내는 것이다. 그는 정치적인 것이란 사회가 협력체계임을 인정하는 데서 시작된다고 말한다. 그러나 자유주의 사회는 여러 가지 신념들이 동시에 존재하고 있다. 사회가 협력체계라면 이러한 신념들이 공존할 수 있는 근거를 마련해야 한다. 그 근거는 모든 신념들이 공통적으로 인정할 수 있어야 하므로 공통의 지지를 받는 최소한의 영역이 형성되는데 롤즈는 이것을 '중첩적 합의'라고 부른다.(김만권 2005:234-237)

롤즈는 중첩적 합의를 정의Justice로 규정하고 이 정의의 원칙은 합리적인 모든 구성원들이 자유의 원칙, 차등의 원칙, 공정한 기회 평등의 세 가지 원칙을 따른다고 주장한다. 제1원칙, 자유의 원칙은 각 개인은 다른 모든 개인들에게 유사한 자유의 체계가 소유되는 것과 양립 가능한 한도 내에서 최대한의 광범위한 기본적 자유의 전체적 체계에 대한 평등한 권리를 갖는다는 것이다. 제2원칙, 차등의 원칙은 최소 수혜자에게 최대의 이익이 되어야 한다는 것이다. 제3원칙, 공정한 기회 평등의 원칙은 모든 사람들에게 그 직책과 기회가 개방되어야 한다는 것이다.(정윤승 2015:100-101)

정의는 크게 '분배'와 '권력' 두 가지 측면에서 이뤄지고 있다. 대표적으로 데이비드 이스턴(David Easton, 1953)은 분배적 측면에서 정치를 '희소한 가치의 권위적 분배'라고 정의했으며 한스 모겐소(Hans Morgenthau, 1973)는 권력적 측면에서 정치를 '권력을 위한 투쟁'이라고 정의했다. 해롤드 라스웰(Harold Lasswell, 1953)은 두 가지 측면을 포괄하여 자원의 희소성으로 인해 갈등이 발생하고 이러한 가운데 분배에 관여하는 것이라고 보았다. 또한 데이비드 흄David Hume에 따르면 정치란 사람들 사이의 갈등을 조정하고 통합하는 기술이며 자원의 '적당한 희소성moderate scarcity'과 어떤 규칙을 제정하고 그에 따르고자 하는 정의감 때문에 발생하는 것이다.

정치의 본질은 결국 한 사회가 이용할 수 있는 제한된 자원을 공정히 분배함으로써 평화와 질서를 유지하는 문제로 귀착된다. 이를 위해서는 정의로운 분배의 원리, 그리고 공동체의 질서와 평화를 확립하기 위한 최소한의 강제적 규칙이 필요하다.(김비환 2013:29-30) 이와 같은 정치의 본질이자 궁극적인 역할은 '분배' 문제와 직결되며 정치가 얼마나 잘 작동하는가는 결국 분배 정의가 얼마나 잘 실현되고 있는가에 대한 문제로 귀결된다고 볼 수 있다. 우리 사회는 2000년대 중반 이후부터 양극화 및 빈부격차 현상이 계속 악화되자 "경제를 통제할 수 있는 진정한 국가의 귀환return of the state이 부재했음을 개탄했다."(Piketty, 2014)

한국 사회에서 진정한 '국가의 귀환'에 대한 요구는 복지국가 담론이 중요한 정치적 의제로 떠오르는 계기를 만들었다. 실례로 2007년 제17대 대통령 선거 때는 역대 선거사상 최초로 '민주 vs 반민주', 구도를 벗어난 '경제 vs 복지', '성장 vs 분배'의 정책적 대결구도가 형성되었다. 2012년 제18대 대선 때는 여야를 막론하고 분배의 불평등 문제를 개선

하기 위한 복지정책과 경제 민주화가 가장 핵심적인 공약으로 제시되었다.(정진화 2015:8)

하지만 현재 한국의 복지국가 담론은 경제 vs 복지, 성장 vs 분배 그리고 선별적 복지 vs 보편적 복지와 같은 이분법적인 프레임에 갇혀 있다는 데 한계가 있다. 이러한 이분법적 구도의 극복은 단순히 어떤 정책을 선택할 것인가의 문제가 아니라 보다 근본적이고 원칙적인 국정운영 철학이 마련되어야 가능하다. 철학적 가치가 정립되지 않는 상태에서 도출되는 정책과 제도는 임시방편에 불과할 것이며 장기적으로는 부작용을 초래할 것이다. 이러한 측면에서 분배정의 실현을 위한 사상적 토대로서의 존 롤즈의 분배정의론은 중요한 철학적 토대가 될 것이다.(정진화 2016:76-77)

▎선별적 복지와 보편적 복지의 조합을 제시

롤즈는 정의란 사회제도의 첫 번째 덕목이라고 말했다. 여기서 사회는 국가로서의 사회를 말한다. 그가 정의론에서 천명하듯 분배정의의 주제는 사회의 기본적 구조이다.(김동일 2014:234) 롤즈의 분배정의 원칙은 현대 복지국가의 운영원리 관점에서 해석할 때 선별적 복지와 보편적 복지의 조합이라고 할 수 있다. 분배정의 원칙 중 최소 수혜자 집단의 이익을 최대화해야 한다는 '차등의 원칙'은 '선별적 복지'와 유사한 개념이다. 모두에게 평등한 기회를 보장해야 한다는 '공정한 기회 평등의 원칙'은 '보편적 복지'의 속성을 내포하고 있다.(정진화 2015:112)

재산 소유 민주주의로 자본주의의 대안 제시

롤즈는 경제학자 미드J. E. Meade가 주창한 개념인 재산 소유 민주주의를 빌려 자본주의의 대안이 될 수 있는 네 가지 체제를 제시한다. 그것은 ① 노동조합 국가A Trade State ② 복지 국가A Welfare State ③ 재산소유국가A Property-Owning Democracy ④ 사회주의 국가A Socialist State이다. 이 중에 미드는 ③과 ④만이 자본주의의 대안이 될 수 있다고 주장하였다. 롤즈의 '재산 소유 민주주의'는 미드의 것과 대동소이하다. 다만 한 가지 주목할 만한 차이점은 미드는 사회적 평등을 이루기 위해 유전공학적인 사회정책까지 옹호하는 데 비하여 롤즈는 이런 정책에 대해 개인의 기본적인 자유를 침해할 수 있다며 명백히 거부한다는 점이다.

롤즈는 자본주의의 대안으로 재산 소유 민주주의를 제시하면서 그 기본적인 사회적 제도들에 대해 다음과 같이 윤곽을 제시한다. 그것은 ① 정치적 자유의 공정한 가치를 보장하는 장치들 ② 교육 및 훈련에서 공정한 기회의 평등을 실현하기 위한 장치들 ③ 모든 이들을 위한 기본적 수준의 보건의료 ④ 경쟁적 시장체제 ⑤ 시장의 불완정성을 시정하고 나아가 분배 정의의 관건이 되는 배경 제도들을 보존하기 위한 적정 수준의 국가개입이다. 롤즈는 재산 소유를 평등하게 하는 핵심적인 방안으로 증여 및 상속에 대한 누진 과세와 다양한 종류의 교육 및 훈련 기회의 평등을 진작시키는 공공정책을 제시한다. 일반적으로 교육 기회의 평등을 실현하고자 하는 공공정책은 시민들이 소득 획득 능력을 갖추도록 하는 적극적인 정책이라 할 수 있다.(정원섭 2013:347-348)

TIP

롤즈는 공리주의가 정치적 문제를 해결하는데 이용 가능하지만 한편으로 전체주의적 특성 때문에 인간의 권리를 침해할 수 있는 가능성이 있다고 비판했다. 그래서 그 대안으로 권리론을 그리고 정의론의 기초로 계약 이론을 발전시켜 하나의 합리적 의사 결정론과 관련시켜 자신의 정의론을 제시하고 있다.

롤즈 정의론의 방법론적 특징은 공정으로서의 정의관이다. 롤즈는 공정한 절차에 의해 합의된 것을 정의로운 것으로 주장한다.

출처 : 온라인 서울대 철학사상연구소, 존 롤즈 편

7

노무현

민주주의와 진보정부(2) : 진보의 정치

1) 노무현 리더십[24]과 자존감

• 김호진의 평가

김호진은 노무현 대통령이 가진 탈권위적 원칙주의 리더십이 양날의 검이 됐다고 평가하고 있다. 대통령과 국민의 관계를 전근대적 수직관계에서 근대적 수평관계로 바꿨다고 평가하면서도 스스로 희화적인 인물이 됐고 언제 무슨 일을 저지를지 알 수 없는 불안한 리더십[25]으로

---

[24] 정해구(2005:35-36)에 따르면 참여정부 초기 노무현 대통령의 정치리더십은 참여와 탈권위주의라는 말로 표현될 수 있다. 또한 일부에서는 인기영합주의나 포퓰리즘의 한 형태로 간주하고, 국정운영의 정치적 편의주의가 무책임하게 이뤄지고 있으며, 노무현 정부의 평등주의적 개혁주의가 그동안 나름의 발전을 이룩해온 한국경제에 동요와 파탄을 가져오리라는 점을 우려하면서 비난하고 있다. 이 같은 리더십은 대통령의 자의적 통치의 위임민주주의라고 비난된다고 하면서 이런 평가들은 민주화 이후 민주주의의 진전이 지체되고 있는 가운데 아래로부터 제기되고 있는 우리사회의 변화와 개혁의 요구와 열정을 과소평가하고 있으며 혼란의 불안정성만을 우려하면서 안정성 유지에만 관심을 갖는 안이한 태도라고 비판한다. 노무현 대통령의 리더십은 시민사회와 괴리된 지역주의적 정치사회의 기성질서와 그 기득권을 약화시키는 한편 이를 대체할 수 있는 새로운 정치질서를 구축하기 위한 노력으로 이해될 필요가 있으며 민주적 리더십을 구축하려는 노력의 일환으로 평가하는 것이 마땅하다는 것이다.

[25] 강문구(2012:15-18)도 노무현 정부의 리더십은 '참여와 통합'의 방향이라기보다는 이념적 갈등과 정치세력 및 진영 내의 갈등과 분열을 초래하는 경향이 강했다고 비판했다. 노무현 정부에서는 인터넷 등을 통한 포퓰리즘적 여론 동원이 전형적인 양식으로 자리 잡게 되고 정당의 토대와 더욱 멀어짐에

비춰졌다고 설명했다. 또한 혼탁한 정치무대를 삶의 터전으로 삼았지만 기회주의자가 되지 않았고, 지역감정을 이용하지도 않았지만, 그 정도가 지나쳐 독선으로 이어진 것이 한계라고 지적했다.[26] 김호진은 빈농의 아들로 태어난 콤플렉스가 노무현을 성취욕과 권력의지에 불타는 아주 특별한 인간형으로 만들었고 대권을 거머쥐게 했다면서 단기필마로 치열한 대권싸움에서 이겼다는 승부사적 우월감이 그를 오만과 독선의 올가미에 가뒀다고 설명한다. 또한 탄핵의 수모로 치유하기 힘든 심리적 내상을 입으면서 탄핵 콤플렉스가 덧붙여졌다고 평가했다. 그리고 그 탄핵 콤플렉스로 인해 통치권을 유린당한 수모감을 이기지 못해 걸핏하면 자제력을 잃고 흥분한다고 지적했다.[27]

• 임혁백의 평가

임혁백(2004:145)은 2002년 말에 치러진 제16대 대통령 선거에서 국민들은 젊고 역동적인 리더십을 가진 노무현을 선택함으로써 민주화 1기를 주도해왔던 '3김 시대'를 종료시키고 질 높은 민주주의를 향한 민주화 2기의 시작을 세계에 알렸다고 평가했다. 노무현은 자신의 정부를 '참여정부'로 명명하였다. 김영삼 정부가 탈군부화를 상징하는 '문민정

따라 개혁 지지연합 역시 규격히 축소되고 고립되어 갔으며 정부 정책의 권위와 대통령 권력의 영향력도 심각하게 훼손되는 위임주의 성향이 강했다고 평가하고 있다.

26 서울경제, 2017년 1월 4일자, 김호진 교수 인터뷰
27 연합뉴스, 2008년 5월 2일자, 김호진 교수 인터뷰

부'였고, 김대중 정부가 50년 만에 국민에 의한 평화적 정권교체로 탄생한 '국민의 정부'였다면, 노무현 대통령은 주권자인 국민에게 권력을 돌려주는 진정한 '국민주권시대'를 열기 위해 국민 모두가 국정에 참여하는 '참여정부'가 되어야 한다고 믿었다. '국민이 대통령입니다'라는 인수위의 배너에서도 국민 '참여정부'의 의지가 보였다.

노무현의 자존감

○ **자신의 신념을 위해 다 잃어도 좋다는 무심無心이다.**

강준만 교수는 노무현 대통령을 '승부사형 인간', '현실무시 선지자형', '편 가르기를 통한 분열·갈등 조장의 이분법', '아웃사이드 콤플렉스', '부자 콤플렉스', '치킨게임 투사', '약자 콤플렉스' 등으로 표현했다. 또한 노무현 리더십에 대해 '자폐적 정실주의', '키덜드 리더십', '시민혁명의 거름과 기초로서의 영웅적 사고', '분열 투쟁 도박의 정치 리더십', '분열과 갈등의 세력 구축' 등의 의견을 내놓고 있다. 이와 함께 노무현식 흑백논리와 이분법적 사고의 원인을 이전 정부와 다른 취약한 입지 및 기반, 약자 콤플렉스와 악에 대한 전투자세 및 마이너스 정치고집, 지지 네티즌 세력과의 운명공동체 의식, 보수언론의 '노무현 때리기'에 대한 반작용 등으로 거론했다.(강문구 2012:15; 강준만 2003, 2008)

이러한 분석들이 나오게 된 더 원초적인 이유는 무엇일까? 결론부터 이야기하자면 노무현 대통령은 무심無心이기 때문에 승부를 걸 수 있는 것이고 자기 말을 할 수 있었으며 자기 말을 할 수 있었기에 편이 갈리게 되는 리더십이 나타나게 된 것이다. 어떻게 노무현 대통령은 무심을 얻게 된 것일까? 노무현 대통령은 가난한 마을에서 열등감에 휩싸여 공부했지만 9년간의 공부 끝에 사법고시에 합격하면서 경제적 어려움에서 벗어났다. 그러다 부림사건 등으로 정치적 두뇌가 새롭게 깨어나면서 자신의 신념을 위해 가는 길에 경제적 문제는 부차적인 고려의 대상이 된 것으로 보인다. 개구리 올챙이 적 생각을 잊지 않은 그는 밑져야 본전이라는 결단의 용기를 가졌고 콤플렉스를 떨쳐낼 수 있는 사법고시의 합격에도 불구하고 콤플렉스마저도 잊지 않게 된 것이라 할 수 있다.

○ '무심'의 정체성으로 비움의 리더십을 발휘하였다.

노무현 대통령은 국회의원 때도 당선 가능한 곳을 버리고 자신의 신념을 위해 어려운 길을 택했다. 신념을 위해 안전한 정치적 자산인 지역구도 버렸다. 신념을 위해 싸우는 것이 가만히 있는 것보다 낫다고 생각했을 것이다. 쉬운 말로 풀자면, 일반인들은 이해하기 어려운 상황을 노무현 대통령은 여전히 밑져야 본전이라고 판단했을 것이다. 대통령 시절에도 대통령 못하겠다고 했다. 신념을 위해서는 대통령직도 버릴 수 있다는 말이었다. 노무현 대통령은 대연정까지 제안했다. 공동체가 잘 될 수 있다면 자신의 지지도 포기할 준비가 되어 있다는 맘이었을 것이다. 비극적이지만 결국 그는 자신의 삶도 포기했다. 자존감을 잃는 것보다 목숨을 잃는 것이 낫다고 생각했을 것이다. 그는 자신의 신념을 위해서라면 모든 것을 포기할 준비를 항상 해 왔을 것이다. 무심은 비움의 리더십이다.

2) 노무현 정부 국정 주도세력[28]

▮ 영남 비주류와 국민세력의 연맹

○ 노무현의 권력기반은 야당인 통일민주당에서 시작하여 여당인 새정치국민회의, 새천년민주당, 열린우리당으로 이어진다. 국민을 권력기반으로 하였고 인권 변호사의 길이 도움이 되었다. 특히 정치적 스승이라고 할 수 있는 김대중을 본받아 지역구도 타파의 명분을 내세우며 견고한 지지 세력인 노사모를 탄생시켰다. 또 하나의 권력기반은 386 운동권 출신들로 이들은 강력한 응집력과 역동성, 인터넷 파워라는 장점을 극대화하여 노무현 정권을 탄생시키는데 성공하였다. 권력의 정당성 측면에서는 합법적으로 권력을 획득하였으나 색깔이 전혀 다른 정몽준과의 단일화 등 일부 야합이 있었다. 노무현은 국민을 기반으로 합법적으로 권력을 획득하였으나 자신의 말대로 대통령 준비를 제대로 하지 않아 탄핵 등 여러 가지 어려움을 겪었다. 노무현 정부는 임기 말 10·4 남북정상회담 개최에도 불구하고 민심의 이반을 막지 못했다.(윤

---

[28] 김영명(2014:139-147)은 노무현 정부의 공과를 다음과 같이 평가한다. 3김 청산으로 대표되는 일인체제 종식과 정치제도 발전, 권위주의 타파와 국민 참여 증대, 진보세력의 원내진출 등이다. 하지만 지역주의 보스 패거리 정치를 끝냈다는 것이 노무현 정부가 한국 민주주의 발전에 가장 크게 기여한 점이다. 그러나 시간이 지날수록 보수, 진보 양 세력 모두 노무현 정부에 대한 불신과 경멸이 점점 치솟았고 그것이 노무현 세력을 몰락시켰을 뿐 아니라 한국 민주주의의 정당한 발전 성과도 파묻어 버렸다.(강문구 2012)

종성 2015:102-103)

○ 참여정부의 국정 주도세력은 당연히 386으로 대변되는 젊은 그룹이다. 노무현 대통령을 10년 이상 보좌해 온 그룹이 중심축이라고 할 수 있다. 실제 노무현 당선자 시절 인수위원회를 구성할 때 측근들을 대거 기용한 것에 대한 비판이 있었고 이에 대해 직접적으로 기용에 대한 최종책임은 본인이 지겠다는 언급도 했다.[29]

---

29 동아일보, 2002년 1월 2일자, '노당선자 참모들 인수위 총집결'

3) 스키너, '정치사상은 시대적 고민에 참여하는 정치행위다'

- 노무현은 시대의 맥락을 짚었다. 지역감정이 이데올로기화 된 대한민국에 도전한 것이다.

- 퀜틴 스키너Quentin Skinner는 정치사상을 자신의 시대적 고민에 참여하는 정치행위라고 했다. 역사적 맥락에서 정치를 이해해야 한다는 것이다.

▎맥락주의 : 저술 의도의 복원

스키너는 정치사상을 연구하는 새롭고 획기적인 방법을 만들어 낸 것으로 유명한데 그것이 바로 맥락주의contextualism이다. 정치사상의 연구에서 '역사적인 것'이 중요한데 스키너의 역사적인 것은 텍스트가 놓여있는 역사적 맥락이 아니다. 정작 중요한 것은 텍스트를 만든 저자의 지적 역사의 맥락을 이해하는 것이다. 스키너가 제시하는 방법론의 핵심은 원전에 대한 진정한 이해를 얻기 위해 언어의 분석에 머물 것이 아니라 저술 의도까지 해명하여야 한다는 것으로 언어의 맥락주의에 기초한 '의도주의intentionalism'라고 불릴 수 있을 것이다.(곽차섭 1994:18) 스키너의 맥락주의는 그 자신의 정치사상 연구에 대한 독특한 신념에 근거해 있다. 스키너는 정치사상 연구가 정치 영역에 적용될 사상을 분석하는 것이 아니라 정치적 양식에서 사고하는 것이라고 보았다. 쉽게 말하자면 정치적 활동의 한 측면에서 정치적으로 사고하는 것이다.(김만권 2005:288) 맥락주의에 대해 좀 더 부연하면 사상과 관념은 주위의 상황에 대한 반응의 일부로 볼 수 있으므로 우리는 원전 자체를 연구하기보다는 그것을 둘러싼 다른 사건들의 사회적 맥락을 연구함으로써 원전을 설명할 수 있다. 즉 원전을 이해하기 위해서는 그것의 역사적 조건 또는 사회적, 정치적 조건에 관한 지식이 선행되어야만 하는 것이다.(강차섭 1994:10) 스키너는 방법론에서 사상을 추상적 명제가 아니라 현실적 운동으로 이해할 것을 강조하고 사상의 내적인 논리 정합성에 집착하는 태도는 신화에 불과하다고 비판한다.(장세룡 1997:209)

▎자유에 대해서도 역사적 맥락을 중시

스키너는 정치 철학자로서 자유에 대한 논의 과정이 17세기 중반 영국혁명의 과정에 신로마인 이론을 통해 어떤 역사적 맥락에서 전개되었는지 객관적으로 기술하고 있다. 스키너는 이런 작업을 고고학적 발굴이라고 표현하고 있다.(장세룡 1998:198) 이러한 방법론에 의한 정치 철학자로서 스키너의 자유의 개념은 아리스토텔레스의 원전에서 기원한다. 자유 공화국에서 공화국이란 인간이 지배하는 곳이 아니라 법이 지배하는 곳이다. 그리고 법이 시민들을 간섭한다고 해서 시민의 자유가 침해되는 것이 아니다. 자신의 의지에 따라 만들어진 법을 지키는 것은 간섭이 아니라 자신의 의지에 따른 것이기 때문이다. 법이 지배하는 공화국이 자유국가이고 인간은 자유국가 안에서만 자유롭다는 것이 스키너의 지론이다.(조승래 2008:246)

> **TIP**
>
> 스키너는 언어적 전회를 통해 사상을 연구하는 자신만의 방법론을 모색했다. 스키너는 언어를 세상을 움직이는 동력원이며 해석의 대상으로 보았다. 따라서 언어의 맥락을 이해하게 되면 세상을 이해하게 된다는 것이다.

8

이 명 박
민주주의와 보수정부(1) : 보수의 경제

1) 이명박 리더십[30]과 자존감

• 김호진의 평가

김호진은 서울시장 시절 이명박 대통령의 지도자 유형에 대해 '맨손으로 황무지를 가는 개척시대 창업가형'으로 평가했다.[31] 이명박 대통령은 성공한 CEO 과정을 거치면서 가난 콤플렉스를 해소했기 때문에 돈에 대해서는 상대적으로 자유로울 수 있다고 보았다.[32]

---

[30] 이명박 정부는 화려하게 출범하였지만 출범 순간부터 거의 6개월을 국내외의 여러 문제로 인해 아무런 정책을 펼쳐 나갈 수 없었다. 2008년 10월에 들어서야 5대 국정지표, 20대 국정전략, 그리고 100대 국정과제를 발표하면서 겨우 안정세를 찾아 나갔다. 보통 새로운 정부는 출범 1년 안에 상당히 많은 개혁을 추진하는 것이 일반적이지만 이명박 정부는 국민들로부터 너무 많은 박수를 받고 출범하였기 때문에 출범 순간 좌초되는 아이러니한 현상이 나타났다. '인사가 만사'라는 말, 그 자체를 소홀히 여기고 국정을 운영한 이명박 대통령의 리더십에 상당한 문제점이 내포되어 있는 것으로 보아야 한다.(신윤창 2009:216-217)

[31] 국민일보, 2006년 4월 13일자, '리더십 통해 대선후보 분석'(김호진 교수 저서)

[32] 데일리안, 2009년 4월 17일자. 이 부분에 대해 저자는 동의하지 않는다. 오히려 돈에 대해서 더 집착할 수 있는 가능성이 있다고 본다. 다만 그 돈에 대한 집착이 부정부패의 요소라기보다 사업적 측면을 통한 집착 가능성이 있을 수 있다고 본다.

• 임혁백의 평가

임혁백(2004:165)은 2007년 대선에서 민주화 이후 1997년에 이어 두 번째의 정권교체가 이루어짐으로써 한국 민주주의는 20년 만에 헌팅턴이 말한 '두 차례의 정권교체 테스트'를 통과한 것으로 이해될 수 있다고 했다. 신생 민주주의가 공고화되기 위해서는 민주화 이후 최초 선거에서 승리한 정당이 다음 선거에서 패배하고 승자에게 평화적으로 정권을 이양하는 것을 반복해야 한다. 그래야 국민이 항상 집권 정당과 정부의 실정에 대해 책임을 물을 수 있고 모든 정치인이 국민의 지지를 받기 위해서 필사적으로 경쟁하게 되는 것이다. 두 번에 걸친 정권교체 테스트를 통과한 민주주의 국가는 동아시아에서 한국과 대만 두 나라밖에 없다. 하지만 공고화된 민주주의가 반드시 질 높은 민주주의를 보장해 주는 것은 아니다. 제2차 정권교체로 이명박 보수정권이 들어선 이후 한국 민주주의는 여러 곳에서 후퇴하였다.

▎이명박의 자존감

○ **생계와 생존에 대한 강박관념이다.**

이명박 대통령은 자신의 어린 시절에 '가난'이란 단어가 빠지지 않았다고 한다. 초등학교 때부터 밀가루 떡을 팔러 다녔고 중학교에 다니면서부터 어머니의 풀빵 장사를 돕기 위해 길거리에 나섰다고 술회하고 있다. 고등학교 때는 이른 새벽부터 수업이 시작되기 전까지 수레에 야채를 싣고 포항의 골목골목을 배회하며 팔았다고 한다. 형의 뒷바라지를 위해 상경해서도 이태원 시장에서 매일 새벽 쓰레기를 치우는 일로 학비를 마련하며 대학을 다녔다고 한다.[33] 그런 생존에 대한 강박관념은 생계에 대한 열정을 낳았을 가능성이 크다. 생계에 대한 열정을 달리 표현하면 목숨 걸고 일을 한다는 것이다. 목숨 걸고 일을 한다는 것은 수단을 가리지 않고 목표와 목적만을 달성하면 되는 불도저 스타일이라고 할 수 있다. 현대건설에서 회장까지 승진한 그의 경험은 신앙이 되었을 것이다.[34]

○ 생계에 대한 강박관념에서 나온 불도저 리더십을 보였다.

이명박 대통령은 서울시장 시절 청계천 복원사업에서 보았듯이 결과 지향적 리더십을 보여 준다. 한반도 대운하 사업도 4대강 사업으로 이름만 바꿔 임기 내에 사업을 마무리한다. 그러나 4대강 사업은 박근혜 정부에서도 감사를 받고 문재인 정부에서도 감사에 착수하게 된다. 이명박 대통령은 열등감을 지닌 독불장군이며 통합형 지도자와는 거리가 멀다고 분석한 연구가 있다. 또 취임 100일 만에 지지율이 20%

---

[33] 경향신문, 2007년 12월 19일자, '이명박, 가난·시련 떨친 성공신화 CEO형 리더십'
[34] 이명박 대통령의 어법 중에 유명한 말이 있다. "내가 해 봐서 아는데." 이 말은 국민 모두 모르는 사람이 없을 정도로 당시 유명한 말이었다. 이런 어법이 바로 자신의 경험이 일종의 신앙이 된 것에 기인한다고 분석된다.

이하로 떨어지는 상황에 대해 행정 일꾼에 적합한 리더십이지 대통령으로서의 정치적 리더십은 부재하다고 평가를 한 연구도 있다.(김태형 2008)

2) 이명박 정부 국정 주도세력

▎보수정당과 전문가-엘리트 연맹

o 이명박의 권력기반은 여당인 민자당에서 시작하여 한나라당, 새누리당으로 이어진다. 국민을 권력기반으로 하였고 청계천 복구, 버스 중앙차로 등 행정능력이 도움이 되었다. 권력 정당성 측면에서는 합법적으로 권력을 획득하였으나 747 공약, 비핵화개방 3000 등 실현 불가능한 공약 남발과 불명확한 공사 구분으로 인해 신뢰감을 상실하였다. 이명박은 국민을 기반으로 합법적으로 권력을 획득하였으나 자신이 제시한 비전을 달성하지 못하고 공고성에서 대단히 취약한 모습을 보임으로써 권력기반 및 정당성은 상당히 훼손되었다고 볼 수 있다.(윤종성 2015:104)

o 이명박 정부가 한국 민주주의 발전에 기여하지 못한 중요한 원인은 국가와 대통령직 그리고 민주주의에 대한 이해 부족 때문으로 보인다. 그는 '여의도 정치', 즉 현대 민주정치의 본질적인 대의 정치과정을 이해하지 못했고 이에 대한 혐오감마저 드러냈다. 그는 오랫동안 몸 담았던 건설 회사의 총수 같은 논리와 방식으로 국정을 도모하려고 하였다.

국가 정치과정에 필수적인 다양한 이해관계의 조정과 적대적 정치세력들 사이의 힘겨루기나 타협과정을 불필요하고 비효율적인 것으로 여겼다. 이는 능률과 일사불란한 전진을 구호로 내걸었던 박정희식 개발독재 논리의 연장선상에 있는 것이었다. 다만 시대가 달라져서 박정희 같은 독재를 할 수 없었을 뿐이다. 박정희식 독재를 할 수 없는 민주시대에 이명박이 개발독재 논리에 빠져 있었다는 것은 자신과 국민 모두에게 불행한 일이었다.(김영명 2014:152)

ㅇ 이명박 정부의 리더십은 전문가-엘리트주의가 핵심적 속성이다. 여기서 말하는 전문가-엘리트주의란 전문가주의에 기초한 엘리트주의를 말한다. 전문가주의를 원론적으로 정의하면 현대 사회의 복잡성과 난해함 때문에 현대사회의 문제는 전문적 훈련을 받은 전문가들만이 그에 대한 의사결정을 내릴 수 있는 능력을 가졌다는 주장이라고 할 수 있다. 이런 전문가주의는 제도적으로 기술·경영 관료 위주의 엘리트주의적 성격을 강하게 띠게 된다.(이영희 2003:417-430) 이명박 정부의 이 같은 전문가-엘리트주의는 현존하는 한국의 사회적 조건에서 두 가지 사회원리에 대한 부정의 성격을 내포한다. 첫째, 그것은 87년 체제를 낳은 민주주의에 대한 축소 내지는 부정의 성격을 갖는다. 이명박 정부의 리더십은 대중주의와 전문가-엘리트주의를 의도적으로 대립시킨다. 민주화란 이명박 대통령의 어느 강연 발언에서도 나타나는 것처럼 '빈

둥거리는 짓'이라는 관념이 깔려있다. 그는 정치와 경제를 대비시키고 대립시키는 담론을 자주 구사해 왔다. 여기에는 정치란 부질없이 국가 정체성 논쟁이나 일으키고 진보냐 보수냐 하는 이념 논쟁으로 편 가르기하고 말싸움이나 하는 몰歿미래적 작태라는 반 정치의식이 뿌리 깊게 박혀 있다.(김대우 2005:274-278) 둘째, 이명박 리더십은 절차적 합리성에 입각한 자유주의가 한국사회에서 제대로 작동하지 않도록 만든 자유주의에 대한 부정의 성격을 갖는다. 이명박 정부의 리더십은 전문가-엘리트주의에 토대를 두고 있지만 그것은 엘리트 집단의 숙고deliberation에 입각한 '법의 지배'로 나타나는 것이 아니라 법의 지배와는 무관하고 오히려 법의 지배를 뛰어넘는 엘리트 집단에 의한 자의적 지배의 강화를 의미하는 것이다. 총선 과정에서 이명박 대통령이 자신의 측근들을 내세워 3김 시대 가신 정치의 부활을 시도한 것은 그 단적인 사례이다.(임혁백 2008)

3) 듀이, '경험은 유일한 실재이고 지식이다'

- 이명박도 노무현처럼 시대적 맥락을 짚었다. 그것은 제2의 경제신화를 바라는 국민들의 환상이었다. 이명박은 민주주의 개념과는 거리가 멀었다.

- 존 듀이John Dewey는 지식은 삶의 과정에서 습득한다고 했다. 민주주의적 삶의 과정을 경험하지 못하면 민주주의를 실천하기 어렵다.

▎듀이의 실용주의

실용주의는 실제 실현의 뜻을 가진 그리스어 'pragma'에서 유래된 '프래그머티즘pragmatism'을 우리말로 번역한 것으로 미국의 찰스 샌더스 퍼스Charles Sanders Peirce가 처음 만들어 사용한 용어이다. 실용주의의 계보에는 퍼스와 제임스, 듀이와 로티에 이르는 걸출한 철학자들이 있는데 그중 퍼스는 훗날 실용주의가 창안된 본래의 의미를 되살리기 위해 자신의 입장을 '실용주의pragmatism' 대신 '실용주의 철학pragmaticism'이라고 재차 명명하기도 했다.(권정선·김회용 2016:3-4)

듀이의 지식론은 현재성이 있다. 듀이는 근세 인식론이 이원론에 근거하고 있고 그 결과 지식과 행위가 분리되었다는 점에서 '방관자적 지식론'이라고 비판한다. 이 문제에 대처하기 위해서 사변적인 방법을 모두 거부하고 경험적 탐구에 근거한 '과학적 방법'으로 지식과 행위를 통합한 '실험적 지식론'을 제시했다.(국순아 2010:137) 듀이의 철학적 입장은 주관적 관념론 내지 불가지론이고 '경험'을 중시했다. 그는 이 '경험'을 추상적인 개인의 경험으로 분석하고 경험이야말로 유일한 실재이며 외계는 경험의 내용으로서만 존재하고 또한 경험은 불가분의 연속을 이루고 있다고 했다.[35]

듀이의 지식은 삶의 과정, 즉 경험을 통해 그 과정에서 얻게 되는 것으로 현재와 미래의 삶에 어떠한 형식으로든 유익함을 제공한다는 특징을 갖는다. 또한 변화 가능성을 함축하고 있는 미래에 대한 예견으로써 끊임없는 시작을 알리는 변증법적 특징도 갖는다. 변화 가능성을 함의한 지식이란 확실성이 예견되는 결론이지만 면밀한 관찰과 실험, 과학적 탐구과정을 통해 진화론적 관점에서 미세한 조건과 상황의 변화에 의해 또 다른 결과를 일으킬 수 있다는 점을 염두에 둔 것이다. 듀이의 실용주의는 헤겔의 영향과 미국의 실용주의 철학 전통을 모두 아우르고 있다.(권정선·김회용 2016:24)

---

35 네이버 온라인 철학사전, 존 듀이 편

듀이의 이론 중에서 민주주의 관점은 주체와 객체의 분리를 배격한다는 점에서 민주주의를 정치적 장치 또는 제도이기보다는 사회에서 사람들이 함께 사는 하나의 방식으로 보는 것이다. 듀이에 의하면 삶의 한 방식으로서의 민주주의가 민주적 정치과정에 우선한다는 것이다. 또한 듀이는 사회가 개인에 우선하고, 탐구와 통치과정에 참여할 수 있는 개인 역량의 개발을 가능케 하는 것이 사회라는 것이며, 공동생활을 개발하고 유지하는 핵심이 의사소통이라고 주장한다. 의사소통을 통한 상호 존중, 관용, 타협 및 경험의 공유 등과 같은 민주적 공동체의 가치를 강조하고 있다.(김명환 2011a)

하지만 이명박 정부의 실용주의는 철학적 입장이 아니라 실용을 중시하는 하나의 태도로 제시되고 있다. 철학이 부재한 실용주의적 태도는 실용과 이익을 중요시하는 바로 그 특성 때문에 원칙과 목적의 경시, 과정과 절차의 무시로 인한 민주성 훼손, 실적과 성과 우선주의 등의 문제가 발생할 수 있다. 우리나라 현실에서 이러한 실용주의 태도는 '부자 되세요'로 상징되는 물질만능주의를 부추기고 나아가 우리 사회를 경쟁과 적자생존의 신자유주의 체제에 매몰시킴으로써 경제적 양극화를 더욱 심화시킬 수 있다. 이러한 문제는 실용주의 철학이 전제하고 있는 타인에 대한 배려와 연대감에 기초한 윤리적, 도덕적 사고에 기초하지 않을 경우 발생한다. 이것이 결여된 실용주의는 오히려 실용주

의 교훈을 저버리는 것이다.(김재관 2008:26)

▎루카치, '자본주의는 스스로 모순에 빠지나 관찰하기 어려워'

루카치Luckác는 마르크스 시각을 받아들였다. 루카치는 마르크스주의가 부르주아적 학문과 구별되는 점은 '경제적 동인이 역사를 지배한다는 생각이 아니라 총체성의 시각이고 또 마르크스주의의 체계가 아니라 변증법'이라는 기본전제에서 출발하고 있다고 했다.(최종욱 1992:267)

이는 마르크스의 정치 경제학 비판에 있어 '가장 흥미로우면서도 동시에 가장 수수께끼 같은' 주제 중 하나이며 오늘까지도 그에 대해 논란이 이뤄지고 있다. 물신주의 및 그 비판에 대한 이해는 마르크스의 정치 경제학 비판을 이해하는데 가장 핵심적인 역할을 한다고 할 정도로 이론적 중요성을 지니고 있다.(주정립 2011:91-122) 루카치의 '물화reification'개념은 마르크스가 말하는 상품의 물신숭배fetishism에서 출발한다. 루카치는 자본주의 형성 이후, 인간의 사회적 관계가 주관적으로나 객관적으로나 상품관계로 전환되었다고 본다. 이렇게 인간적인 관계가 물질적 관계로 대체되는 현상이 물화인데 이것은 소외의 다른 이름이라고 할 수 있다. 좀 더 쉽게 말하자면 인간이 물질적 세계를 구축하고자 했던 원래 의도란 인간의 삶의 질과 편의를 향상시키기 위한 것이었지만 실제로 나타나는 현상은 물질적 세계를 유지하기 위해 인간성 자체가 희생되고 있다는 것이다.(김만권 2005:193)

자본주의 사회 이전과 이후는 다음과 같은 본질적인 차이가 있다. 기존의 사회는 상품형식이 삶의 부분을 형성할 뿐이었지만 자본주의 사회에서는 상품형식이 삶의 전체를 형성한다는 것이다. 이로써 인간관계의 제반 측면은 객관화와 더불어 탈인간화한다.(김효중 2003:91-92) 이 말의 뜻은 자본주의로 인해 인간적인 면이 사라지고 있다는 것이다. 학문적 용어로 다시 환언하면 객관화와 탈인간화는 인간과 사물 자체를 소외시킨다. 즉 인간이 일종의 수단이 된다는 것이다. 루카치는 여기서 자본과 이자를 예로 드는데 사람의 노동력으로 창출된 이윤으로 발생한 이자가 독립적이고 주된 역할을 하게 되는 현상을 말한다. 이러한 현상을 자본의 신비화라고 명명한다. 루카치는 부르주아적 사유로는 사회의 총체적인 모습을 파악할 수 없으며 모순에 입각한 철저한 변혁은 부르주아 사회의 토양 위에서는 불가능함을 역설한다.(김효중 2003)

> **TIP**
>
> 루카치 사상도 20세기 초반 서구의 급박한 역사적 변화와 격동의 부산물이다. 제1차 세계대전, 러시아 혁명의 성공과 인류 최초의 사회주의 소비에트 정권의 탄생, 혁명과 반혁명이 교차하는 상황에서 생겨난 바이마르 공화국의 패전으로 인한 오스트리아 제국의 붕괴, 이에 따른 헝가리를 위시한 동유럽 제국들의 정치적 혼란 속에서 루카치는 노동운동에 참여했고 자본주의에 대한 마르크스주의의 비판을 수용했다.
>
> 헝가리 혁명이 실패한 후 루카치는 벨라 쿤Bela Kun과 함께 빈으로 망명한 후, 당의 정치적 이론작업에 종사하였다. 따라서 루카치의 사상도 이러한 정치적 상황 속에서 사회주의적 이론과 실천을 위해 고민해왔던 루카치 자신의 문제의식의 소산이다.(최종욱 1992:265)

9

박근혜

민주주의와 보수정부(2) : 보수의 정치

1) 박근혜 리더십과 자존감

• 김호진의 평가

김호진은 최순실 사태에 대해 대통령제의 실패가 아니라 리더십과 제도 운영의 실패라고 규정한다. 그리고 박근혜 대통령을 끝으로 우리 사회의 박정희 패러다임은 완전 종식될 것이라고 평가했다. 또한 박근혜는 근대화와 산업화를 위해 유신 독재는 해도 된다는 식의 목적이 수단을 정당화한다는 박정희 전 대통령의 인식 한계를 못 벗어났다고도 보고 있다.[36] 한편 그는 박근혜가 한나라당 대표인 시절에는 "부드러움으로 대중적 카리스마를 내뿜는 여전사형"으로 리더십 유형을 정의한 바 있다.[37]

---

36 서울경제, 2017년 1월 3일자, '리더십 4.0시대 특별인터뷰 김호진'
37 국민일보, 2006년 4월 13일자, '리더십 통해 대선후보 분석'(김호진 교수 저서)

- **임혁백의 평가**

임혁백(2004:218-219)에 따르면 박근혜는 빠른 정치인이 아니다. '미네르바의 부엉이는 해질 무렵에만 난다.'라는 헤겔의 경구처럼 그녀는 사전 대응형 문제해결 능력을 갖춘 리더가 아니라 사후 대응형 리더이다. 그녀는 서두르지 않고 천천히 헤겔의 미네르바처럼 뒷북치는 정치인이다. 박근혜는 사전 대응적으로 문제를 선점하고 발 빠르게 치고 올라온 적이 없다. 한나라당의 병이 깊어지거나 위기를 맞아 모두 그녀만 쳐다보고 있을 때 그녀는 천천히 일어나 위기 수습의 구원투수로 마운드에 올라와 환부를 도려내는 과감한 개혁수술을 했다. 이와 함께 위기에 빠진 당을 추스르고 선거라는 전장에 나가는 한나라당의 장병들을 독려하는 여장군 역할을 했다. 그녀는 한 번도 궁정정치에서 벗어난 본 적이 없다. 그녀가 성장하면서 보고 대면한 사람들은 여든 야든 소위 한국의 지배 엘리트였다. 그녀는 아버지의 늙은 가신들과 젊은 세대 참모들을 수혈하여 대권 도전에 나섰다. 이처럼 그녀가 리더십 수련과정에서 대면했던 환경은 그녀를 절대로 혁명가로 만들어 주지 않았다.

박근혜의 자존감

○ **박정희 대통령의 딸로서 대한민국에 대한 주인의식이 있었다.**
박근혜는 확실히 카리스마가 있다. 그런데 권위주의 카리스마다. 아버지 박정희의 커뮤니케이션 능력이 더 뛰어났다. 박근혜는 온실에서 자랐고 경험이 많거나 공부를 많이 한 것도 아니라서 모르는 부분이 많다. 이것이 비밀주의로 이어진다. 결국 아버지를 제대로 학습하지 못한 것 같다.[38]

○ **왕족의 리더십으로 성공하고 민주적 리더십 결여로 붕괴했다.**

박근혜가 대통령에 당선되었을 때, 학술적으로도 박근혜는 여성임에도 불구하고 개인적 불행과 정치적 역경을 극복한 최초의 여성 대통령이었다. 20대에 양친을 총탄에 잃고 20년간 주변 사람들의 변해가는 모습에 좌절과 절망도 겪었지만 이를 극복하며 '세종시 이전'과 같은 사안에 대해 진정성을 갖고 원칙을 지키는 리더십을 보여주었다고 긍정적 평가를 받기도 했다.(윤종오·김영오 2013:19) 박근혜가 대통령이 되기까지는 개인적인 왕족 리더십이 유효했다. 경향신문[39]은 2012년 대선 승리의 원인을 다음과 같이 분석했다. 기사는 "새누리당 박근혜 대선 후보의 '준비된 여성 대통령'론이 정권교체 여론을 눌렀다. 이명박 정부 실정에 대한 분노의 크기보다 다가오는 경제위기에 대한 불안감과 북한 로켓발사 성공, 일본 우익정권 출범 등 심상찮은 동북아 정세를 향한 우려가 컸던 것이다."라고 평하면서 정부·여당의 승리가 아닌 박근

---

38 데일리안, 2016년 12월 22일자, '김창남 경희대 언론정보대학원장 박근혜 리더십 인터뷰'
39 2012년 12월 19일자, '박근혜 정부, 집권세력 아닌 박근혜 리더십의 승리이자 야권의 실패'

혜의 승리로 규정했다. 그 이유는 정권교체 여론이 60% 가까이 되었지만 대선 결과는 반대였기 때문이다. 또한 기사는 박근혜 당시 후보는 이명박 정부와의 차별화 전략으로 박근혜 당선도 정권교체로 생각하게 한 것이 주효했다는 박근혜 선대위의 판단도 덧붙였다.

반면 박근혜에 대한 소통의 우려는 직관적으로 염려가 되었다.[40] 김형오 국회의장이 관훈클럽에서 박근혜의 리더십에 대해 평가한 말이 있다. "박근혜의 독특한 리더십이 잘 발휘될 수 있도록 하는 것이 청와대 참모들과 장관들, 그리고 당이 해야 할 일이라고 생각합니다. 그런데 박근혜 리더십이 부족한 부분이 있을 것입니다. 벌써 언론의 표현에 의하면 소통이 잘 안된다든지 밀봉이라든지 하는 것을 보완해야 하는 역할, 이것 역시 당과 청와대가 내각에서 해야 할 것입니다. 이것을 잘하지 못하면 위기가 올 수도 있지요."(오태규 외 2013:329) 우리는 2016년 그 위기를 '최순실 국정농단 사태'로 확인하게 됐다.

---

[40] 박근혜 대통령 당선인의 리더십은 많은 장점을 가지고 있지만 소통의 문제에 있어 일부의 비판이 있는 것도 사실이다. 국가 지도자의 리더십에서 무엇보다 중요한 것은 국민과의 공감이다. 국민은 개인의 욕구, 희망, 기대, 아픔, 배고픔, 절박감 등을 국가 지도자가 공감해 주기를 원하며 국정 책임자와 함께 하기를 원한다.(윤종성·김영오 2013:20)

2) 박근혜 정부 국정 주도세력

▍종속적 당과 소수 보좌진 결합체

○ 박근혜 정부의 국정 주도세력은 소위 말하는 '친박'으로 구체화된다. '친박'은 '친박연대'라는 구체적 조직으로 세력화되기까지 했다. 당시 친박연대의 홈페이지에 공동대표인 서청원, 이규택의 인사말에는 다음과 같이 박근혜를 지지하는 정당임을 분명히 하고 있다. "저희 친박연대는 한나라당의 오만과 독선의 피해자, 박근혜 전 대표를 지지하고 사랑하는 사람들의 정당입니다. 박근혜 전 대표가 주장해 온 대한민국의 정통성과 정당성을 계승하고 자유 민주주의와 시장경제를 신봉하며 원리와 원칙이 지켜지는 신의와 믿음의 정치를 구현해 나가겠습니다. (중략) 박근혜 전 대표가 주장해 온 철학과 가치의 실현을 통해 국민중심, 국민우선의 정치를 펼치는 대안세력이 되겠습니다."(이원표 2010:174-175) 이 세력이 집권 이후에도 당을 장악하고 박근혜 정부를 뒷받침하게 된다.

○ 대통령이 탄핵 선고까지 받게 되는 헌정사상 초유의 사태로 드러난 소수 보좌진은 언론에서 '십상시'와 '문고리 3인방' 등의 용어로 회

자되고 있다.[41] 거론되었던 십상시와 문고리 3인방 중 일부는 구속되거나 실형을 받고 있고 재판이 진행 중이다.

○ 박근혜 정부의 주도세력은 국가와 안보의 가치를 더욱 강조하는 원칙주의 우파임을 자임한다. 이명박에 이어 박근혜까지 보수 세력의 연이은 집권은 이전 10년 동안의 '민주' 정부에 대한 냉전 우파의 역공이자 이들의 경제 정책에 실망한 중산층 이탈의 결과라 할 수 있다. 그리고 이들 두 민주정권이 1997년 외환위기 이후 신자유주의적인 경제 질서의 도입을 주도했으며 그로 인해 경제 양극화가 걷잡을 수 없이 심화되었고 경쟁주의 질서 속에서 불안감에 사로잡힌 대중들이 보수화되었기 때문이다. 특히 '경제 대통령'을 표방한 이명박의 집권과 박정희의 딸인 박근혜의 당선은 단지 지역주의, 권위주의에 대한 향수만으로 설명하기 어려운 지점이 있는데, 즉 경제 불안과 이를 타개할 강력한 리더십을 요구하는 대중 심리가 두텁게 깔려있었음을 기억해야 한다.(김동춘 2014:40)

---

41 서울신문, 2016년 11월 2일자, '씨줄날줄 논설-십상시의 몰락'

3) 룩셈부르크, '혁명의 힘은 자발성에서 나온다'

- 박근혜는 탄핵이 인용된 헌정 최초의 대통령이다.
- 로자 룩셈부르크Rosa Luxemburg는 혁명의 힘은 대중의 자발성에서 나온다고 했다. 촛불혁명은 대중의 자발성으로 완성됐다.

▎민중은 프롤레타리아 혁명 없이 스스로 혁명한다

　대중의 자발성이 논쟁의 중심에 서게 된 것은 무엇보다도 룩셈부르크가 레닌이 발표한 『무엇을 할 것인가?』에 대해 전면적인 비판을 제기했기 때문이다. 여기서 레닌은 자발성이란 '미성숙한 의식성'으로 소박한 계급감정의 체득이고 표현이기 때문에 전위의 지도를 통해 성숙되어야 한다고 주장했다. 이에 대해 룩셈부르크는 자발성은 노동자 계급이 스스로 계급적 본질을 인식하고 행동하는 것이기 때문에 당의 역할은 제한적 의미를 지니게 된다고 비판했다. 그녀가 민주주의를 강하게 옹호하게 된 배경에는 노동자 계급의 살아 있는 숨소리인 자발성에 대한 깊은 신뢰가 놓여 있다.(이갑영 2009:390) 대부분의 공산주의들과는 달리 룩셈부르크는 노동자들이 스스로 혁명을 일으킬 것이란 대중의 자발성을 인정했다. 그리고 이것이 진정한 혁명적 힘이라고 생각했다.

룩셈부르크는 당이 대중 위에 군림하거나 조정하는 일을 하는 것이 아니라 대중의 의사를 대신 전달하는 역할을 해야 한다고 믿었다. 그래서 당이 대중에게 해야 할 일은 혁명의 시기가 반드시 온다는 확신을 주는 것과 혁명이 일어날 수 있는 사회적 원인과 혁명의 정치적 결과를 명백하게 보여 주는 것으로 한정해야 한다고 주장했다. 룩셈부르크는 노동자들이 공적인 생활과 당의 활동, 언론, 집회 등에 직접 참여하여 정치활동을 할 수 있는 능력이 있다고 보았다. 특히 그녀가 대중의 자발성을 인정한 것은 혁명에 필요한 것이 이론적 자발성이 아니라 행동의 자발성[42]이라고 믿었기 때문이다.(김만권 2005:188)

▍룩셈부르크는 천재적인 이상주의적 마르크스 혁명 전략가

룩셈부르크는 20세기로의 전환기에 칼 리프크네히트Karl Liebknecht와 함께 독일 사회민주주의 진영 내의 좌파 그룹을 대표하는 인물이었다.

---

[42] 한나 아렌트Hanna Arendt는 나치식의 국가 사회주의 모델과 스탈린식의 공산주의 모델을 전체주의의 대표적인 두 유형으로 간주한다. 그녀가 두 모델을 전체주의의 전형적인 모형으로 본 이유는 두 체제 모두 '수용소concentration camps'라는 극단적인 주민 통제방식을 공유하고 있었기 때문이다. 아렌트는 인간의 마음에는 어느 누구도 제거할 수 없는 강력한 자발성이라는 성향이 존재한다고 여겼다. 자발성이란 스스로 판단하고 자신의 판단에 따라 행동하려는 성향으로 인간이라면 누구나 어떤 상황에서든지 이런 성향을 지니고 있다는 것이다. 그러나 이런 믿음은 전체주의 통제기구의 절정이었던 수용소로 인해 무너지고 만다. 수용소가 인간의 자발성을 제거해 버렸던 것이다.(김만권 2005:261)

그녀는 수정주의 논쟁[43] 기간 동안에는 정통 마르크스주의를 옹호하는 데 앞장섰고 1918년과 1919년에는 스파르타쿠스단과 독일공산당KPD의 창설에 앞장섰다. 그녀는 이러한 투쟁 경력 덕분에 1919년 1월 15일 암살된 이후에 사회주의의 순교자로 떠받들어졌다. 그녀는 레닌과도 대립한 바 있는데 레닌이 지나치게 중앙 집중화하는 것은 무분별한 것이라고 비판하였다. 룩셈부르크가 이상적으로 생각한 민주주의는 인민들의 참여가 최대한도로 보장되는 형태였고 프롤레타리아트가 권력을 장악해야 하는 것도 인민들의 참여를 최대한도로 보장해 줄 수 있기 때문이라고 믿었다.(최영태 1996:160-163)

마르크스주의 역사에서 룩셈부르크는 극단적인 평가를 받고 있다. 자본주의의 자동 붕괴[44]만 기다린 기계적 유물론자로 이해되거나 사회주

---

[43] 기존 사회주의자들은 혁명이 불가피하다고 생각했고 수정주의자들은 혁명을 거치지 않아도 점진적인 사회개혁을 통해 모두가 평등한 사회를 만들 수 있다고 주장하였다.

[44] 룩셈부르크의 경제공황에 대한 인식은 다음과 같다. 첫째, 수정주의 논쟁에서는 자본주의를 붕괴로 이끄는 계기로 이해했다. 둘째, 『자본축적』에서는 공황을 직접 주목하기보다는 자본주의 생산의 한계를 논증하는데 집중했다. 셋째, 『경제학 입문』에서는 수정주의 논쟁과 달리 공황을 붕괴와 연계한 것이 아니라 자본주의 생산의 순환성으로 이해하고 나아가 자본주의의 존립 조건으로 인식했다. 즉 『사회개량이냐 혁명이냐』 제2판까지는 '자본주의 생산의 무정부성이 자본주의 붕괴의 계기'라는 논리로 『자본』을 재구성하려 노력을 기울였으나 이후에는 공황을 바탕으로 자본주의의 붕괴를 밝힌다는 논리는 점차 후퇴하고 오히려 공황이 자본주의 경제의 순환성을 나타내는 것으로 보거나 또는 세계시장의 확대 계기라고 인식했다. 물론 룩셈부르크를 자본주의가 자동 붕괴한다고 믿었던 기계적 유물론자로 평가하더라도 그녀의 붕괴론은 붕괴의 기계적인 정식화, 제국주의의 성숙된 분석, 실현 문제에 대한 집중 그리고 저항의 자연발생적 형태에 대한 언급 등을 통해 서구 마르크스주의 붕괴론의 발전사에서 루돌프 힐퍼딩이나 레닌 같은 이론적으로 복잡하고 정치적 요소가 강한 자본주의 발전 분석에 비해 더욱 큰 영향을 미쳤던 것이다.(이갑영 2010:165)

의 혁명을 대중의 자발성에 맡겨 버린 주의주의자로 비판받기도 한다. 일체의 삶을 사회주의 혁명에 바친 그녀에게 복잡한 스펙트럼이 나타나게 된 것은 레닌주의를 상대화시킨 스탈린주의의 영향이 크다. 이러한 차원에서 룩셈부르크의 저서 중에 『러시아 사회민주주의의 조직문제』나 『러시아 혁명에 대하여』가 주목받는 것은 당연하다. 특히 『러시아 혁명에 대하여』의 평가는 룩셈부르크에 대한 레닌주의 상대화의 결정을 이룬다. 소비에트 사회주의에서는 이 작은 팸플릿을 금서목록에 올렸으며 반反레닌주의자들은 이 팸플릿을 근거로 룩셈부르크에게서 비타협적 민주주의의 원형을 찾거나 반 레닌주의의 근거를 마련하고 있다. 또한 독일의 노동자 계급에게는 혁명적으로 진출할 것을 독려하였으며 그 가운데 볼셰비키를 비판하고 진정한 사회주의 혁명 전략을 제시했다.(이갑영 2008:2)

독일의 사회주의 역사가 메링F. Mehring은 그녀를 마르크스 이래 최고의 두뇌라고 찬사를 아끼지 않는다. 룩셈부르크는 당시의 맥락 속에서 비주류의 길을 걸었던 혁명가였다. 그녀는 단호한 국제주의자이며 반전주의자로 비주류 사상가였다. 그녀는 대중 파업도 혁명의 시작을 알리는 중요한 사건이지만 그것은 계획이나 훈련에 의해서 만들어지는 것이 아니라 자연 발생하는 것이라고 말한다. 당의 선전과 교육은 혁명을 이끄는 것이 아니라 대중의 자발성을 예민하게 읽어내고 대중과 완

전히 일치하는 것이 되어야 한다는 것이다.(김혜미 2009:28)

▍마르크스까지 포함한 모든 권위에 대한 성찰

룩셈부르크의 정치 철학에 관해 살펴보면, 그녀가 지향하는 사회주의는 기존의 민주주의를 폐지하는 것이 아니라 그 범위와 내용을 확대시키자는 것이었다. 곧 부르주아 민주주의 대신에 사회민주주의를 창조하자는 것이었으며 그것이 프롤레타리아트의 역사적 과제라고 생각하였다.(최영태 1996:167-168)

하지만 그 추상성 때문에 오해가 발생하기도 한다. 룩셈부르크에게는 사회·경제적 근본 관계들을 도외시한 채 개별 학문상의 문제제기와 연구 및 가설의 산물로 나타나는 이론이란 존재하지 않는다. 오히려 그녀의 정치 이론은 항상 경제 및 사회 이론인 동시에 정치 이론이며 그것도 역사적인 차원에서 존재한다. 룩셈부르크에게 '진리'는 '오류 없는 진리'가 아니다. 룩셈부르크는 '무오류의 권위'에 굴복하는 것을 가장 참기 힘들어 했다. 룩셈부르크의 방법은 변증법이고 이것이 목표로 하는 바는 '사회민주주의'이다. 룩셈부르크는 정치 분석에서 최종 목표의 기능을 다음과 같이 인식하고 있다. "사회주의적 투쟁의 정신과 내용을 구성하고 계급투쟁으로 전환시키는 것이 최종 목표이다." 자본주의 사회의 사회주의 사회로의 이행은 오직 목표 지향적인 개혁 작업을 통해서만 가능한 것이다. 사회주의라고 하는 최종 목표만이 그러한 과정들을 의미 있게 해준다. 룩셈부르크의 사회민주주의는 절충적 사회주의 혹은 점진적 사회주의라고 할 수 있다.(김성민 1993:107-110)

박근혜는 대통령이 되기 위한 자기만의 혁명을 했을까? 내면에 박정희 공화국을 세우고 그 공화국의 대통령이 되어 아버지 박정희를 만나려고 한 것일까? 박근혜의 혁명은 그래서 내면의 혁명으로, 시대의 큰 아픔으로 끝나게 된 것일까?

> **TIP**
>
> 1919년 1월 15일 베를린. 150cm가 넘을까 말까 한 신장에 다리가 불편한 40대 여인이 군인으로 보이는 사람들에게 둘러싸여 그들이 휘두른 총의 개머리판에 두개골이 으스러지도록 얻어맞고 쓰러졌다.
> 그리고 그녀의 시신은 다리 위에서 운하로 버려졌다. 독일의 11월 혁명정국 속에서 우파 의용단에게 살해당한 이 왜소한 중년 여성은 로자 룩셈부르크였다.
> 그녀는 20세기 초 러시아와 독일의 혁명을 주도하며 새로운 자유와 평등 사회를 꿈꾸던 정열의 혁명가이자 마르크스 이래 가장 뛰어난 두뇌의 소유자로 일컬어지던 탁월한 이론가였다.
>
> 출처 : 네이버 인물세계사, 로자 룩셈부르크 편

10

문재인

민주주의와 진보정부(3) : 국민과 참여정부를 넘어

1) 문재인 리더십과 자존감

언론에서 보는 문재인 대통령 리더십의 장점

정권 초기에는 취임 한 달, 취임 100일 등 의미 있는 시점마다 현직 대통령에 대한 평가를 한다. 문재인 대통령 역시 많은 언론들이 그 리더십을 평가했다. 장점으로는 소통의 리더십, 탈권위의 리더십, 감동의 리더십, 파격의 리더십, 경청의 리더십, 성찰의 리더십을 꼽고 있다.[45] 또 다른 언론 역시 탈권위, 소통 행보가 일상화되었다고 후한 점수를 주고 있다.[46]

그에 앞서 대선 후보로서의 리더십에 대한 평가는 공사의 구별이 뚜렷하고 매사에 원칙을 최우선으로 삼는다는 평가가 많다. 간혹 원칙주

---

45 아시아 투데이, 2017년 5월 11일자, '문재인 대통령 스킨십 소통 파격-시민과 셀카 찍고 참모들과 티타임'
46 문화일보, 2017년 8월 17일자, '문재인 정부 출범 100일-전문가 좌담'

의자 내지는 선비라는 별명까지 붙을 정도로 융통성이 없고 말이 잘 안 통할 것 같다는 편견을 가질 수도 있지만 가까이 경험한 분들이 주변과의 소통에 능하고 다른 사람의 의견을 경청하는데 익숙하다고 입을 모으고 있어서 '원칙과 소통'이 조화를 이룬 것이 문재인의 리더십이라고 정의한다.[47]

언론에서 보는 문재인 대통령 리더십의 단점

문재인의 리더십에 대한 언론의 비판적인 시각 중에는 개혁 조급증 때문에 '제왕적 대통령'의 모습이 보인다는 평가가 있다. 대통령 지시가 일방적이고 여당 내에서도 부적격 평가를 받은 인사에 대한 임명 강행 등을 그 근거로 들고 있다.[48] 단점이라고 볼 수는 없으나 대선 전 문재인 후보의 리더십에 대한 평가 중에는 문재인 후보가 '착한 아이 콤플렉스'를 갖고 있다는 전문가의 분석이 있다. 문재인 후보는 착한 아이가 되어야 한다는 강박이 있는 것처럼 보이는데 사랑받고 싶고, 욕을 먹지 않으려는 쪽으로 말하고 움직이는 경향이 있다고 설명하고 있다.[49]

---

[47] 연합뉴스, 2017년 5월 10일자, '문재인의 리더십-①원칙과 소통'
[48] 문화일보, 2017년 8월 17일자, '문재인 정부 100일-전문가 좌담'
[49] 헤럴드경제, 2017년 3월 25일자, "'말'로 읽는 대선주자 문재인"

문재인의 자존감

○ **어머니에 대한 사랑이다.**

역대 대통령 모두 어머니에 대한 애정이 어떤 형태로든 강하다. 이명박도 어머니에 대한 연민이 본인의 리더십에 영향을 미쳤다고 본다. 문재인의 어머니에 대한 사랑은 연민이 아니라 객관적이고 이성적이라고 해야 할까? 어머니에 대한 사랑마저도 가슴속 깊이 넣어 두고 내놓지 않는 것으로 보인다. 문재인의 어머니는 행상으로 근근이 생계를 꾸려 나갔다. "거제에서 달걀을 싸게 사서 머리에 이고, 어린 나를 업은 채 부산에서 팔기도 했다."라고 문재인은 가난했던 유년 시절의 한 장면을 떠올렸다. 부모님은 지독한 가난 속에서도 자식들에게 돈이 최고가 아니라는 것을 몸소 실천하고 가르쳐 주었다. 그러한 가르침은 문재인이 가난에 굴복하지 않고 가난과 타협하지 않는 힘이 되었다.(함민복·김민정 2017:145)

○ **신앙을 기반으로 고요함과 초연함의 리더십을 발휘한다.**

유시민 씨가 문재인 대통령과의 비화를 소개한 적이 있다. 그는 문재인을 십수 년 동안 가까이에서 보아 왔다. 그 긴 시간 문재인이 화를 내는 걸 한 번도 보질 못했다. 누구를 험담하는 모습 또한 본 적이 없었다. 유시민은 '이 분은 분노나 원망 같은 나쁜 감정들이 없나? 아니면 분노나 원망을 극도로 자제할 수 있을 만큼 스스로를 관리하는 경지에 오른 분일까' 궁금했다고 한다. 유시민의 눈에 비친 자연인 문재인은 고요함 그 자체였다.(함민복·김민정 2017:145)

2) 문재인 정부 국정 주도세력

▎참여정부를 기반으로 한 통합적 진보세력

○ 취임 100일 기자회견에서 문재인 대통령은 "현 정부 인사에 대해 국민들이 역대 정권을 다 통틀어 가장 균형인사, 탕평인사, 통합적인 인사라고 긍정적인 평가를 내린다."라고 견해를 밝히고 "앞으로 끝날 때까지 지역탕평, 국민통합, 이런 인사의 기조를 지켜 나갈 것을 약속드리겠다."라고 천명했다.[50]

○ 문재인 정부의 인사에 대해서 야당은 캠코더(대선캠프·코드인사·더불어민주당) 또는 유·시·민(유명대학·시민단체·민주당) 인사라며 혹평을 했다.[51]

○ 파격과 통합을 특징으로 하는 문재인 정부 인사의 또 다른 축은 '참여정부 2기'다. 참여정부 당시 문재인 대통령과 호흡을 맞춰 본 인물들이 주로 새 정부 주요 직책에 임명되었다. 이는 대통령 인수위가 없는 초유의 상황에서 능력과 배경이 검증된 인물들로 정부 출범을 연착륙시키면서 참여정부의 국정철학과 정책을 계속하겠다는 뜻으로 해석

50　여성신문, 2017년 8월 17일자, '문재인 정부 100일'
51　미디어펜, 2017년 8월 14일자, '고소영, 성시경 가니-문재인 정부, '유시민'이 떴다?'

된다고 언론은 평가하고 있다.[52]

○ 문재인 정부 출범 100일을 기해서 문재인 정부의 엘리트(장·차관부터 1급 공무원까지 213명의 직위)를 분석한 언론[53]은 몇 가지 특징을 뽑았다. 여성 장관은 5명으로 역대 최다이지만 전체 고위직은 여전히 유리천장 깨기가 숙제로 남아 있고, 영남 천하였던 권력기관에 수도권 출신이 41.9%로 약진했고, 61%가 서울대, 연세대, 고려대로 박근혜 정부보다 편중이 심화된 것으로 분석됐다. 또 호남 출신 장관급만 8명으로 가장 두각을 나타냈으며 광주 제일고는 만년 1위 경기고를 제쳤다고 보도했다. 또 다른 언론[54]은 청와대와 정부, 군 요직 175명을 분석하고 표준적인 엘리트를 '호남-서울대-56세 남자'로 규정했다.

---

[52] 한국일보, 2017년 5월 21일자와 경향신문 2017년 8월 16일자에도 문재인 정부의 파워 엘리트 중 노무현 정부 출신 인사들의 비중이 큰데 정부 차관급 이상 인사 98명 중 노무현 정부 청와대 또는 정무직 출신이 19명(19.3%)으로 20%에 육박하고 있다고 분석했다. 또 국정원과 통일부는 노무현 정부의 색채가 강하며 경제라인은 변양균 인맥이 중용됐다고 분석했다.

[53] 경향신문, 2017년 8월 17일자, '문재인 정부 100일-파워엘리트 분석'

[54] 서울신문, 2017년 8월 16일자, '문정부 파워엘리트는 '호남, 서울, 56세남''

3) 매킨타이어, '좋은 삶은 가치를 공유한 공동체의 전통 속에서 완성된다'

- 문재인은 선한 사마리아인이다. 세상엔 선한 사마리아인만 있는 것은 아니다. 더욱이 예수의 제자 중에도 가롯 유다는 있었다.

- 알래스데어 매킨타이어Alasdair Macintyre는 좋은 삶은 가치를 공유한 공동체의 전통 속에서 완성된다고 하였다. 좋은 민주주의 전통이 세워져야 한다.

┃ 개인들의 삶은 공동체 안에서만 완성된다

매킨타이어가 도덕 윤리를 복원하려는 이유는 현대의 도덕 문화가 심각한 위기상황에 처해 있다는 진단에서 시작된다. 현재의 도덕 언어는 심각한 무질서 상태에 놓여 있다는 것이다. 그리고 각자의 도덕적 주장은 대립적인 신념이나 소망을 단순히 주장만 하고 있을 뿐 도덕적 가치에 관해 화해할 수 없는 상태에 이르게 된다는 것이다. 따라서 상실된 과거의 도덕적 전통을 복원하고 그 속에서 객관성과 권위를 발견함으로써 현대의 도덕적 위기를 극복할 수 있다는 것이다.(김대오 2007:201-202) 김비환(1998:9-10)은 매킨타이어가 1981년에 발표한 그의 저서 『덕의 상실After Virtue』에서 자유주의 이론과 실제를 통렬히 비판하고 그에 대한 공동체주의적 대안을 제시했다고 설명한다. 샌들M. Sandel과 더불어 자유주의에 대해 가장 비타협적인 자세를 취해온 매킨타이어가 자유주의 사회는 진정한 의미의 정치 공동체가 아니라 "최소한의 제약하에서 자신의 이익을 추구하고 있는 이방인들의 집합체"에 불과하다고 비판했다는 것이다. 현대의 자유주의 사회는 삶의 의미는 물론 공동체 성원들 간의 유대를 형성·유지시켜 주었던 공동의 가치관이 붕괴된 사회로서 그 안에서 가치가 사유화되고privatization of the good, 정치적 정의는 이방인들 사이의 공정한 거래나 분배를 보장해 주는 것에 지나지 않는다는 것이다.

매킨타이어는 도덕적 행위에서 목적과 목표에 도달하는 방법을 설명한다. 가족, 국가, 민족의 역사를 떠안은 구성원은 자연적 의무나 자발적 의무를 넘어서는 책임이나 공동체적 의무와 같은 도덕적 힘에 의지해 살 수밖에 없다는 것이다.(박성호 2012:134) 또한 그는 개인들이 공동체 내에서 공유된 가치와는 상관없이 자신의 가치 실현에만 집착하는 현대 자유주의에 반대하며 진정한 좋은 삶이란 공동체 안에서 자신의 역할을 다할 때 완성된다고 설명한다.[55](김만권 2005:273-275)

---

[55] 매킨타이어는 한 공동체 안에서 살아가는 개인에게는 다음과 같은 요소가 필요하다고 이야기하고 있다. 첫째, 사회적 선을 실현하는 데 개인들이 적극적으로 참여하는 실행의 덕을 보여야 한다. 둘째, 모든 행위는 역사적 성격을 갖기 때문에 우리는 어떤 행위가 어떤 의도에서 이뤄졌는지, 이런 행위들이 좋은 삶에 가까운 것인지 끊임없이 살펴보고 질문해야 한다는 것이다. 이런 과정을 통해 우리의 도덕

▎공동체 삶에서 서사적 자아가 개인과 공동체 연결

매킨타이어를 포함하여 샌들, 테일러, 월저와 같은 사상가들에 의해 대변되는 '공동체주의'와 롤즈, 네이글, 드워킨, 액커만 등에 의해 대변되는 '자유주의(개인주의)' 간에는 이론적 전선이 형성되어 있다. 자유주의자들은 현대사회의 특징인 가치 다원주의의 조건하에서는 평등한 자유와 권리라는 일반적 원리만이 공동체의 정의를 판단할 수 있다고 주장하며, 공동체주의자들은 정의로운 질서를 판단하기 위해서는 공동체 내에 공유되고 있는 일반적 의미 지평에 대한 반성이 선행되어야 한다고 주장한다.(이진우 1998:244-245)

매킨타이어는 현대사회가 극단적인 도덕적 상대주의에 빠지게 된 이유를 근대 도덕철학이 전제하는 사회적 맥락에서 분리된 추상적 자아와 보편적 도덕법칙에서 찾는다. 근대의 계몽주의는 도덕성을 인간 본성이 실현해야 할 목적이 아니라 계산적 합리성에 근거한 개인의 결단으로 만들어 버렸다. 매킨타이어는 이러한 계몽주의의 도덕 기획이 인간의 행위를 이해할 수 없는 것으로 만들어 버렸다고 비판하면서 인간 선 혹은 인간의 목적을 통해서만 인간의 행위를 이해할 수 있다고 한

적 행위는 하나의 서사적 통일성을 갖게 된다고 말한다.(김만권 2005:273-275)

다.(이원봉 2007:171)

매킨타이어는 사회적 관행을 역사적 전통과 연계하여 전통이란 관행들의 역사이며 그 속에서 관행들이 변화하고 재구성되므로 전통은 개인 삶의 도덕적 출발점이며 개인은 전통에 의해 주어진 어떤 목적을 가질 때 행복에 대한 탐구를 할 수 있다고 주장한다.(정호범 2000:147) 또한 매킨타이어는 사회와 무관한 인간관으로 인해 초래될 수 있는 도덕성의 위기를 견제할 수 있는 대안으로서 서사적 자아 narrative self를 제시한다. 서사적 자아란 개인이 맡고 있는 역할과 역사 속에서 도덕적 일치를 확보하는 것이며 덕을 실현하려는 자아의 통일성을 이루고자 하는 것이다. 자아의 서사적 통일성 narrative unity이란 단순히 한 개인의 출생에서 죽음까지의 삶의 통일을 말하는 것이 아니다. 인간의 삶의 역사는 공동체 삶이 그렇듯 역사와 분리될 수 없으므로 양자의 역사는 통일되어 있고 또 그렇게 되어야 한다는 것이다.(원신애 2010:296-297) 이처럼 매킨타이어는 전통과 사회를 중시하는데 그 연결된 개인이 사회와 전통을 담아내야 한다는 것이다.

> **TIP**
> 매킨타이어는 도덕철학과 정치철학 그리고 신학 분야에 공헌한 스코틀랜드의 철학자이자 기독교 윤리학자이다.
> 출처 : 위키백과, 알래스데어 매킨타이어 편

2장

한국의 관료 민주주의

한국의 대통령과 핵심 관료들

▎철의 삼각관계에서 철의 사각관계로

철의 삼각관계 모델ITM: Iron Triangle Model은 정치인-관료-기업인 간의 삼자연합(Adams, 1989)이고 철의 사각관계 모델IQM: Iron Quadrangle Model은 철의 삼각관계 모델에 정부와 감독기관이 추가된 모델이다. 발전국가 시대 삼자모델에서는 통치적 권력을 가지고 있는 정치인이 국가의 발전 목표를 세우고 추진하면 중앙정부의 관료들은 명령을 수행하고 기업은 사기업이라기보다는 일종의 정부 산하조직처럼 움직였다. 이런 관계는 위계적이었고 기업은 행정의 권력에 복속되었다. 그런데 국가가 직접적으로 규제하지 않고 제3의 기관을 설립해서 규제를 하도록 하는 철의 사각관계 모델[56]이 오히려

---

56   이연호(2016:246-247)는 한국의 대표적 사례는 금융감독위원회와 금융감독원이라고 설명한다. 김영삼 정부에서 설립이 시도되었으나 노동법 파동 이후 야당의 반대로 입법화되지 못했다가 김대중 정

기존 철의 삼각관계 모델보다 더 규제적이며 이러한 일련의 과정들이 관료제가 더욱 강화되는 현상을 설명해 준다.(이연호 2016:241)

한국의 관료들에게는 그 막강함 때문에 권위주의, 정실주의, 형식주의, 가족주의, 연고주의, 복지부동, 관재유착 등의 적폐 요소들이 스며들고 흡착되었다.(전일욱 2017) 특히 한국의 관료제가 주도하고 있는 강력한 통제가 기업의 관료 의존성향을 높였고 이를 활용한 관료들의 이익추구가 적폐를 생산하게 되었다.(송일호 1991:58-61) 한국의 관료들은 정치 민주화와 경제 민주화의 틈바구니에서 자신들의 실리를 극대화해 갔으며 공직 민주주의 없이는 정치 민주화도 경제 민주화도 있을 수 없을 만큼 그 영향력이 지대해졌다.

부에서 입법화되었다. 당초 금융감독위원회는 재경부로부터 독립된 기관으로 출범했지만 이명박 정부에서는 금융위원장이 겸하던 금융감독원장 직이 분리되어 정책기능과 집행기능이 나누어졌고 금융위원회에서 관료제의 침투가 더욱 심화되었다.(이연호 2016:246-247)

국무총리, 비서실장, 정보기관장 인선의 의미

대통령을 알기 위해서는 크게 개인적 차원과 제도적 차원으로 대통령을 평가해 봐야 한다. 대통령을 안다는 차원은 흔히들 말하는 리더십이나 평가일 수도 있고 또 한편으로는 성공 요건이 될 수 있다. 본 장에서는 대통령에 대한 일반인들의 이해를 도울 수 있는 일종의 척도를 제공하고자 한다. 우선 일반인들이 쉽게 눈으로 파악할 수 있는 것이 대통령의 인사이다. 대통령의 인사 중에 대통령의 정치적, 실질적 본심을 알 수 있는 인사의 척도를 파악함으로써 대통령에 대한 잠정적인 평가와 예측이 가능하기 때문이다.

성공한 대통령이 되기 위해서는 제도적 차원에서 크게 두 가지가 필요하다. 첫째는 행정 부서와 청와대 내부 구조의 분리다. 대통령은 선택과 집중의 원칙 아래 대통령만이 할 수 있는 대통령 프로젝트에 전념하는 구조로의 전환이 필요하다.(동아시아연구원 대통령개혁연구팀 2002) 즉 일상적인 내치는 총리에게 위임하여 분권적으로 운영하며 조정자적 리더십을 구사해야 한다. 둘째는 청와대 비서실이 국가의 역점사업을 중심으로 일관되고 효율적인 정책운영이 이뤄지도록 시스템의 최적화가 필요하다.(곽진영 2003:78-79)

반면 개인적 차원에서 대통령의 성공 조건도 있다. 바버(Barber 1972; 1992)는 대통령의 직무수행이 성격, 스타일, 세계관의 3요소에 의해서 이뤄지는데 이 세 가지가 동기와 습관, 신념을 이루게 되고 결과적으로 행동에 영향을 미친다고 보았다. 또 이 세 가지 요소는 심리적 요인에 근거하여 구성된 것으로 변화하기 어려운 속성이다. 이를 바탕으로 한 업무수행에 임하는 성향과 일로부터 얻어지는 만족의 수준에 따라 적극-긍정형active-positive, 적극-부정형active-negative, 소극-긍정형passive-positive, 소극-부정형passive-negative으로 역대 대통령의 인성적 특성을 분류하고 이 중에서 적극-긍정형의 성격을 갖춘 대통령이 리더십을 성공적으로 발휘할 수 있다고 주장하였다.(곽진영 2003:64)

이런 관점에서 대통령이 임명하는 총리와 비서실장 그리고 정보기관장은 대통령의 성격과 스타일 그리고 세계관과 연계되어 있으면서도 제도적 차원의 리더십도 살펴볼 수 있다는 점에서 대통령 리더십의 척도 중 하나라고 단언할 수 있다. 세부적인 논의는 대통령 리더십의 분석체계 부분에서 별도로 다루고자 한다. 이에 앞서 우선 역대 국무총리와, 비서실장 그리고 정보기관장에 대해서 살펴보고자 한다.

1. 역대 총리

1) 총리 개론

국무총리의 정치적 의의는 ① 권력의 수직적 견제장치(국무위원 제청권, 부처 통할 등) ② 비상시 최고 권력의 승계 ③ 정치적 요구에 대한 여과장치 ④ 정치적 공격에 대한 완충장치를 들 수 있다.

정치적 요구에 대한 여과 장치의 극단적인 사례가 국가 비상상황이라고 할 수 있다. 최고 권력의 승계는 근래에는 노무현 정부와 박근혜 정부에서 대통령 탄핵으로 인해 국민이 경험한 바 있다. 정치체제론 관점에서 보면 국무총리는 각종 정치적 요구를 거르는 역할을 한다. 국민들의 비난이 최고 책임자인 대통령에게 집중될 때 대통령을 대신하여 외형적으로는 대통령과 비견될 만큼 어느 정도 비중을 가진 인사가 막아 줘야 할 필요성이 있다는 것이다.(이재원 2014:22-24)

국무총리 임명기준과 총리인선을 바라보는 시각에는 실무관리형 총리, 정치지분을 가진 실세총리, 국면 전환이나 대권후보를 만들기

위한 정치형 총리 등이 있다.[57]

　한편으로 총리를 임명하는 것은 대통령의 부담을 감소시키거나 정권의 콤플렉스를 치유하기 위한 측면도 있다. 예를 들어 박정희 정권 시절에는 문민 이미지를 강화하기 위해서 교육자 출신의 최두선을 임명했다. 전두환 대통령도 5·18 광주민주화운동을 유혈 진압하면서 생긴 정치적 부담을 덜어 내고자 학자 출신이면서 전라북도 출신인 김상협을 국무총리에 임명했다. 민주화 이후에는 대통령제의 폐단을 극복하는 권력 분산형 총리나 정치적인 자리로서 총리직을 활용하였다. 권력 분산형의 대표적인 총리는 김종필, 이해찬 국무총리를 들 수 있으며 정치적인 자리로는 이회창 총리를 들 수 있다.[58]

57　연합뉴스, 2015년 5월 10일자, '새 국무총리 관리형이냐? 정치형이냐?-역대 국무총리 콘셉트는?'
58　경향신문, 2015년 5월 1일자, '[대한민국 총리]역대 대통령, 총리 발탁 비하인드 스토리'

2) 국무총리 영욕사

목사 출신으로 신사 참배를 거부하다 고초를 당했던 이윤영은 네 번이나 지명되었지만 한 번도 총리가 되지 못했다. 1948년 이승만 대통령이 첫 총리로 이윤영을 지명하였고 그 이후로도 세 번이나 지명을 하지만 결국 한 번도 되지 못했다. 첫 번째는 다수당의 반대로 두 번째는 야당이 원하는 사람을 총리로 임명한다는 조건으로 의원내각제를 대통령제로 바꾸면서, 세 번째와 네 번째 역시 국회 부결 등으로 총리직과의 인연은 없었다.[59]

역대 두 번씩의 재임 총리로는 장면(이승만 정부), 백두진(이승만, 박정희 정부), 김종필(박정희, 김대중 정부), 고건(김영삼, 노무현 정부) 등 총 4명이 있다.

가장 오래 그리고 가장 짧게 재임한 총리로는 박정희 정부시절의 정일권 총리가 6년으로 가장 오래 재임하였고 박근혜 정부시절의 이완구 총리가 63일 만에 사의를 표명하여 가장 짧은 재임 기간의 총리가 되었다.[60] 이완구 총리의 사표 수리는 6일 뒤에 이루어졌다. 이를 포함하면 이완구 총리의 재임 기간은 70일 되어 그는 역대 최단기

---

59   서울신문, 2015년 4월 24일자, '[커버스토리]만인지상 오른 총리, 일인지하에서 463일'
60   서울신문, 2015년 4월 25일자, '[커버스토리]만인지상 오른 총리, 일인지하에서 463일'

간 재임 총리 2위가 된다. 최단기간 재임 총리 1위는 1960년에 취임해 65일 재임한 허정 총리다.

역대 국무총리들의 임기와 사임이유[61]

정부	대수	이름	취임일(재임 기간)	사임이유
제1공화국	초대	이범석	1948년 7월 31일(1년 264일)	대통령 견제
	2대	장면	1950년 11월 23일(1년 153일)	대통령 견제
	3대	장택상	1952년 5월 6일(153일)	다른 정치세력의 견제
	4대	백두진	1953년 4월 24일(1년 54일)	
	5대	변영태	1954년 6월 27일(155일)	개헌으로 총리직 폐지
제2공화국	6대	허정	1960년 6월 15일(65일)	윤보선 대통령 취임
	7대	장면	1960년 8월 19일(272일)	5·16 군사정변
제3공화국	8대	최두선	1963년 12월 17일(145일)	야당의 대일 외교반대
	9대	정일권	1964년 5월 10일(6년 224일)	정인숙 스캔들
	10대	백두진	1970년 12월 21일(165일)	
	11대	김종필	1971년 6월 4일(4년 199일)	박정희와의 갈등

---

[61] 동아일보, 2015년 5월 2일자, '[토요판 커버스토리]국무총리 찾습니다'

	대수	이름	취임일 (재임기간)	비고
제4공화국	12대	최규하	1976년 3월 13일(3년 267일)	대통령으로 선출됨
	13대	신현확	1979년 12월 13일(161일)	신군부 비상계엄확대반대
제5공화국	14대	남덕우	1980년 9월 22일(1년 103일)	차기 정부 수립
	15대	유창순	1982년 1월 23일(153일)	이철희·장영자 사건 책임
	16대	김상협	1982년 9월 21일(1년 24일)	KAL기 피격사건 책임
	17대	진의종	1983년 10월 17일(1년 125일)	건강 문제
	18대	노신영	1985년 5월 16일(2년 10일)	박종철 고문치사 책임
	19대	김정렬	1987년 8월 7일(202일)	차기 정부 수립
제6공화국	20대	이현재	1988년 3월 2일(278일)	
	21대	강영훈	1988년 12월 16일(2년 10일)	국정 분위기 쇄신
	22대	노재봉	1991년 1월 23일(121일)	강경대 씨 폭행치사 책임
	23대	정원식	1991년 7월 8일(1년 93일)	대선용 중립내각
	24대	현승종	1992년 10월 8일(140일)	차기 정부 수립
문민정부	25대	황인성	1993년 2월 25일(295일)	UR 타결 책임
	26대	이회창	1993년 12월 17일(126일)	청와대와의 갈등
	27대	이영덕	1994년 4월 30일(231일)	성수대교 붕괴 책임
	28대	이홍구	1994년 12월 17일(1년)	삼풍백화점 붕괴 책임
	29대	이수성	1995년 12월 18일(1년 78일)	대선자금 및 IMF 책임
	30대	고건	1997년 3월 5일(363일)	차기 정부 수립

국민의 정부	31대	김종필	1998년 8월 18일(1년 148일)	청와대와의 갈등
	32대	박태준	2000년 1월 13일(127일)	부동산 명의신탁 의혹
	33대	이한동	2000년 6월 29일(2년 11일)	DJP 공조 파기
	34대	김석수	2002년 10월 5일(145일)	차기정부 수립
참여 정부	35대	고건	2003년 2월 27일(1년 88일)	노무현 대통령 직무 복귀
	36대	이해찬	2004년 6월 30일(1년 258일)	3·1절 골프 파문
	37대	한명숙	2006년 4월 20일(322일)	노 대통령 탈당
	38대	한덕수	2007년 4월 3일(334일)	차기 정부 수립
이명박 정부	39대	한승수	2008년 2월 29일(1년 212일)	쇠고기 사태 책임
	40대	정운찬	2009년 9월 29일(316일)	세종시 수정안 관철 실패
	41대	김황식	2010년 10월 1일(2년 148일)	차기 정부 수립
박근혜 정부	42대	정홍원	2013년 2월 26일(1년 357일)	세월호 참사 책임
	43대	이완구	2015년 2월 17일(70일)	불법자금 의혹
	44대	황교안	2015년 6월 18일(1년 331일)	차기 정부 수립
문재인 정부	45대	이낙연	2017년 5월 31일 ~ 현재	

3) 제1공화국 국무총리

구분	이름	국무총리 재임 기간	출신
제 1 공 화 국	이범석	1948년 7월 31일 ~ 1950년 4월 20일	군인
	장면	1950년 11월 23일 ~ 1952년 4월 23일	정치인
	장택상	1952년 5월 6일 ~ 1952년 10월 5일	관료/정치인
	백두진	1953년 4월 24일 ~ 1954년 6월 17일	관료
	변영태	1954년 6월 27일 ~ 1954년 11월 28일	학자/관료

• 이승만 정부의 국무총리는 유학파이면서 상당히 젊은 총리로 구성되었다. 취임 당시의 평균 연령은 52.8세였다. 관료나 정치인 출신이 많은 것을 볼 수 있다.

• 총리 임기를 보면 비정상적이다. 이승만 대통령의 재임 기간이 12년인데 총리의 평균 재임 기간은 13.6개월로 나타났다. 헌법 규정에 없는 서리제를 장기간 운영하였기 때문이다.

• 총리직 비정상 운영의 함의는 대통령을 중심으로 국정이 운영이 되었다는 것을 의미한다. 또한 명목상 총리가 건국 초기부터 나타났다고 할 수 있다. 예외적으로 이승만 정부 후반기에는 경제(백두진), 외교(변영태) 등 관료 출신을 등용하여 실무적으로 현안에 대처하게 하는

모습을 볼 수 있다.(전일욱 2015:55-56)

• 이승만 대통령은 헌법 제정 당시 한민당 세력과의 정치적 타협에 의해 국무총리제를 받아들였지만 실제 운영에서는 철저히 국무총리의 탈정치화를 꾀하였다. 이것이 제1공화국에서의 국무총리제가 비정상적으로 운영된 이유이다. 초대 총리에 예상을 깨고 정치적 기반이 없는 이윤영을 지명하고 헌법 규정에도 없는 서리제를 장기간 운영하여 국무총리에 대한 기대감을 감소시킨다. 뿐만 아니라 후반기에는 경제, 외교 등 관료 출신을 등용하여 실무적으로 현안에 대처하게 함으로써 국무총리의 정치 세력화를 철저히 봉쇄[62]하였다.(이재원 2014:63)

---

[62] 중앙일보 1982년 3월 29일자에는 "초대 총리인 이범석은 총리가 무엇인지 이해도 못했고 또 실제로 국무회의도 제대로 이끌어 가지 못하는 명색만의 총리였다."라는 유진오의 증언을 예로 들며 이승만 정부 초기 국무총리의 유명무실함을 보여 주는 기사가 있다.

당시 언론으로 보는 국무총리

이범석 국무총리 승인 거부로 대통령과 국회의 대립이 심해짐에 따라 국내 정치가 교착상태에 빠져 총리 재임명을 앞두고 국민들의 관심이 커지고 있는 가운데 이범석 국무총리 임명을 표결하여 찬성 110표, 반대 84표로 임명이 승인되었다고 보도했다.[63]

장면 전쟁 중에 주미 특명 전권대사인 장면 씨가 국무총리에 지명됨으로써 장면 대사가 국무총리 지명을 수락할 것인지, 거절할 경우에 국회 승인을 무난히 통과할 총리 후보자가 누구인지, 주미 대사와 총리를 겸직할 때 어떻게 되는 것인지 등에 대해 의문을 표하면서 장면 총리지명자의 태도가 미묘하다고 당시 언론이 지명 시점의 분위기를 전하고 있다.[64]

장택상 장택상 국무총리가 임명된 지 20일 만에 돌연 사표를 제출하였다. 당시 언론은 국회에서의 데모사건에 대해서 태도를 결정해 달라는 의사 표현이라고 분석했다.[65]

---

[63] 동아일보, 1948년 8월 7일자, '초대 이범석 내각의 해부(1)'
[64] 동아일보, 1951년 2월 2일자, '수락? 거절?의 쌍곡선에선 장 국무총리의 태도 미묘'
[65] 동아일보, 1952년 5월 27일자, '장 총리 돌연사표'

백두진 이승만 대통령이 백두진 국무총리 임명을 신속하게 결정한 이유는 자유당이 원내 과반수인 104명에 도달하여 인준에 자신이 있었기 때문이라고 보도했다.[66]

변영태 국무원 신임 표결을 앞두고 이승만 대통령이 공보처를 통하여 공석 중인 국무총리에 외무장관 변영태 씨를 임시로 지명하였으나 대통령 담화에 국회 인준을 요청하는 내용이 없어 정계의 주목을 받고 있다는 기사가 실렸다.[67]

---

66   동아일보, 1953년 4월 22일자, '총리에 백 씨 지명 국회인준여부 주목'
67   경향신문, 1954년 6월 28일자, '금일 민의원 태도주목, 총리에 변영태 씨 임명'

4) 제2공화국 국무총리

구분	이름	국무총리 재임 기간	출신
제2공화국	허정	1960년 6월 15일 ~ 1960년 8월 18일	정치인
	장면	1960년 8월 19일 ~ 1961년 5월 18일	정치인

• 윤보선 정부는 이승만 정부가 1960년 4·19 혁명으로 붕괴되고 내각책임제에서 탄생된 정부였기 때문에 총리의 권한이 역대 다른 총리보다 실질적이고 막강했다. 그러나 약 9개월 뒤 1961년 5·16 군사정변으로 사라지는 비운을 맞게 된다.(전일욱 2015:56)

• 실질적이고 막강한 권한을 가진 총리로서 장면 총리는 ① 국무위원을 임면하고 ② 국무회의의 의장이 되며 ③ 행정 각부를 지휘 감독하고 ④ 민의원을 해산할 수 있는 막강한 권리를 가진 총리가 되었다.

• 막강한 권한을 가진 내각책임제 총리였던 장면, 그러나 첫 내각 임명에서부터 구파의 반발을 시작으로 3·15 부정선거 관련자와 4·19 발포 명령자 소급입법, 개헌 등의 정쟁과 신·구파의 극한 대립 상황에서 정치력을 발휘하지 못하고 8개월 권좌로 마치게 된다.

• 장면 총리는 취임하면서 경제 제일주의를 표방하고 경제개발 5개년 계획을 실질적으로 수립했다지만 이념 문제의 표출, 경찰과 군 조직의 이반, 사회 혼란 등이 아직도 국민 뇌리에 짙게 각인되어 있는 것이 사실이다.(이재원 2014:73)

당시 언론으로 보는 국무총리

허정 이승만 대통령의 사임으로 행정 수반이 된 허정 외무장관은 내각책임제 개헌을 이 기회에 추진하여 대통령 선거도 하고 국무총리도 임명하겠다고 밝혔다.[68]

장면 3개월간의 과도 정부는 국무총리 인준으로 마감을 하고 장면 총리가 인준됨에 따라 제2공화국 초대 총리로 집무를 시작했음이 보도됐다.[69]

---

[68] 동아일보, 1960년 4월 28일자, '개헌 후 대통령 선거'
[69] 경향신문, 1960년 8월 21일자, '장총리의 조각난항'

5) 제3공화국 국무총리

구분	이름	국무총리 재임 기간	출신
제5공화국	이범석	1948년 7월 31일 ~ 1950년 4월 20일	군인
	장면	1950년 11월 23일 ~ 1952년 4월 23일	정치인
	장택상	1952년 5월 6일 ~ 1952년 10월 5일	관료/정치인
	백두진	1953년 4월 24일 ~ 1954년 6월 17일	관료
	변영태	1954년 6월 27일 ~ 1954년 11월 28일	학자/관료

• 박정희 정부의 총리는 장수 총리였다. 제3·4공화국 전체적으로 5명의 총리가 재임했고 평균 재임 기간은 38개월이었다.

• 장수 총리의 장점은 대통령뿐만 아니라 국무위원들과의 관계에서도 상호 신뢰를 만들어 낼 수 있어 제3공화국이 추진한 경제개발계획을 안정적이고 지속적으로 추진하는데 도움을 주었다는 점이다.

• 이승만 정부 때는 미국, 영국 등에서 공부한 다양한 학문적 배경의 인물들이 임명됐다면 박정희 정부는 5명 중 4명이 일본에서 공부한 사람으로 집중된 것이 특징이다. 일본과의 경제 개발과 국가 안보라는 국정 목표에 매진했던 시대 상황에 맞춰 보좌하는 역할을 했다고 볼 수 있다는 평가가 있다.(이재원 2014:73; 전일욱 2015:57)

• 국무총리의 자리는 정치적 의미가 크다. 제3공화국 첫 총리는 대한적십자사 총재인 최두선이었다. 1963년 12월 12일, 박정희 대통령은 제3공화국 출범(12월 17일)을 닷새 앞두고 최두선을 국무총리로 기용한 초대 내각을 발표했다. 박정희 대통령은 5·16 쿠데타와 군정을 마치고 합헌적 초대 내각의 총리에 구 야권 인사이며 대한적십자사 총재인 최두선을 발탁한 것이다. 그의 기용은 쿠데타에 의한 정권이라는 정통성 문제를 보완하고자 했던 것으로 보인다.

• 최두선 국무총리는 방탄 내각이라는 별명이 붙을 정도로 많은 노력을 했으나 한일 회담 반대 데모, 고물가, 식량 문제, 환율 인상 등 계속되는 경제적 어려움에 봉착했다. 또한 최두선 국무총리는 당에 입당도 거부했다. 그리고 한일 회담의 주역은 내각이 아니라는 입장에서 개각을 반대하다가 결국 취임 144일 만에 사퇴했다.

• 국무총리는 정치적인 자리다. 하지만 본인의 정치적 자리가 아니다. 대통령의 정치적인 자리다. 최두선의 뒤를 이은 정일권 국무총리는 역대 총리 중 최장수 총리(6년 7개월)로 재임 중 두 번이나 외무장관 직을 겸임했다. 박정희 대통령은 정일권에게 군 문제와 정치 자금에 연관된 경제문제에 대해서는 간여하지 말고 아울러 이북 출신 인사들과의 접촉을 삼가 달라는 부탁을 했다. 국무총리는 탈정치화해 달라

는 것이다. 오로지 정치는 대통령이 한다는 것을 선언한 셈이다.

• 정일권 총리는 취임하자마자 공화당 측의 요구에 따라 당에 입당했다. 1967년 대통령 선거와 총선거에서는 전국을 다니며 선거 운동을 했다. 정일권 총리는 1971년 제8대 국회의원에 입후보하기 위해 사임할 때까지 6년 7개월을 재임하여 역대 최장수 총리가 됐다.

• 백두진 총리는 1971년 제7대 대통령 선거와 제8대 국회의원 선거를 관리하는 것이 가장 큰 임무였다. 이승만 정부 때도 총리에 임명된 적이 있는 백두진 총리는 비교적 소극적인 자세로 업무에 임하여 사소한 문제까지 지시를 받는 형식으로 총리직을 수행했다고 스스로 회고했다.

• 국무총리는 대통령의 정치적인 자리다. 정치적인 독자영역이 있는 사람이 총리가 되어 눈에 보이는 역할은 커질지라도 결국 대통령의 정치를 위한 자리이다. 2인자였던 김종필 역시 처음엔 3선 개헌에 반대했지만 박정희 대통령이 이번이 마지막이라고 공언하자 입장을 선회하여 최전선에서 선거 운동을 했었다.(이재원 2014:77-80) 그를 달래고 대통령의 권한을 내려놓는다는 것을 분명히 보여 주기 위한 대통령의 선택이었을지 모른다.

▌당시 언론으로 보는 국무총리

최두선 국회는 최두선 국무총리를 비롯한 전 국무위원을 출석시킨 가운데 물가 문제, 대일 외교 문제, 부정 선거 문제 등에 관하여 날카로운 질의를 벌였으며 특히 야당은 5·16 군사혁명의 위헌성을 지적했다고 보도했다.[70]

정일권 창군 이래 두 번째 4성 장군으로 군 고위직을 지냈고 예편 후 외교관 생활을 이어 가면서 주미 대사를 하다가 5·16 이후에 주미 대사에 재임명되었으나 사임 후 하버드 대학에서 국제정치학을 전공하고 제3공화국에서 초대 외무장관과 총리에 임명되었다고 전했다.[71]

백두진 언론에 백두진 씨는 정부의 어떤 자리에도 등용돼서는 안 된다는 사설이 실린다. 백두진 씨는 세칭 중석불 사건으로 정계에서 매장된 지 오래된 인물이기 때문이라는 것이 요지이다.[72] 한편 또 다른 언론에서는 금융계를 주름잡았던 백 총리는 6·25 사변 중 재무장관으로 건국 이래 최초 화폐 개혁을 단행한 경제와 외교에 탁월한 솜씨가

---

70 경향신문, 1963년 12월 26일자, '대정부 질의 종결'
71 경향신문, 1964년 5월 11일자, '정일권 내각 발족'
72 경향신문, 1963년 12월 3일자, '총리인선 여전히 혼선'

있다고 칭찬했다.[73]

김종필 김종필 국무총리의 등장은 매우 뜨거운 이슈였다. 당시 언론을 보면 김종필 국무총리의 임명은 일반의 예상보다 빨랐고 후계 주자 문제와 관련해 세인들의 관심이 컸다고 한다.[74]

---

[73] 매일경제, 1970년 12월 21일자, '백내각의 출범과 성격안정위에 인의 총화'
[74] 동아일보, 1971년 6월 4일자, '조기개각 단행, 8부경질 10부 유임, 국무총리에 김종필 씨'

6) 제4공화국 국무총리

구분	이름	국무총리 재임 기간	출신
제4공화국	최규하	1976년 3월 13일 ~ 1979년 12월 12일	관료
	신현확	1979년 12월 13일 ~ 1980년 5월 21일	관료

• 유신시대에는 조용한 실무형 총리가 필요했을 것이다. 최규하 총리는 김종필과 대조적으로 정치적 색채가 전혀 없는 정통 외무 관료 출신이었다. 유신체제 이후 국회와 정당의 활동이 위축된 상황에서 박정희 대통령은 정치적으로 부담되는 총리보다는 실무형 행정 총리를 필요로 했을지도 모른다. 최규하 총리가 임명되자 총리실은 그 활동 영역을 축소했고 우선 예산부터 절반으로 줄여 근검 행정에 앞장섰다. 그리고 최규하 총리는 주한미군 철수문제, 박동선 사건, 미국의 청와대 도청 사건 등 외교 문제를 끈질긴 노력으로 해결해 나갔다. 최규하 총리는 외무부 장관 당시 내걸었던 '조용한 외교'의 연장선상에서 총리직 수행도 조용한 실무형을 택해 혼자서 전국 방방곡곡을 시찰하며 현장을 확인하는 등 부지런한 총리 역할을 했다.(이재원 2014:81-83)

• 제10대 대통령으로 취임한 최규하는 국회의 동의를 얻어 신현

확을 국무총리로 발탁한다. 제2차 오일쇼크와 수출 부진에 따른 경제 악화를 고려하여 경제관료를 발탁한 것이다. 또한 신현확이 영남지역 내에 광범위한 인맥과 해박한 지식을 가지고 있었기 때문인 것으로 보인다. 그러나 신군부의 군사 쿠데타를 막아내지는 못했다.(전일욱 2015:58)

▌당시 언론으로 보는 국무총리

최규하 박정희 대통령은 김종필 국무총리를 비롯한 전 국무위원으로부터 일괄 사표를 받고 최규하 대통령 외교담당 특별보좌관을 국무총리 서리에 임명하는 등 대폭적인 개각을 단행했다고 보도했다.[75]

신현확 최규하 대통령은 새 내각의 총리에 신현확 부총리를 지명했다고 발표하고 신현확 부총리는 총리로 임명됨에 따라 공화당을 탈당하는 한편 의원직도 사퇴했다. 신현확 총리의 공화당 탈당 및 의원직 사퇴에 대해서 불평부당한 인사를 기용한다는 점과 새로운 총리가 어려운 경제문제에 전념하기 위한 것이라고 당시 대통령 공보비서관이 설명했다고 보도했다.[76]

---

[75] 매일경제, 1975년 12월 19일자, '국무총리 서리에 최규하 씨'
[76] 매일경제, 1979년 12월 10일자, '신현확 국무총리 서리 중후한 인품에 소신 뚜렷'

7) 제5공화국 국무총리

구분	이름	국무총리 재임 기간	출신
제5공화국	남덕우	1980년 9월 22일 ~ 1982년 1월 3일	학자
	유창순	1982년 1월 23일 ~ 1982년 6월 24일	관료
	김상협	1982년 9월 21일 ~ 1983년 10월 14일	학자
	진의종	1983년 10월 17일 ~ 1985년 2월 18일	관료/정치인
	노신영	1985년 5월 16일 ~ 1987년 5월 25일	관료
	김정렬	1987년 8월 7일 ~ 1988년 2월 24일	군인

• 전두환 정부에서의 총리의 역할도 정치적 역할에 충실했다고 볼 수 있다. 정권의 정통성 결여로 경제를 통한 정권의 유효성을 확보하기 위해 경제를 전면에 내세웠고, 총리 임명을 통해 그러한 대국민 메시지를 보낼 필요가 있기 때문에 첫 국무총리로 경제통이면서 문민 학자인 남덕우 교수를 임명한다. 남덕우 총리는 취임하면서 경제의 안정적 성장과 복지 수준의 점진적 향상을 추진하겠다는 포부를 밝혔으나 점진적인 접근법을 쓰려는 남 총리의 개혁 의지가 부족하다는 비판과 실물 경제팀이 필요하다는 분위기에 따라 경질된다. 이후 유창순 총리도 이철희·장영자 사건, 의령경찰서 순경 총기난사 사건 등에 대한 책임으로 5개월 만에 경질된다. 이후에도 광주 문제, 정치 문제, 사회적 문제 등 정권 출범과정에서 빚은 불법행위 문제를 해결하

기 위해 이전 정부에서 임명되지 않은 호남 총리(김상현, 진의종)를 임명하여 국민 화합을 모색하기도 하였다. 김상현 총리는 명성 사건, KAL기 피격 사건, 아웅산 사건 등이 연이어 터지며 스스로 사임했다.

• 결과적으로 제5공화국은 국무총리의 해임을 경제·사회적 사건과 연관시켜 그 도의적 책임을 묻는 형식으로 정형화(유창순: 장영자 사건, 김상협: 명성사건 및 아웅산 사건, 노신영: 박종철 고문치사 사건 등)했고, 이것이 오늘에 이르는 관례를 만들었다는 평가를 받고 있다.(전일욱 2015:58-59; 이재원 2014:86-89)

당시 언론으로 보는 국무총리

남덕우 전두환 대통령은 국무총리 서리에 남덕우 씨를 임명하고 새 내각 명단을 발표했으며 박충훈 국무총리 서리를 비롯한 전 국무위원이 제출한 일괄 사표를 수리했다.[77]

유창순 유창순 국무총리가 사우디아라비아 방문 일정을 마치고 귀국함에 따라 청와대 3당 대표회담에서 거론됐던 이철희·장영자 부부 사

---

77 동아일보, 1980년 9월 2일자, '총리 서리에 남덕우 씨'

건에 대한 문책성 개각이 단행될 것으로 보인다고 보도됐다.[78]

김상협 총리 인준 지연이 다반사이긴 했지만 김상협 총리 인준은 무려 67일을 끌었다.[79]

진의종 많은 사람들의 예상을 깨고 민정당 대표위원에 임명된 지 7개월도 채 못 되어 국무총리 서리에 임명됐다.[80]

노신영 취임 한 달을 맞은 노신영 국무총리 서리가 야당 및 재야인사들과 은밀히 개별 접촉을 했을지도 모른다는 이야기가 총리실과 야당가에서 대두되었다.[81]

김정렬 민주당은 김정렬 국무총리 서리 임명동의안에 대해 민주화로 가는 시점의 총리로서는 부적절한 인물이라고 판단해 동의안 처리 시 적극적으로 반대키로 했다고 보도됐다.[82]

---

78 동아일보, 1982년 6월 23일자, '유 총리 오늘 귀국'
79 경향신문, 1998년 2월 27일, '역대 총리인준 수난사, 82년 김상협 총리 67일 지연'
80 동아일보, 1983년 10월 15일, '진의종 총리서리'
81 동아일보, 1985년 3월 19일, '노총리 야당, 재야인사와 접촉설'
82 매일경제, 1987년 8월 7일, '국무총리 임명동의안, 민주선 부표 던지기로'

8) 제6공화국 국무총리

구분	이름	국무총리 재임 기간	출신
제6공화국	이현재	1988년 3월 2일 ~ 1988년 12월 4일	학자
	강영훈	1988년 12월 16일 ~ 1990년 12월 26일	군인/학자
	노재봉	1991년 1월 23일 ~ 1991년 5월 23일	학자
	정원식	1991년 7월 8일 ~ 1992년 10월 7일	학자
	현승종	1992년 10월 8일 ~ 1993년 2월 24일	학자

• 노태우 정부의 국무총리는 총 5명으로 평균 재임 기간은 12개월로 나타났다. 취임 시 평균 연령은 63세로 이전 정부보다 비교적 고령으로 나타났다. 주목할 만한 것은 총리들의 출신 대학과 이전 경력인데 출신 대학은 80%가 서울대이고 모두 학자 출신이다.

• 이처럼 노태우 정부는 직선제에 의해 대통령이 선출되고 권위주의 체제에서 민주화 체제로의 전환이란 시대적 상황을 배경으로, 국민 화해와 민주주의 발전이란 차원에서 정치적 색채가 농후하지 않은 학자 출신의 인물을 국무총리로 기용하게 된 것으로 볼 수 있다. 출신 지역은 이북 출신이 2/3를 차지하는 편중성을 보였다.(전일욱 2015:59)

• 노태우 대통령은 최초로 대통령 취임준비위원회를 구성하여 국

무총리 내정자, 비서실장 내정자와 함께 초대 내각 인선을 협의했다. 또한 국무총리의 위상과 역할을 강화하기 위해 주 1회 직접 대면하여 국정을 논하는 기회를 마련하기도 했다.

• 제6공화국에서도 총리가 정치·사회적 사건에 대한 책임을 지는 관례는 지속됐다. 이현재 총리는 전두환의 백담사 은둔생활 시작 등에 따른 정치 분위기 쇄신 차원에서 스스로 사임했다. 강영훈 총리는 만 2년이라는 비교적 오랜 기간 재직하였지만 남북 고위회담 중 비밀에 부쳐졌던 평양에서의 일정이 알려지면서 사임하게 됐다. 비서실장을 지냈던 노재봉 총리는 친위 실무내각이라고 불리며 각 부처에 하루에 몇 건씩 지시를 내리는 등 적극성을 보였다. 하지만 강경대 씨 사망 사건 이후 노재봉 총리의 언동을 지적하며 김영삼 민자당 대표위원이 경질을 주장했다. 정원식 총리는 제14대 총선 중 한준수 연기군수의 관권 부정사례 폭로사건으로 인해 여야가 중립내각 구성을 요구함에 따라 사표를 제출했고 이후 노태우 대통령이 삼고초려한 현승종 총리가 제14대 대통령 선거를 무난히 치렀다.(이재원 2014:91-94)

당시 언론으로 보는 국무총리

이현재 정국 분위기 일신을 위해 정부 여당의 개편작업이 본격화되고 있는 가운데 총리와 대표위원이 경질대상에 포함되어 있어서 당정 개편이 광범위하게 이뤄질 것으로 전망했다. 국무총리가 경질될 경우 개각이 아닌 조각이 될 것이며 여당의 경우 대표위원 경질을 넘어 민정당의 컬러가 달라질 것으로 예상하면서 이현재 총리의 경우 유임 전망이 우세하지만 정부 모습을 바꾸기 위해서 교체가 불가피하다는 의견이 있으며 김준엽과 이원경 씨 등이 후임으로 거론되고 있다고 보도했다.[83]

강영훈 강영훈 국무총리는 5·16 군사 쿠데타에 반대한 군인으로 널리 알려졌고 육사 교장 시절 군사혁명 지지 시가행진 요구에 반대하여 4개월 동안 옥고를 치르기도 했다. 강영훈 총리는 예편 후 국제정치학박사 학위를 취득하고 외국어대 대학원장을 맡고 제5공화국에서는 외교관으로 활약했었다.[84]

노재봉 노재봉 국무총리는 취임 148일 만에 상공위 외유, 수서, 페놀, 대학입시 부정, 강경대 군 치사 사건 등 대형 사건에 휘말려 단명에 그쳤다.[85]

---

83   매일경제, 1988년 11월 28일자, '대폭 파격 예상-하마평 무성'
84   매일경제, 1988년 12월 5일자, '새 재상의 미소'
85   경향신문, 1991년 5월 25일자, '노재봉 전 국무총리가 1백48일간의 총리생활을'

정원식 강경대 군 치사 사건 이후 한 달 가까이 정치 현안이었던 국무총리 교체가 정원식 국무총리로 이뤄졌지만 오히려 야당은 문교부 장관 재직 당시 악랄한 방법으로 전교조를 탄압하는 등 교육계를 황폐화시킨 장본인이라고 비판하면서 정국의 긴장감이 고조되었다.[86]

현승종 헌정사상 처음으로 구성되는 중립선거 관리내각에 현승종 교원단체 총연합회장이 국무총리로 임명됐다. 현승종 국무총리는 한 번도 특정 정파에 소속되지 않은 불편부당함과 덕망 있는 인품이 두드러진다는 평이다. 민자, 민주, 국민 3당이 모두 환영하고 있는 만큼 대선중립에 관한 기본요건은 갖췄다고 보도됐다.[87]

86　동아일보, 1991년 5월 25일자, '정 총리 임명, 정국 새파장'
87　한겨레, 1992년 10월 8일자, '공명선거 실천 큰 짐 중립총리 앞길'

9) 문민정부

구분	이름	국무총리 재임 기간	출신
문민 정부	황인성	1993년 2월 25일 ~ 1993년 12월 16일	군인, 관료
	이회창	1993년 12월 17일 ~ 1994년 4월 21일	법조인
	이영덕	1994년 4월 30일 ~ 1994년 12월 16일	교수
	이홍구	1994년 12월 17일 ~ 1995년 12월 17일	교수
	이수성	1995년 12월 18일 ~ 1997년 3월 4일	교수
	고건	1997년 3월 5일 ~ 1998년 3월 2일	관료

• 문민정부에서는 문민 정치시대에 맞게 국무총리의 정치적 책임성이 더욱 높아지고 커졌다고 할 수 있다. 더욱이 김영삼 대통령의 강력한 정치력(하나회 척결, 금융 실명제, 역사 바로 세우기 등)과 문민시대에 걸맞게 상승한 국무총리의 위상은 갈등을 야기하기까지 했다.

• 이런 갈등으로 말미암아 김영삼 정부의 국무총리는 총 6명, 평균 재임 기간은 10개월로 이전 정부들보다 재임 기간이 대폭 짧아졌다. 총리의 경질과 관련해 역대 총리 인사 중에서 가장 전격적으로 사임이 이뤄진 이회창 총리(재임 기간 4개월)의 경질문제는 대통령제 아래에서 국무총리 제도의 무의미성을 대변하기도 하였다.(전일욱 2015:60)

- 초대 총리로 기용된 황인성은 여권 내 민정계를 포용하고 있있다. 또 이미 내정된 청와대 비서실장, 안기부장, 부총리 등이 영남 출신이어서 지역안배 차원에서 호남 출신인 그를 기용한 것으로 알려졌다. 총리 취임 이후 '주부 총리론'을 주장하며 꼼꼼히 국정을 챙겼으나 권력실세들로부터 '개혁의지가 없다'라는 지적을 받았다. 황인성 총리는 정기국회 답변에서 "제5공화국 출범과정이 법적으로는 불법이 아니다."라는 발언으로 물의를 일으켰고 우루과이 라운드가 타결됨에 따라 국면 전환의 일환으로 사임했다.

- 이회창 총리는 감사원장으로 재직하며 개혁 드라이브의 선두에서 강력한 이미지를 심었으나 정부 내에 설치된 통일안보 정책조정회의 내용이 총리를 거치지 않고 대통령에게 보고되는 것에 대해 불만을 토로하고 법적인 문제를 지적하다 4개월 단명 총리가 됐다

- 이영덕 총리는 이회창 총리와 전혀 반대되는 온건한 이미지를 갖고 있었으나 성수대교 붕괴, 서울 마포 도시가스 저장탱크 폭발, 충주호 관광선 화재, 세무 공무원 부정사건 등으로 8개월 만에 사임했다.

- 이홍구 총리는 정치적인 문제에는 가급적 불개입 원칙을 지키려 노력했으나 삼풍백화점 붕괴에다가 4대 지방자치제 실시, 전두환 노

태우 전직대통령 뇌물수수 및 군사반란 혐의 구속 등 엄청난 정치·사회적 사건이 발생하여 취임 1년 만에 사임했다.

• 이수성 총리는 서민 총리를 자임하며 소리 없는 조정자 역할을 충실히 수행했으나 96년 말경부터 터져 나온 92년 대통령 선거자금 문제와 한보사태에 정치적 책임을 지고 물러날 수밖에 없었다. 그의 퇴임은 예견되었던 일로 국회의 대정부 질문과 답변 과정에서 퇴임 인사를 하고 여야 국회의원들로부터 박수를 받는 이례적인 일도 있었다. 이후에 정통 내무 관료 출신인 고건총리가 문민정부를 마무리했다.(이재원 2014:97-103)

당시 언론으로 보는 국무총리

황인성 김영삼 대통령 취임식이 끝난 직후 본회의를 열어 황인성 국무총리, 이회창 감사원장, 천경송 대법관 등 3명의 임명동의안을 의결 통과시켰다. 다만 대선 기간 중 용공 음해시비를 둘러싼 여야 대립으로 인해 민주당 의원들은 임명동의안 표결에 불참하였다.[88]

---

88 경향신문, 1993년 2월 26일자, '황 총리 등 임명동의 민주의원들은 불참'

이회창 우루과이 라운드 협상 타결에 따른 쌀 시장 개방에 대한 책임을 지고 황인성 국무총리는 사표를 내게 되고 이회창 감사원장을 국무총리에 임명하게 된다.[89]

이영덕 성수대교 붕괴에 대한 도의적 책임을 지고 이영덕 국무총리는 사표를 제출했다.[90]

이홍구 김영삼 대통령이 이홍구 통일부총리를 국무총리에 인선한 것은 의외의 인사를 기용하는 모험을 택하는 것보다 객관적으로 능력이 검증된 인물을 요직에 기용하는 쪽으로 인사 방식을 바꾼 것 같다고 당시 청와대 관계자는 분석을 했다.[91]

이수성 이수성 국무총리가 신한국당 상임고문으로 전격 영입됨에 따라 여권의 후보 경선 구도에 적지 않은 영향을 미칠 것이라고 전망했다. 신한국당 후보 경쟁은 한보사태를 거치면서 이회창, 박찬종 고문이 상대적으로 부상하는 추세를 보여 왔으나 이 전 총리의 가세로 다시 혼전 양상을 보일 것이라고 분석했다.[92]

---

89 경향신문, 1993년 12월 17일자, '총리에 이회창 씨'
90 한겨레, 1994년 10월 22일자, '이영덕 총리 사표 제출'
91 한겨레, 1994년 12월 18일자, '새총리 이한구 씨'
92 동아일보, 1997년 3월 28일자, '이수성 고문 마침내 정계 들어서나'

고건 고건 총리는 새 내각이 해야 할 일이 경제 회생, 안보 강화, 부정비리 척결, 공정한 대통령 선거 관리 등 4가지이며 경제 활성화를 위해 1만 1천 개에 달하는 각종 규제를 혁파해 나가겠다고 밝혔다.[93]

---

93   매일경제, 1997년 3월 5일자, '민심수습, 경제회생…과제 산적'

10) 국민의 정부

구분	이름	국무총리 재임 기간	출신
국민의 정부	김종필	1998년 8월 18일 ~ 2000년 1월 12일	군인
	박태준	2000년 1월 13일 ~ 2000년 5월 19일	군인
	이한동	2000년 6월 29일 ~ 2002년 7월 10일	법조인
	김석수	2002년 10월 5일 ~ 2003년 2월 26일	법조인

• 김대중 정부 국무총리의 특징은 대통령은 국민회의 소속인데 3명은 자유민주연합 소속이라는 점이다. 주지의 사실처럼 DJP연합을 통한 정권 창출과정에서 두 정당이 정치적 협약으로 대통령과 국무총리를 내정해 놓았었기 때문이다. 따라서 총리는 그 당시 김종필이 만든 정당의 몫으로 인식되었고 이와 같은 결과가 김종필에서 박태준으로 그리고 이한동으로 이어지게 된 것이다. 국무총리가 정치적 자리라는 것을 더욱 명백하게 보여 주는 사례라고 할 수 있다.(전일욱 2015:60-61)

• 국정 동반자였던 김종필 총리는 임명동의안이 국회에서 가결되자 공동정부 운영협의회를 구성하는 대신 국무총리를 위원장으로 하는 양당 국정협의회를 구성하여 정치, 행정 등 현안 문제를 주도적으로 협의·결정했다.

• 총리 공관에서 수시로 열리는 이 회의는 양당대표, 수석부총재, 당3역(사무총장, 원내총무, 정책위의장)과 대통령 비서실장이 참석하고 대변인이 배석하는 비중 있는 회의였다. 따라서 국민의 정부 초기의 총리 역할은 과거 어느 정부의 국무총리보다 컸다고 볼 수 있다. 김종필 총리 재임 시 이종찬, 천용택 등 국가정보원장이 한 달에 2회씩 보고하는 등 과거에는 볼 수 없었던 이례적인 상황도 나타났다.

• 박태준 총리는 김종필과 총리직 인수인계 조찬을 하면서 묵묵히 대통령을 보좌해야 한다는 조언에 총리가 되면 행정인으로 하나하나 책임지고 챙겨 나갈 것이라고 답변하면서 의욕을 앞세웠으나 취임 4개월 만에 부동산 명의신탁, 재산 은닉, 가족재산 증식 의혹 등 도덕성 문제가 제기되어 갑자기 퇴진했다.

• 후임인 이한동 총리는 총리재임 기간 동안 공직 부패방지 노력, 월드컵 경기, 노사문제 대처 등 총리로서 역할을 평가받았으나 북한의 서해 NLL침범 교전, 김대중 대통령 차남 구속 등 일련의 사건으로 중립내각 구성을 요청하는 야당의 주장에 끝내 퇴진하고 말았다. 김석수 총리가 국민의 정부 마지막 총리로서 아시안 게임과 정기국회, 대통령 선거 등 바쁜 일정을 무난히 소화해 냈다.(이재원 2014:104-109)

▎당시 언론으로 보는 국무총리

김종필 친애하는 국민 여러분. 오늘 저는 다가오는 25일에 구성될 제15대 대통령 정부의 구성에 앞서 헌법에 의해서 국무총리에 김종필 자민련 명예총재, 감사원장에 한승헌 변호사 두 분을 지명하기로 결정하고 이를 미리 국민 여러분과 국회에 대해서 알리고자 하는 바입니다. 저는 새 정부 출범에 있어 가장 중요한 이 두 직책에 대한 지명이 국회에 의해서 적극적인 지지 속에 통과될 것을 바라마지 않습니다. 지금 보도에 의하면 김종필 총리 지명자에 대한 인준이 야당 내에서 이의가 제기되고 있다고 합니다. 이는 매우 유감스런 일입니다. 김종필 총리 지명자는 이미 대선 과정에서 국민에게 약속한 터이므로 제가 대통령에 당선되면 김종필 총리 지명자가 총리로 지명될 것은 당연한 것이라고 국민 모두가 받아들인 것입니다. 김종필 총리 지명자는 그 경륜이나 식견으로 봐서 일찍이 없었던 오늘의 국난을 헤쳐나가는데 가장 적임자인 것은 틀림없습니다.[94]

박태준 총리에 임명된 지 불과 4개월 만인 2000년 5월 부동산 투기 및 조세회피 목적의 부동산 명의신탁 의혹이 불거져 사퇴를 하게 된

---

94   연합뉴스, 1998년 2월 23일자, 김대중 당선자 총리, 감사원장 지명 발표문 중

다. 박태준 총리가 사퇴하자 자민련은 국민의 정부 공동 정권에서 탈퇴하였고 박태준 총리는 국회의원 임기종료와 함께 자민련에서도 탈당하게 된다.[95]

이한동 김대중 대통령은 후임 국무총리 인선을 앞두고 자민련과의 공조 복원을 가장 우선적으로 고려한다는 입장에 따라 한광옥 비서실장을 김종필 명예총재 및 이한동 총재에게 보내 후임 총리 인선문제를 협의한 결과 이 총재를 후임 총리에 기용하기로 의견을 모은 것으로 알려졌다.[96]

김석수 김대중 대통령은 총리 임명안이 두 차례나 부결된 점을 감안하여 참신하거나 파격적인 인사보다는 충분한 검증을 거친 경륜 있는 인사를 새 총리 서리에 발탁한 것으로 보인다.[97]

---

95 오마이뉴스, 2011년 12월 14일자, '경제는 성공, 정치는 패착…박태준 영욕의 84년'
96 동아일보, 2000년 5월21일자, '이한동 총리론 부상, 한나라 DJP공조 강력 비난'
97 한국경제, 2002년 9월 10일자, '국무총리 서리 김석수 씨'

11) 참여 정부

구분	이름	국무총리 재임 기간	출신
참여 정부	고건	2003년 2월 27일 ~ 2004년 5월 24일	관료
	이해찬	2004년 6월 30일 ~ 2006년 3월 15일	정치인
	한명숙	2006년 4월 20일 ~ 2007년 3월 7일	정치인
	한덕수	2007년 4월 3일 ~ 2008년 2월 28일	관료

• 노무현 정부는 국민의 정부와는 달리 단독 정권이고 진보 진영 내 첫 정권 재창출이 된 정부이다. 따라서 개혁적이고 좌충우돌형 대통령을 안정감 있게 보좌할 수 있는 총리가 필요했다. 결과적으로 호남 출신의 총리 경험이 있던 고건 씨가 초대 총리가 되었다.

• 이후 실세 총리로 알려진 이해찬 총리를 거쳐 헌정사상 최초의 여성 총리인 한명숙 총리가 임명됐다. 노무현 정부의 국무총리 임명은 검증된 능력이나 전문성보다는 진보적인 이념과 성향이라는 정치적 기준을 중시한 이른바 코드인사로 평가되기도 한다.(조영기 2008:10; 전일욱 2015:61-62)

• 한덕수 국무총리는 정치색이 없고 정통 경제관료 출신이다. 이

는 당시 현안이었던 FTA 타결과 경제문제를 실무적으로 챙겨 나가는 역할을 기대하는 노무현 대통령의 의지 표현으로 볼 수 있다.(이재원 2014:110-114)

당시 언론으로 보는 국무총리

고 건 노 당선자가 고심 끝에 초대 총리로 고건 씨를 지목한 것은 40여 년간 주요 공직을 거친 경험으로 행정 조직을 조기에 장악, 무난한 국정수행이 가능할 것이라는 점만을 고려한 것이 아니라 전방위 개혁을 표방하는데 있어 시민운동도 많이 하고 시민단체와도 관계가 좋은 청렴성을 높이 샀다는 측근들의 분석을 전하고 있다.[98]

이해찬 이해찬 총리 지명은 본인도 놀랐다고 말할 만큼 전격적이었다.[99]

한명숙 노무현 대통령이 한명숙 의원을 총리 후보자로 지명한 것은 4년 차로 접어든 국정의 안정적 운영을 염두에 두고 관리형의 인사를 선택함과 동시에 첫 여성 총리라는 상징성과 지방선거에서의 유리한

---

[98] 프레시안, 2003년 2월 27일자, '고건 총리 임명동의안 가볍게 통과'
[99] SBS, 2004년 6월 9일자, '총리 임명동의안 모레쯤 국회 제출'

고지 선점 등을 고려한 것이라는 분석이다.[100]

한덕수 박남춘 인사수석은 한덕수 총리 지명자에 대해서 주요경제부처 요직을 두루 거친 정통 경제관료 출신으로 풍부한 국정운영의 경험을 쌓아왔기 때문에 임기 마지막 해의 경제운영과 주요 국정과제의 마무리를 안정적으로 관리해 나갈 적임자라고 인선 배경을 설명했다.[101]

---

100   쿠키뉴스, 2006년 3월 24일자, '꿈같은 생일선물…여성부, 환경부장관 역임한 재야운동가'
101   국정브리핑, 2007년 4월 2일자, '한덕수 국무총리 임명동의안 국회 통과'

12) 이명박 정부

구분	이름	국무총리 재임 기간	출신
이명박 정부	한승수	2008년 2월 29일 ~ 2009년 9월 28일	관료/정치인
	정운찬	2009년 9월 29일 ~ 2010년 8월 10일	학자
	김황식	2010년 10월 1일 ~ 2013년 2월 26일	법조인

• 이명박 정부 국무총리의 특징은 프로젝트형 국무총리라고 한다. 정치적, 사회적 문제를 해결하기 위한 방식으로 국무총리가 임명되었다는 점이다. 세종시 문제 해결을 위한 충청 출신 정운찬 총리의 기용이나 세종시 수정안에 대한 국회 부결처리 후 정운찬 총리의 해임, 그리고 사회 전반적으로 정부에 대한 불신이 팽배해지자 정치·사회적 안정과 임기 후반의 국정 동력 확보를 위한 카드로 전남 출신의 김황식 총리를 기용한 것은 이명박 정부의 총리 임명에 있어 해결과 책임을 동시에 적용한 특징이라 볼 수 있다.(전일욱 2015:62)

• 5년 동안 3명의 총리, 재임 기간은 평균 약 20개월로 다른 정부 때보다 상당히 길다고 볼 수 있다. 한승수 국무총리는 1년 7개월간이었으며 세종시 문제로 박근혜 국회의원과 대립각을 세우며 논란을 일으켰던 정운찬 총리도 11개월이었다. 김황식 국무총리가 2년 5개월간

재임함으로써 장수 총리 반열에 들어서고 이명박 정부를 마감하게 된다.

▍당시 언론으로 보는 국무총리

한승수 이명박 당선인의 한 측근은 한승수 총리에 대해서 풍부한 국정경험을 지녔고 국제 감각과 정치력까지 겸비해 이 당선인이 총리의 자질로 거론한 글로벌 자원외교에 가장 부합하는 인물이라는 평을 했다.[102]

정운찬 이명박 대통령이 단행한 9·3 개각의 하이라이트는 정운찬 총리의 발탁으로 중도 통합과 친서민 행보에 대한 상징적 이미지를 굳히고, 케인지언인 정운찬 전 서울대 총장이 파격 발탁됨으로써 자기 색깔 없이 청와대 방패막이 역할에 국한됐던 한승수 총리와는 근본적으로 다를 것이라고 당시 언론들은 분석하고 있다.[103]

김황식 이명박 대통령이 김황식 감사원장을 새 국무총리로 발탁한 것은 국정운영의 핵심 가치로 내세운 '공정사회'를 실현하기 위한 것이

---

102 노컷뉴스, 2008년 1월 25일자, '한승수 이명박 정부 첫 총리내정'
103 프레시안, 2009년 9월 3일자, '정운찬, MB와 나의 경제 시각 다르지 않다'

라고 청와대가 발표했고 여러 언론들이 특별한 이견 없이 이를 그대로 보도했다.[104]

---

[104] 연합뉴스, 이투데이, 서울경제 2010년 9월 16일자, '새 국무총리 후보에 김황식'

13) 박근혜 정부

구분	이름	국무총리 재임 기간	출신
박근혜 정부	정홍원	2013년 2월 26일 ~ 2015년 2월 16일	법조인
	이완구	2015년 2월 17일 ~ 2015년 4월 27일	관료
	황교안	2015년 6월 18일 ~ 2017년 5월 11일	법조인

• 박근혜 정부의 총리 임명은 많은 문제를 일으켰다. 총리 인사청문회 과정을 넘지 못한 총리 후보자가 3명(국정농단 사태 이후 지명한 김병준 후보자 제외), 그리고 헌정사상 최초로 현직 총리가 부정부패 사건에 연루되어 총리직에서 물러나는 불명예까지 나타났다. 총리 취임 시의 평균 연령은 62세이며 출신 대학은 모두 성균관대 출신으로 편중 인사를 나타내고 있다.(전일욱 2015:63)

| 당시 언론으로 보는 국무총리

정홍원 손쉬운 통치를 위해 말 잘 듣는 보좌형 혹은 보완형 인물을 첫 총리에 앉히는 경우가 많은데 박근혜 정부가 대표적인 케이스다. 아들 병역문제, 부동산 투기 등 각종 의혹으로 낙마한 김용준 전 헌법재판소장도 그러한 유형의 총리 후보였고 정홍원 총리도 총리직을 내려

놓기까지 내각 수반으로서 전혀 두각을 나타내지 못했다고 평가하고 있다.[105]

이완구 박근혜 정부 출범 이후 2명의 총리가 사퇴하고 3명의 총리 후보자가 낙마했는데 대통령께 직언하겠다는 이완구 총리가 취임 두 달 만에 부패 혐의로 사퇴를 하게 된다.[106]

황교안 성완종 리스트 등 사정 당국의 최고정점에 서 있는 현직 법무부 장관을 총리로 지명한 것을 두고 여당에서는 정치권과 사회 전반의 부정부패와 비리를 근절하겠다는 박 대통령의 정치개혁 의지가 반영됐다고 이야기하는가 하면 야당은 사정 정국 조성이라고 반발을 했다.[107]

---

105 시사위크, 2017년 4월 27일자, '역대 대통령 초대 국무총리 누구?…손쉬운 통치에 역점뒀다'
106 연합뉴스 TV, 2015년 4월 27일자, '이완구 총리 취임 70일 만에 하차'
107 서울신문, 2015년 5월 21일자, '황교안 국무총리 내정…50대 총리 발탁, 부정부패 비리 근절목적'

13) 문재인 정부

구분	이름	국무총리 재임 기간	출신
문재인 정부	이낙연	2017년 5월 31일 ~ 현재	언론인

• 국무총리가 정치적 자리임은 현재의 시간에서도 불변이다. 언론들은 문재인 정부 첫 국무총리로 이낙연 총리 후보자가 지명되자 호남을 배려하는 문 대통령의 의지가 반영되었다고 보도를 했다.[108] 실제 문재인 대통령은 인선 배경을 직접 설명하면서 '호남 인재 발탁을 통한 균형 인사의 시작이 될 것'이라고 밝혔고 이낙연 총리 후보자 역시 지명 후 첫 기자간담회에서 "금년 초 대통령께서 광주에 왔을 때, 호남을 국정운영의 동반자로 생각하고 저를 국정 동반자로 모시고 싶다는 말을 했다."고 밝혔다. 일각에서 제기한 문재인 대통령의 패권주의와 호남 홀대론에 대응하려는 분명한 의지를 밝힌 정치적 의미가 강하게 담긴 인선이다.

---

108 세계일보, 2017년 5월 10일자, '총리에 이낙연…문 대통령 새 정부 통합 적임'

당시 언론으로 보는 국무총리

이낙연 이낙연 전남지사를 초대 국무총리로 선택한 것은 영호남 통합과 대탕평 인사를 염두에 둔 결정으로 이낙연 지사는 문재인 계가 아닌 손학규 계로 분류된다는 점도 대탕평 취지에 부합한다고 언론은 해석하고 있다.[109]

---

[109] 프레시안, 2017년 5월 10일자, '호남총리 지명 젊은 비서실장 발탁…의미는?'

2. 역대 비서실장

1) 대통령 비서실장 개론

피프너(Pfiffner, 1991; 1993)는 미국의 역대 대통령 비서실장이 수행했던 3대 주요 역할은 정책 결정의 관리자decision process manager, 대통령 대리자representative, 대통령 보호자protector였다고 지적했다. 그러면서 현대 대통령제하에서 대통령 비서실장이 수행해야 할 바람직한 3대 역할을 촉진자facilitator로서의 역할, 조정자coordinator로서의 역할, 공정한 중재자로서의 역할neutral broker로 정의했다. 그리고 특히 다음의 기능들, 즉 각료들을 중재·조정하는 기능, 대통령 면담 및 접견권을 통제하는 기능, 대통령을 위해 악역을 담당하는 기능 등을 강조했다.(배정훈 1998:254)

함성득(2002)은 대통령 비서실장의 역할 유형을 비서형, 실무형, 정치형, 실세형으로 구분하고 비서실장의 개인적 영향력과 대통령과의 신임 관계라는 두 가지 요인으로 설명하고 있다.

박찬욱(2002)은 이에 더해 비서실장의 개인적 영향력은 재임 기간과 역량을 발휘하는 특정 전문분야 여부에 따라 달라진다고 했고, 대통령과의 신임 관계는 비서실장 사무실의 위치가 대통령과 접촉이 용이한가의 여부, 장관급 이상 인선에 대한 관여 여부 및 정치 자금 관리 여부로 판단할 수 있다고 했다.

배정훈(1998)은 비서실 운영 행태와 관련된 역대 비서실장들의 유형을 분석하여 '강세형', '실세형', '실무형', '약세형'으로 분류한다.

최진(2005:128)은 청와대 시스템이 이승만(비서화)→박정희(현대화)→전두환(안정화)→노태우(특보화)→김영삼(비선화)→김대중(정책화)으로 이어지며 서로 다른 형태의 운영방식이 일정한 흐름을 형성하고 있다고 했다. 그리고 청와대의 중심 세력은 이승만(대통령 1인)→박정희(비서실장)→전두환(수석비서관)→노태우(특보, 보좌관)→김영삼(비서관)→김대중(행정관)으로 이어지면서 그 무게 중심이 상위 직급에서 중하위 직급으로 내려가고 있다고 분석한다. 즉 통치 권력이 단계적으로 연성화되어 가는 민주화 과정으로도 볼 수 있다고 주장한다.

배정훈(2009)에 따르면 현재까지의 이론들을 종합해 볼 때 대통령실의 규모는 대통령이 대통령실에 어떠한 기능을 부여하는가에 따라 영향을 받는다고 한다. 대통령실은 크게 3가지 기능론, 즉 소극적 기능론, 분권형(절충형, 중도적) 기능론, 적극적 기능론 중 어느 하나에 의거해 대통령 보좌기구로서의 임무와 역할을 수행한다는 것이다.

대통령 비서실 기능론의 개요와 주요 특징 및 차이점

구분	소극적 기능론	분권적 기능론	적극적 기능론
비서실 규모	축소 지향적, 비서관 수 최소화	축소 및 확대 주장 병존	확대
직급	장차관급과 같은 높은 직급 불필요	실장은 장관급, 수석은 차관급 정도의 직급부여	실장은 장관급, 수석은 차관급 (일부 수석은 장관급)
수석비서관제	폐지 내지는 최대한 축소	기능별로 구조화된 조직으로 전환, 정책기획과 홍보담당 수석실은 강화	소 내각제 체제 유지 또는 강화 및 기능화 시킬 것
특별보좌관제	도입 가능	도입 가능	도입 가능
국가 핵심기구의 대통령 직속기관화	필요함	필요함	필요함
대통령의 주된 비서실 관리방식	다양	다양	다양
대통령의 권한 견제장치	필요함	필요함	필요함
미국식 대통령부 도입여부	필요 없음	부분적 도입 필요함	전면적 도입 가능

*배정훈(2009:53)표 원용

2) 비서실장 영욕사

비서실장의 영예로 치자면 그 으뜸은 문재인 대통령이다. 대권을 거머쥐었고 집권 초 지지율은 고공행진을 이어가고 있다. 치욕의 비서실장은 재기가 불가능한 김기춘 비서실장이라고 할 수 있다. 최순실 국정농단 사건으로 구속과 징역형 선고 이후 영어의 몸이 되었다. 그는 유신 헌법 초안 작성자, 지역감정을 조장한 '부산 초원복집' 사건 당사자, 노무현 대통령 탄핵소추 위원 등으로 문재인 대통령이 걸어온 길과는 대척점에 서 있다. 결과적으로 운명도 그렇게 되었다.

역대 가장 오랫동안 재임한 비서실장은 김정렴 비서실장으로 9년 3개월 동안 박정희 대통령을 보좌하였다. 역대 가장 짧은 임기의 비서실장은 김대중 정부 때의 전윤철 실장이다. 3개월이 채 못 되어 경제부총리로 자리를 옮기면서 단기간 비서실장에 재임했다. 이명박 정부 때 류우익 비서실장도 4개월 남짓 비서실장에 재직했다. 초대 비서실장으로는 가장 단기 비서실장이다. 역대 성향이 다른 정부에서 비서실장을 두 번 한 사람은 헌정 최초로 한광옥 비서실장이 대표적이다. 박정희 대통령의 마지막 비서실장이었던 김계원은 10·26 사건과 관련되어 군법회의 재판에 회부되어 내란목적 살인 및 내란 중요임무 종사 미수죄로 사형 선고를 받았다. 이후에 무기 징역으로 감형되었고 1982년 형 집행정지로 석방된 후 1988년 특별사면에 의해 복권되었다. 김대중 대통령의 마지막 비서실장이었던 박지원은 불법 대북송금사건으로 구속되었고 2006년 5월 서울고등법원에서 불법 대북송금과 대기업 자금 1억 원 수수에 대한 유죄가 인정돼 징역 3년을 선고받았지만 2007년 2월 9일 특별사면 조치로 형 집행이 면제되었다.

3) 제1공화국

구분	이름	비서실장 재임 기간	출신
제1공화국	이기붕	1948년 4월 15일 ~ 1948년 10월	정치인
	김양천	1948년 10월 ~ 1949년 6월 1일	관료
	고재봉	1949년 6월 1일 ~ 1953년	관료
	유창준	1953년 ~ 1960년 4월 26일	관료(비서)
과도내각	장일강	1960년 4월 26일 ~ 1960년 8월 12일	기업인

• 초대 비서관장인 이기붕에서 2, 3, 4대 실장인 김양천, 고재봉, 유창준까지는 흔히 말하는 권력적 개념의 비서실장이 될 수 없다고 주장한 학자도 있다.(배정훈 1998:254)

• 이승만 대통령의 집권 직전에는 이기붕이 비서관장이란 직책으로, 집권 초기에는 김양천과 고재봉이 비서실장이란 직명으로 대통령을 보좌했다. 하지만 이승만 대통령이 장관과의 직접적 연결을 시도하는 국정운영 방법을 택했기 때문에 대통령 비서실과 비서실장의 영향력은 미미할 수밖에 없었다. 이승만 대통령은 1954년부터 하야한 1960년까지 직제상의 비서실장을 두지 않은 상태에서 박찬일 비서관과 경호 책임자인 곽영주 경무관에 의해 인의 장막에 둘러싸인 채 정치를 하였다.(함성득 2002:80-81)

▍당시 언론으로 보는 비서실장

이기붕 이기붕 씨가 이승만 대통령의 가장 신임 받는 측근의 한 사람이라 함은 이 씨의 대통령 비서실장 시대부터 이미 세상에 널리 알려진 사실이다. 이 씨를 자신의 유일한 정치적 후계자로 삼고자 하는 이 대통령의 의욕은 주지하는 바와 같이 작년 4월에 그가 자유당 공천 부통령으로 쾌히 승인했다는 사실과 낙선된 그를 보고 선거민의 지성을 의심할 수밖에 없다고 매우 못마땅하게 생각했던 사실에 일찍이 명백히 표시된 바 있었다.[110]

김양천 대통령 비서실장으로서 한미 친선사절 단원으로 미국각지를 시찰하고 미국 국적 선박인 마운트 데비스 호로 인천에 입항했다는 언론 보도가 있었다.[111] 동일 사안에 대하여 동일 언론의 기사에는 김양천으로 표기되어 있다.[112] 대통령 기록관실 자료에 따르면 이승만 대통령 비서실에는 김천량은 없고 김양천이라는 인물이 비서관으로 등재되어 있다.

---

110 동아일보, 1957년 3월 29일자, '정권담당자는 누구인가?'
111 동아일보, 1949년 10월 30일자, '김양천 씨 귀국'
112 동아일보, 1949년 5월 25일자, '견미친선사절단 12명 공노 장도에'

고재봉 고재봉 비서실장은 서울 출생으로 신학을 공부했고 미국 감리교회 주일 선교부 직원으로 근무하다 대통령 비서실장, 서울 부시장, 경전 사장 등을 거쳐 서울시장을 역임했다.[113]

유창준 유창준 경무대 비서실장이라는 이름은 3·15 부정선거의 재판 과정에서 증인으로 채택됐다는 언론보도에 등장한다.[114] 동일한 재판을 보도하는 다른 기사에서는 유창준을 전 경무대 법률비서로 표기하고 있다.[115] 재임 기간이 정확히 표기되지는 않았지만 대통령 기록관의 자료에 따르면 이기붕과 고재봉은 대통령 비서관장으로 임명되었다고 되어있으나 유창준은 비서관으로만 기록되어 있다. 직제가 명확하지 않은 상황에서 역할에 따라 직급을 호칭했을 가능성도 있는 것으로 보인다.

장일강 허정 수반의 비서실장. 장일강은 수산물 유통회사인 삼성공사를 설립하여 운영하다가 4·19 혁명이 일어나면서 허정 과도 정부의 비서실장으로 임명되었다. 조선정구협회 창립 발기인으로 1997년까지 조선정구협회의 회장까지 지냈다.[116]

---

113 나무위키 백과사전, 고재봉 편
114 경향신문, 1961년 8월 8일자, '혁명재판, 미처리 49건 죄과 발표'
115 경향신문, 1960년 5월 27일자, '유창준 비서 등 6명 소환심문'
116 경향신문, 2004년 3월 15일, '장일강 前 허정 수반 비서실장 별세'

4) 제2공화국

구분	이름	비서실장 재임 기간	출신
제2공화국	김준하	1960년 8월 18일 ~ 1960년 10월 20일	언론인
	이재항	1960년 10월 21일 ~ 1962년 4월 6일	관료
	이동원	1962년 4월 6일 ~ 1963년 12월 6일	학자

• 제2공화국 윤보선 대통령의 비서실은 이승만 대통령의 비서실에 비해 규모가 축소되었으며 그 기능 역시 일상 업무와 관련되어 있었다. 당시는 아직 대통령 비서실의 제도화가 이루어지기 이전이라 윤보선 대통령은 몇 명 안 되는 비서관을 혼자서 통제했다.(함성득 2002:82)

| 당시 언론으로 보는 비서실장

김준하 윤보선 대통령의 공보비서관 겸 청와대 대변인을 역임하였다.[117]

---

117 위키백과, 김준하 편, 김준하는 강원일보 사장도 역임했다.

이재항 대통령 기록관에는 윤보선 대통령의 제1대 비서실장이 이재항으로 기록되어 있다.

이동원 박정희 최고회의 의장이 대통령 권한을 대행하면서 이동원 비서실장을 임명하게 된다. 이동원 비서실장은 영국과 미국에서 정치학 석사와 박사를 한 유학파이다.[118] 박정희 대통령의 신임이 두터웠던 것은 분명하다. 특별한 경력이 없음에도 비서실장 이후에 외무장관에 다시 등용된다.[119]

---

[118] 경향신문, 1962년 4월 7일자, '대통령 비서실장에 이동원 씨 임명'
[119] 경향신문, 1964년 7월 25일자, '외무장관에 이동원 씨 임명'

4) 제3공화국

구분	이름	비서실장 재임 기간	출신
제3공화국	이후락	1963년 12월 10일 ~ 1969년 10월 21일	군인
	김정렴	1969년 10월 21일 ~ 1978년 12월 22일	경제관료

• 대통령 비서실은 '대통령의 직무를 보좌하기 위하여 대통령 비서실을 둔다'라는 '정부조직법 제9조'에 의해 1963년 12월 17일 박정희의 제3공화국 대통령 취임과 동시에 설치되었다. 이후 이른바 '소내각 mini cabinet'이란 명칭이 붙을 정도의 기구 편제로 발전하게 된다.(함성득 2002:92)

• 대통령 비서실장이 제왕적 지도자 측근의 막강한 권력 실세라는 이미지는 박정희 정부에서 이후락 비서실장이 대통령의 손과 발이 되어 때때로 국회, 공화당, 국무회의를 무력화하기도 했던 정치현실에서 비롯되었다. 이후락은 박정희의 철저한 신봉자로서 치밀한 두뇌와 처세술을 지녔고 덕분에 그의 별명은 '제갈조조'였다. 그는 박 대통령의 의도대로 3선 개헌의 성공에 기여하였고 모든 수단을 가리지 않고 박 대통령이 선거에서 승리하도록 도와 장기 집권에 공헌하였다. 엄청난 권력을 행사했던 이후락은 정치 자금까지 직접 모금하고 관리한 권력

형 부패의 장본인이기도 했다.

• 안보를 명분으로 독재를 강화한 박정희 대통령은 후기로 갈수록 더욱 더 청와대를 국정운영의 전략기지로 활용하였다. 박 대통령 밑에서 역대 최장수 재임의 기록을 세운 김정렴 비서실장은 경제 분야에서 강한 영향력을 행사하고 정치 자금을 조달하기도 했으나 정치문제에는 거의 관여하지 않았다. 1970년대에는 차지철이 경호실장이 되면서 비서실장을 압도하였다.(박찬욱 2002:391-392)

▎당시 언론으로 보는 비서실장

이후락 국가최고회의 공보실장을 하면서 당시 의장인 박정희의 수행비서 역할을 자임한 이후락 씨는 이미 비서실장으로 유력해졌다. 이후락 공보실장이 백두진 국무총리를 추천해 놓고 타 인사들에게는 천거할 기회조차 주지 않고 인의 장막을 치고 있다고 투덜대는 소리가 들린다는 당시의 기사가 눈에 띈다.[120]

김정렴 김정렴은 조선은행에 입사하여 해방 후 한국은행 조사부 차장

---

120 경향신문, 1963년 12월 13일자, '제3공화국 초대 내각 구성'

을 거치고 재무부 이재국장에 발탁되었다. 이후 관료의 길을 걷다가 상공부 장관을 거치며 수출 목표 5억 달러를 달성함으로써 신임이 두터워졌다고 할 수 있다. 당시 언론에서도 김정렴 실장의 확인 행정과 실무 능력은 정부 안에서도 최고 수준이라는 평가를 받았다.[121]

---

121 경향신문, 1969년 10월 21일자, '24시간의 전격인사'

5) 제4공화국

구분	이름	비서실장 재임 기간	출신
제4공화국	김계원	1978년 12월 22일 ~ 1979년 10월 30일	군인
제4공화국	최광수	1979년 11월 7일 ~ 1980년 8월 27일	외무관료

• 박정희 대통령의 김계원 비서실장과 최규하 정권 시절의 최광수 비서실장은 존재감이 거의 없었다.[122]

▎당시 언론으로 보는 비서실장

김계원 23년간의 장군 출신으로 대사 시절에는 손수 차를 몰아 대중음식점을 찾는 등의 소탈한 성품으로 유명했다. 또한 기독교 신자로서 합리적인 성품을 지니고 있고, 육군 군악대를 창설할 만큼 고전 음악에도 조예가 깊은 외유내강형으로 알려졌다. 자유 중국의 대사직에서 얻은 경험이 비서실장에 임명된 중요한 점이었다고 알려지고 있다.[123]

---

[122] 머니투데이, 2017년 3월 21일자, '[the 300]부통령, 킹메이커, 왕실장…명성날린 역대 정권비서실장은'
[123] 매일경제, 1978년 12월 23일자, '성품소탈한 4성출신 김계원 청와대 비서실장'

최광수 최광수 대통령 비서실장 서리는 외무부와 국방부 요직을 두루 거친 외교통이다. 38세에 최연소 국방부 차관을 거쳤고 대통령 의전수석비서관으로 옮긴 후에는 박정희 대통령의 공식 행사를 진두지휘 하였다. 그는 과묵하면서도 박학하고 겸손하여 대인관계가 원만하며 신망이 두텁다는 평을 들었다.[124] 훗날 전두환 장군이 "최광수 비서실장이 최 대통령의 권한을 강화하기 위해 군 쪽에 손을 대고 있으니 잡아넣겠다."라고 신현확 당시 국무총리에게 이야기하였다는 진술도 있었던 것으로 보아 최규하 대통령도 집권 연장에 대한 생각은 있었던 것으로 보인다.[125]

---

[124] 매일경제, 1979년 11월 6일자, '대인관계 원만 요직거친 외교통 최광수 대통령비서실장 서리'
[125] 동아일보, 1992년 10월 24일자, '80년 서울의 봄 당시의 최규하 대통령과 최광수 비서실장'

6) 제5공화국

구분	이름	비서실장 재임 기간	출신
제5공화국	김경원	1980년 8월 27일 ~ 1981년 12월 30일	교수
	이범석	1982년 1월 3일 ~ 1982년 6월 2일	외무관료
	함병춘	1982년 6월 6일 ~ 1983년 10월 9일	교수
	강경식	1983년 10월 15일 ~ 1985년 1월 21일	경제관료
	이규호	1985년 1월 21일 ~ 1985년 10월 14일	교수
	박영수	1985년 10월 15일 ~ 1987년 7월 13일	군인
	김윤환	1987년 7월 13일 ~ 1988년 2월 24일	언론인

• 전두환 대통령 역시 독재 정부를 이끌었지만 이 시기의 대통령 비서실장은 거의 대부분 재임 기간이 짧았고 영향력 또한 약했다. 그 이유는 전 대통령이 자기 밑의 중간 보스를 인정하지 않는 일선 지휘형이었기 때문이었다. 비서실의 기구와 인원은 축소되었고 전두환 대통령 자신이 직접 정치 자금을 거두고 관리하며 내각의 각부 장관을 중심으로 국정을 운영하였다. 게다가 비서실장은 비서실 내에서 공식적으로 직위가 낮았던 허화평, 허삼수, 이학봉 등 실세들에 밀렸고 말기에는 대통령 다음의 제2인자로까지 부상한 장세동 경호실장의 견제를 받았다.(함성득 2002; 박찬욱 2002:392)

당시 언론으로 보는 비서실장

김경원 전두환 대통령은 김경원 국제정치담당 특별보좌관을 비서실장으로 승진 발령했다. 김경원 비서실장은 하버드대학을 졸업하고 캐나다 요크대 조교수를 역임하고 고려대학교 정경대 교수를 하였다.[126]

이범석 대한적십자사에서 외교관으로 그리고 통일원 장관 등을 거쳤고 남북적십자회담 수석대표로 대북관계에서도 역량을 보인 대단한 추진력 덕분에 외교관 출신으로 비서실장에 임명되었다고 알려졌다.[127]

함병춘 미국 현지인들조차 놀랄 만한 유창한 영어를 구사하며 국제법의 권위자로 바른말을 잘하는 선비의 체취를 물씬 풍기던 외교통이다. 박정희 대통령에게 직언을 서슴지 않아서 경고를 받았던 일화로 유명했다고 한다. 하버드대학에서 법학 학위를 받고 연세대에서 법철학 강의를 하다가 대통령 정치담당특보로 발탁된 후에 외교가에서 활동을 해 왔다.[128]

---

[126] 매일경제, 1980년 8월 28일자, '김경원 비서실장, 국제정치 이론밝은 수재'
[127] 동아일보, 1982년 1월 4일자, '이범석 비서실장, 추진력 대단한 외교관 출신'
[128] 경향신문, 1983년 10월 10일자, '함병춘 비서실장, 바른말 잘하는 대쪽선비 미 하버드대서 법학박사'

강경식 아웅산 사태 직후 강경식의 전면적인 개각은 민심을 수습하고, 안정을 유지하면서도, 경험을 바탕으로 경제문제에 역점을 두기 위한 것이라는 평가가 있다.[129]

이규호 이규호 교원대학 총장을 대통령 비서실장으로 임명했다. 그는 통일원 장관과 문교부 장관을 역임한 바 있다.[130] 비서실장 임명 전까지는 문교부 장관으로서 최장수 장관을 지낸 경력이 화제가 됐다.[131]

박영수 부산과 서울 시경국장, 치안국장, 내무차관, 부산시장, 서울시장 등을 거쳤고 통일주체국민회의 사무총장 시절에 대통령 선거를 세 차례나 치렀다.[132]

김윤환 주일, 주미 특파원을 지낸 언론인 출신으로 제10대 국회의원으로 정계입문해서 제11대 국회에서 민정당 전국구의원을 지냈다.[133]

---

129 동아일보, 1983년 10월 15일자, '심기일전의 대개편 10·14개각에 담긴 뜻'
130 경향신문, 1985년 1월 21일자, '이규호 대통령 비서실장, 교육개혁 이끈 교수출신 소신장관'
131 동아일보, 1985년 1월 21일자, '최장수 장관 지낸 외유내강 이규호 대통령 비서실장'
132 경향신문, 1985년 10월 15일자, '박영수 씨 임명 대통령 비서실장에'
133 경향신문, 1987년 7월 20일자, '김윤환 청와대 비서실장, 대인관계 폭 넓고 매사 신중'

7) 제6공화국

구분	이름	비서실장 재임 기간	출신
제6공화국	홍성철	1988년 2월 25일 ~ 1990년 3월 17일	정무관료
	노재봉	1990년 3월 17일 ~ 1990년 12월 27일	교수
	정해창	1990년 12월 27일 ~ 1993년 2월 24일	검찰관료

• 노태우 정부의 청와대 비서실 조직은 공식적으로는 비서실장 중심의 계층적인 체계를 지향하였지만 실제로는 청와대 내에서는 박철언, 밖에서는 서동권 안기부장 등의 실세가 위력을 행사했다. 그런데 유독 노재봉 비서실장은 강한 스타일을 지향했다.(함성득 2002; 박찬욱 2002:392)

▌당시 언론으로 보는 비서실장

홍성철 1962년 주미 참사관으로 발탁되었고, 1966년 정일권 국무총리 비서실장, 1973년 내무부 장관, 1978년 보건사회부 장관을 역임하였다. 1988년부터 1990년까지 대통령 비서실장으로 재직하였고 1990년 국토통일원 장관과 민주평화통일자문회의 수석 부의장 등으

로 일하였다.[134]

노재봉 서울대 사회학과 교수로 재직하였다. 1988년 노태우 대통령 정치담당 특별보좌관으로 임명되어 1990년 3월 대통령 비서실장으로 발탁되었다. 이후 1991년에 제22대 국무총리가 되었지만 같은 해 5월 시국에 대한 책임을 지고 총리직에서 5개월 만에 물러났다.[135]

정해창 검사 때 컴퓨터라는 별명을 얻었고 5공 때 법무부 장관을 지냈다. 대검차장에서 박종철 고문치사 사건으로 물러나 김성기 장관의 뒤를 이어 장관이 돼 검찰총장은 거치치 못했다. 장관 재직 시 전두환 씨 출국 금지에 반대하기도 했다.[136]

---

134 네이버 지식백과, 홍성철 편
135 네이버 지식백과, 노재봉 편
136 한겨레, 1990년 12월 28일자, '검사 때 컴퓨터 별명얻은 TK세력 정해창 비서실장'

8) 문민정부

구분	이름	비서실장 재임 기간	출신
문민 정부	박관용	1993년 2월 25일 ~ 1994년 12월 23일	정치인
	한승수	1994년 12월 23일 ~ 1995년 12월 21일	학자
	김광일	1995년 12월 21일 ~ 1997년 2월 28일	법조인
	김용태	1997년 2월 28일 ~ 1998년 2월 24일	정치인

• 김영삼 정부에서 박관용 비서실장은 비서실 장악에 성공한 것으로 평가되고 있기는 하지만 그를 포함하여 모든 비서실장들은 강력한 비서실장이 되지 못하였다. 김영삼 대통령은 각료를 등한시하고 비서 중심으로 국정을 운영하였지만 비서실장에 힘을 실어 주지는 않았다. 청와대 내부에서부터 민주계와 관료 출신 사이에 알력이 지속되었고 비서실장은 이원종 실세 수석의 견제와 외부 비선 조직인 차남 김현철의 개입에 직면했던 것이다. (함성득 2002; 박찬욱 2002:392)

▌당시 언론으로 보는 비서실장

박관용 박관용 의원은 민주계 직계로서 강점과 탁월한 업무수행능력을 겸비한 인물로 평가된다고 한다. 당시 4선의 중진인 이기택 의원의 비서관으로 정계에 발을 디딘 후 줄곧 구 신민당 이기택 계로 분류돼

왔으나 제12대 국회 이후부터 김영삼 차기 대통령의 눈에 들었다고 한다.[137]

한승수 한승수 비서실장은 오래전부터 비서실장 적임자로 꼽혀 왔다고 한다. 김영삼 대통령이 천명한 세계화 구상 실현에 적합한 인물로 인정받았다는 것이다.[138] 한편 민주당은 1년 뒤에 한승수 비서실장 등이 포함된 80년 신군부 집권 당시 국보위원 또는 입법의원에 참여한 명단을 발표한다.[139]

김광일 총선을 앞두고 친정체제를 구축하는 의미가 강했다고 해석되는 개각에서 김광일 비서실장의 임명은 비서실 전체에 활력을 불어넣으며 보신주의적 태도를 방지하는 효과를 기대한다고 당시 언론은 평하고 있다.[140]

김용태 김영삼 정부의 마지막 비서실장은 노동법 개정 파문과 한보사태를 거치면서 김광일 비서실장과 이원종 정무수석 사이에 상황 인식과 해법을 놓고 갈등의 골이 깊어져 비서실 자체가 두 파로 나뉘어 힘

---

137 매일경제, 1993년 2월 17일자, '박관용 비서실장 그는 누구인가?'
138 한겨레, 1994년 12월 24일자, '세계화 적합발탁, 14대 낙선 한승수 비서실장'
139 한겨레, 1995년 11월 29일자, '80년 국보위원, 입법의원 참여 한승수 비서실장 등 25명 공개'
140 한겨레, 1995년 12월 21일자, '김실장 활력불어넣을지 관심, 40대 수석3명 분위기 젊어져'

겨루기를 하는 난맥상을 빚어 왔다. 때문에 비서실 쇄신 차원에서 화합형 인사를 비서실장에 임명한 것으로 평가했다.[141]

---

141 동아일보, 1997년 3월 1일자, '청와대 비서실 개편 왜 바꿨나? 가화만사성 갈등의 핵 제거'

9) 국민의 정부

구분	이름	비서실장 재임 기간	출신
국민의 정부	김중권	1998년 2월 25일 ~ 1999년 11월 23일	검찰관료
	한광옥	1999년 11월 23일 ~ 2001년 9월 10일	정치인
	이상주	2001년 9월 10일 ~ 2002년 1월 29일	교수
	전윤철	2002년 1월 29일 ~ 2002년 4월 15일	경제관료
	박지원	2002년 4월 15일 ~ 2003년 2월 24일	기업인

• 대통령 비서실장은 권력의 추다. 집권 세력 내 질서의 기준이라고 할 수 있다. 첫 비서실장인 김중권 실장은 수평적 정권교체 상황에서 국정 경험을 이식하고 공조직을 통한 통치를 위함인 것으로 풀이된다.

| 당시 언론으로 보는 비서실장

김중권 김중권 비서실장은 공무원들의 무사안일주의는 장관 책임이라며 부처 장악을 못 할 때는 교체를 시사하기도 했고[142] 정치인들을 지속적으로 사정하겠다는 의지를 천명하기도 한다.[143] 또한 당시 시점

---

[142] 매일경제, 1998년 5월 26일자, '김중권 비서실장 부처 장악못할 땐 교체가능성, 공무원 무사안일은 장관 책임'
[143] 매일경제, 1998년 11월 18일자, '정치인 지속사정, 김중권 비서실장'

으로 내년 만기인 IMF 빚을 모두 갚겠다는 자신감을 피력하기도 한다.[144]

한광옥 청와대 복원력을 위해 기용되었다고 평가되는 한광옥 비서실장은 김중권 비서실장에 비해 형식과 보고보다는 내용과 토론 중심으로 비서실을 이끌고 있다고 차이점을 부각하는 언론 보도가 있었다.[145] 현장 방문을 하는 한광옥 비서실장에 대해서 수석비서관들을 위축시킬 우려가 있고 비서실장 직무와는 다소 거리가 있다는 비판도 있었다.[146]

이상주 이상주 비서실장은 언론과의 인터뷰에서 누가 추천했는지 정확히는 알 수 없다고 답변했다.[147] 반면에 다른 언론에서는 박지원 당시 청와대 정책기획수석이 추천한 것으로 알려져 있다고 보도하고 있다.[148]

전윤철 전윤철 기획예산처 장관의 청와대 비서실장 기용은 임기 말

144　매일경제, 1998년 12월 24일자, '"내년 만기 IMF 빚 모두 갚겠다" 김중권 비서실장'
145　동아일보, 2001년 9월 9일자, '비서실장 인선 배경 의미'
146　경향신문, 1999년 12월 14일자, '토론식 수석회의에 튀는 외부 취임인사, 한광옥 실장 행보 눈길'
147　동아일보, 2001년 9월 9일자, '비서실장 인선배경 의미'
148　한국경제, 2001년 9월 9일자, '이상주 비서실장 인선의미, 국정개혁 전념의지'

국정 우선순위를 경제에 두고 탈정치 경제우선 논리를 실천에 옮기겠다는 의지의 표현이라고 해석하고 있다.[149]

박지원 박지원 비서실장의 기용 배경은 집권 후반기 친정체제를 강화하고 권력 누수 현상에 대비하겠다는 포석으로 풀이된다며, 비경제분야는 박지원, 경제는 이기호라는 양대 체제를 갖췄다고 당시 언론은 분석했다.[150]

---

149 한국경제, 2002년 1월 29일자, '전윤철 씨 비서실장 내정'
150 파이낸셜뉴스, 2002년 4월 15일자, '비서실장, 경제특보 인사의미, 레임덕 대비 친정체제 강화'

10) 참여정부

구분	이름	비서실장 재임 기간	출신
참여정부	문희상	2003년 2월 25일 ~ 2004년 2월 13일	정치인
	김우식	2004년 2월 13일 ~ 2005년 8월 19일	교수
	이병완	2005년 8월 25일 ~ 2007년 3월 9일	언론인
	문재인	2007년 3월 12일 ~ 2008년 2월 24일	변호사

• 참여정부 시절 당·청간 관계가 재정립되고 정책실장이 신설되면서 국정 2인자로서의 비서실장 이미지는 약화됐다는 평을 받는다. 당시 비서실장 가운데 가장 눈에 띄는 인사는 문재인 실장이다. 노 전 대통령의 변호사 동업자이자 인권 변호사 동지였던 그는 두 번의 민정수석, 시민사회수석, 정무특보를 거쳐 마지막 비서실장에 올랐다.[151]

▎당시 언론으로 보는 비서실장

문희상 문희상 의원의 비서실장 내정은 정치권과의 관계나 정치 현안을 조정할 수 있는 정무형 실장을 기용하겠다는 노 당선자의 의중이

---

[151] 머니투데이, 2017년 3월 21일자, '[런치리포트]대통령의 그림자…비서실장'

가시화되었다고 언론은 보고 있다.¹⁵² 또 한편 노무현 대통령 당선자와 과거 정치적 역경을 함께 해 온 국민통합추진회의(통추) 멤버들이 비서실장 등 요직에 앉아서 주목받고 있다고 분석하고 있다.¹⁵³

김우식 김우식 총장의 이름이 청와대에 처음 등장한 것은 참여정부 출범 직후 교육부총리 후보로 거론되면서부터다. 내각에 연세대 출신이 한 명도 없다는 불만이 노무현 대통령에게 접수됐고 진통을 거듭하던 교육부총리 인선 시 김 총장이 유력하게 급부상했다. 그러나 기여 입학제 소신에 대한 물의를 염려해 최종 낙점에서는 제외되었다고 한다. 이후에 총선 뒤에도 청와대를 안정적으로 이끌 수 있는 인물로 김 총장이 유력하게 거론됐다.¹⁵⁴

이병완 김우식 비서실장과 문재인 시민사회수석, 정찬용 인사수석, 박정규 민정수석, 이병완 홍보수석 등이 이기준 부총리 인사 파문과 관련해 노무현 대통령에게 사의를 표명했다. 이해찬 총리는 본인이 부총리 추천을 했다고 말했다.¹⁵⁵ 이병완 전 홍보수석의 비서실장 기용은 이호철 비서관이 새 국정상황실장에 임명된 것과 마찬가지로 노무

---

152 연합뉴스, 2003년 1월 8일자, '청와대 비서실장 문희상 씨'
153 연합뉴스, 2003년 1월 8일자, '대통령-야당과 대화물꼬 터지나'
154 국민일보, 2004년 2월 5일자, '청와대 구하기에 동원된 총장님'
155 노컷뉴스, 2005년 1월 9일자, '이 총리, 이기준 교육 내가 추천했다'

현 대통령이 신뢰할 수 있는 최측근들의 전진배치라고 해석하고 있다. 노 대통령의 친정체제가 강화되었다고 볼 수 있다는 것이다.

노 대통령의 이 전 수석에 대한 신뢰는 절대적이다. 위헌 판결은 받았지만 행정수도 이전 공약도 이병완 홍보수석의 아이디어였다고 한다.[156]

문재인 문재인 전 민정수석비서관은 왕 수석으로 불릴 만큼 공인된 최측근 인사여서 임기 말 대통령을 보좌하고 참모들을 관리하기에 적임자라는 것이 청와대 관계자들의 설명이다. 문 전 수석은 임기 말 비서실장으로 돌아올 것이라는 얘기가 끊이지 않았었다.[157]

---

156 프레시안, 2005년 8월 20일자, '이병완 비서실장으로 청와대 변할까?'
157 동아일보, 2007년 3월 6일자, '총리 한덕수, 청 비서실장 문재인 유력'

11) 이명박 정부

구분	이름	비서실장 재임 기간	출신
참여 정부	류우익	2008년 2월 25일 ~ 2008년 6월 10일	학자
	정정길	2008년 6월 20일 ~ 2010년 6 월3일	교수
	임태희	2010년 7월 16일 ~ 2011년 11월 30일	경제관료
	하금열	2011년 12월 12일 ~ 2013년 2월 24일	언론인

• 이명박 정부는 청와대 '비서실장'이라는 명칭을 '대통령실장'으로 변경하는 등 새로운 시도를 했지만 실속은 없었다. 류우익 초대 대통령실장은 미국산 쇠고기 파동과 촛불집회로 불과 4개월 만에 물러났다. 하지만 그는 정권 내내 주중 대사와 통일부 장관을 지내는 등 '회전문'을 돌고 돌았다.[158]

| 당시 언론으로 보는 비서실장

류우익 이춘호 여성부 장관, 남주홍 통일부 장관, 박은경 환경부 장관 등이 연이어 사퇴하면서 이러한 인사 파동을 불러온 이유로 류우익

---
[158] 경향신문, 2013년 10월 25일자, '일인지하 권력의 한가운데 35명의 그림자들이 있었다'

대통령실장과 박영준 기획조정비서관 등 몇몇 핵심 인사가 주도한 밀실인사 때문이라고 당시 언론은 분석했다. 또한 이를 '고소영' 내각이나 '강부자' 내각이라고 비판한다고도 꼬집었다.[159]

정정길 청와대 인사개편이 전면적으로 이뤄졌는데 이동관 대변인만 유임되었다. 대통령실장에는 정정길 울산대 총장이 임명되었다. 청와대는 청와대 참모들의 재산 평균액이 36.7억 원에서 16.3억 원으로 낮아졌고 서울 4명, 영남 3명 호남 2명으로 균형을 맞췄다고 강조할 정도로 '고소영'과 '강부자' 내각이라는 비난을 피하기 위해 고심했다고 한다.[160]

임태희 만 2년의 임기를 채운 정정길 대통령실장의 후임 인선도 오리무중이다. 청와대는 일단 국회의원 배지를 떼지 않은 현역 의원은 후보군에서 제외하는 쪽으로 가닥을 잡은 것으로 알려졌다. 청와대가 애초 생각했던 현역 의원 1순위는 3선의 임태희 노동부 장관이다.[161] 이러한 언론 보도가 있었지만 임태희 노동부 장관은 대통령실장에 임명되었다.

---

159 MBN, 2008년 2월 28일자, '새 정부 인사파동 왜?'
160 프레시안, 2008년 6월 20일자, '청 대통령실장에 정정길, 이동관만 유임'
161 동아일보, 2010년 6월 21일자, '정청 개편 경우의 수 복잡…총리교체카드 먼저 쓸 수도'

하금열 하금열 대통령실장의 발탁 배경으로 35년 언론인 생활을 바탕으로 한 유연한 사고와 인적 네트워크를 제시했다. 이에 대해 제3의 인물을 내세워 측근 돌려막기란 비판은 피한 것으로 분석했다.[162]

---

[162] 경향신문, 2011년 12월 11일자, '영남, 고대 뽑아놓고 소통강화…청와대 새 참모진 인선'

12) 박근혜 정부

구분	이름	비서실장 재임 기간	출신
박근혜 정부	허태열	2013년 2월 25일 ~ 2013년 8월 4일	관료/정치인
	김기춘	2013년 8월 5일 ~ 2015년 2월 22일	검찰관료
	이병기	2015년 3월 1일 ~ 2016년 5월 15일	외교관료
	이원종	2016년 5월 16일 ~ 2016년 10월 30일	행정관료
	한광옥	2016년 11월 3일 ~ 2017년 5월 9일	정치인

• 박근혜 정부의 대통령 비서실장의 특징은 연령이 높다는 것이다. 5명의 비서실장 평균 연령이 71.6세이고 74세에 발탁된 비서실장이 김기춘, 이원종, 한광옥 3명이나 된다.

▌당시 언론으로 보는 비서실장

허태열 박근혜 정부의 초기에는 위·성·미(위스콘신대, 성균관대, 국가미래연구원) 출신이 두각을 나타내고 있다는 언론 보도가 눈에 띈다. 허태열 비서실장도 위스콘신대 출신이다.[163]

163　서울경제, 2013년 2월 18일자, '박 정부 초대 청와대 비서실장 허태열 내정'

김기춘 김기춘 비서실장은 박정희 대통령과의 인연으로 박근혜 대통령을 도운 7명의 원로그룹인 7인회 출신이다. 그는 박정희 대통령 말년에도 청와대에서 비서관을 지냈다. 검찰총장과 법무부 장관도 역임한 바 있는 3선 의원 출신이다.[164]

이병기 비서실장 직전에 국정원장을 역임한 이병기 실장은 친박 원로 핵심그룹의 한 명으로 2002년 이회창 한나라당 대선 후보의 정치특보를 지내며 차떼기 스캔들에 연루되기도 했고 박근혜 정부에서는 회전문 인사라는 비판을 받고 있다.[165]

이원종 박근혜 대통령은 여야 3당 원내 지도부와의 청와대 회동 이후 불과 이틀 만에 청와대 참모진 개편 카드를 꺼내 들었다. 4·13 총선 민의를 수용하는 모양새를 갖춤과 동시에 반기문 유엔사무총장과 함께 충청모임 '청명회'에서 함께 활동해 온 이원종 비서실장을 전격 임명함으로써 정치권에 큰 관심을 불러일으키고 있다고 전하고 있다.[166]

한광옥 어려운 여건 속에서 박근혜 정부는 국민의 중심이 되고 국가

---

164 TV조선, 2013년 8월 5일자, '김기춘 비서실장 내정자는 누구?'
165 한국경제 TV, 2015년 2월 27일자, '청비서실장 이병기 누구? 회전문 인사차떼기 의혹부담'
166 아시아투데이, 2016년 5월 15일자, '박근혜 대통령, 청와대 참모진 개편 배경과 향후 국정전망은?'

와 국민이 상생하며 누구나 노력하면 꿈을 이룰 수 있는 희망의 새 시대를 열기 위해 온 힘을 다해 왔습니다. (중략) 박근혜 정부의 정책 추진과정 그리고 성과와 아쉬운 점을 기록하여 정책에 대한 균형 잡힌 이해를 가질 수 있도록 하였습니다. 앞으로 이 정책 백서가 국민들을 위해 보다 나은 정책 수립의 밑거름이 되어 대한민국의 발전에 도움이 되기를 바랍니다. -2017년 5월 대통령 비서실장 한광옥(박근혜 정부 정책 백서 발간사 중)

13) 문재인 정부

구분	이름	비서실장 재임 기간	출신
문재인 정부	임종석	2017년 5월 10일 ~ 현재	정치인

• 임종석은 대표적인 '86그룹(80년대 학번, 60년대 출생) 학생 운동권' 출신으로 공안검사 출신의 김기춘과는 선명한 대조를 이룬다. 문재인 대통령은 여야를 가리지 않는 폭넓은 정치권 인맥을 가졌고 합리적 개혁주의자로 격의 없는 소통과 탈권위 청와대 문화를 이끌 적임자라며 직접 인선 배경을 밝혔다.[167]

당시 언론으로 보는 비서실장

임종석 문재인 대통령은 임종석 비서실장의 임명 이유를 밝히면서 참모들끼리 치열하게 토론하는 청와대로 문화가 바뀔 것이라고 말하고 임종석 실장이 젊지만 풍부한 경험을 갖고 있고 서울시 등에서 쌓은 경험 등 안정감을 두루 갖췄다고 밝혔다.[168] 문재인 대통령은 미국

---

167 프레시안, 2017년 5월 10일자, '호남총리 지명, 젊은 비서실장 발탁 의미는?'
168 경향신문, 2017년 5월 10일자, '문 대통령 첫 메시지, 통합과 소통…탈권위 청와대'

드라마의 '웨스트 윙'을 꿈꿨을지도 모르겠다는 생각이 든다.

3. 역대 정보기관 수장

1) 정보기관장 개론

　민주주의 제도하에서도 여전히 정보기관은 많은 사람들과 민주주의에 커다란 위험을 가져다주는 정체를 알 수 없는 기관이다. 민주주의와 정보기관은 원칙적으로 결합될 수 없다. 지금까지의 정보기관은 주로 음모 혐의가 도사리는 구조 속에서 대중과 단절된 채 '더럽고', '비밀스러운' 수단과 방법(암암리에 활동하는 스파이, 비밀정보 제공자, 직장 노조에 공작원 투입 등)으로 야당에 대한 도청 장치가 있는 곳에, 진보적 인사와 단체들에 대한 감시의 카메라에 독버섯처럼 기생해 왔다. 국가, 헌법, 그리고 민주주의를 수호하는 것은 모든 정보기관의 임무에 속한다. 하지만 투명하지 못하다는 점과 공적인 통제를 피한다는 사실 자체로 정보기관은 민주주의 원칙에서 벗어나 있다. 그러나 현재의 정치상황에서 야당이 적대적인 정보기관의 실질적인 해체를 요구한다는 것은 상당히 유토피아적으로 들린다. 서독의 정보기관들은 냉전의 종식과 구 동독의 비밀경찰에 대한 좋지 않은 경험들을 겪은 이후 스스로 해체할 수 있는 기회가 있음에도 불구하고 예전에 그들의 정보대상이었던 공산주의가 없어짐으로써 생긴 상실감을 극복하고 조

직보위의 정당성을 갖기 위해 계속해서 새로운 임무를 찾아다니고 있다.(롤프 괴스너 1997:158-159)

1961년 쿠데타를 일으킨 군사정권은 중앙정보부 창설로 그들의 '군사정치'를 시작했다. 5월 16일 오전부터 김종필을 중심으로 쿠데타 정권을 유지하기 위해 정보기구를 만들려고 했다. 5월 28일 국가재건최고회의 내무위원회는 제1호 안건으로 중앙정보부 설치안을 의결했고 5월 31일 국가재건최고회의 제12차 본회의는 이 안을 상정, 의결했다. 6월 10일 관련법이 공포됨으로써 중앙정보부가 출범했다. 창설 과정에서 보이듯이 정보기관은 쿠데타 정권을 위한 도구로 태어났다. 국가안보와 민주주의를 위협하는 세력으로부터 주권을 지키고 이 주권을 위임한 정치 공동체 성원의 권리를 보장하기 위해 만들어진 조직이 아니었다.(한성훈 2013:113-114)

대통령에게만 책임을 지고 대통령을 제외한 누구라도 수사할 수 있는 안기부장은 규정상 국무위원 급이지만 실질적으로는 부총리 급의 예우를 받고 있다. '정보 및 보안업무의 기획·조정권'을 근거로 모든 국가기관에 정보관을 파견해 놓고 실질적으로 그 기관의 행정업무까지 개입해 온 안기부, 그 책임자인 안기부장은 '정치활동에 관여할 수 없다(안기부법 제8조)'고 분명히 명시되어 있다.

하지만 안기부의 정치활동을 가장 단적으로 나타내 주는 것이 '관계기관 대책회의'다. 이 회의는 가장 높은 직급의 수준으로는 안기부장, 국무총리, 민정당 대표위원, 대통령 비서실장이 참가하고 그 다음으로는 안기부장 혹은 차장, 대통령 특별보좌관, 보안사의 담당자, 관계부처의 장관, 검찰총장, 치안본부장 등이 모인다. 안기부장이 주도권을 행사해 온 이 회의는 어떤 정치적 문제가 생겼을 때 이와 관련된 정부 부처의 담당자들이 안기부와 회합을 갖고 대처 방안을 결정하는 그야말로 가장 '정치적인' 회의다. 따라서 안기부장 임명은 가장 정치적인 판단에 의해 이뤄질 수밖에 없다.(안영배 1989:35)

우리나라 정보기관은 국가 정보기관과 국방부 정보본부, 국군 기무사령부, 국군 정보사령부, 경찰청 정보국 및 보안·외사국 등의 부문 정보기관이라는 이원화된 체제를 유지하고 있다. 그동안 부문 정보기관은 이렇다 할 큰 변화가 없었으나 국가 정보기관인 국가정보원은 전신인 중앙정보부가 창설된 이래 몇 차례 발전적 전기를 겪었다. 중앙정보부는 5·16 군사정변을 계기로 1961년에 창설되었는데 당시 이른바 '혁명과업' 수행을 위한 통치권 보좌 기능뿐 아니라 대한민국 정부 수립이후 군과 경찰을 중심으로 하는 국내의 모든 정보기관을 총괄 조정하는 국가 정보기관으로서의 면모를 갖췄다. 1979년에 국가 정보기관의 수장이 대통령을 시해하는 미증유의 10·26사태가 발생하고, 1981년에 제5공화국이 출범하는 급격한 정치제제의 변환에도 불구하고 국가 안전기획부로 명칭을 변경하고 일부 기능의 조정이 있었을 뿐이다. 사실상 군사정권의 연장선상에 있던 노태우 정부에 이르기까지 그 역할과 위상이 그대로 유지된 것이다. 그러다 1993년 문민정부로 통칭되는 김영삼 정부가 들어서면서 국회 정보위원회 설치와 수사권 범위 축소, 보안감사권 폐지, 정치 관여 금지 등 문민 통제 및 탈정치화가 이뤄졌다. 이어 1998년 김대중 정부 출범에 따라 국가정보원으로 명칭이 변경되었으며 이후 현재까지 일부 기능 및 조직의 변동은 있었지만 정체성에 있어서는 큰 변화 없이 이어가고 있다.

한편 우리나라 국가 정보기관의 특징을 살펴보면 해외·북한·국내 분야가 통합된 복합기구적 성격을 지니고 있다. 또한 정보 수집·공작(공격)과 보안·방첩(방어) 기능을 함께 지니고 있을 뿐만 아니라 대공 수사기능까지 갖고 있는 종합적인 정보수사기관이다. 더구나 국가 정보활동에 대한 기획·조정기능 및 부문 정보기관에 대한 예산 편성권과 감사권까지 갖고 있다. 현재 남북이 대치하고 있는 한반도의 특수 상황과 함께 최근 전 세계 정보기관들이 탈냉전시대, 특히 9·11테러 이후 변화된 정보환경 속에서 국내외 정보활동의 영역을 허물어 포괄적이고 통합적인 정보 공동체 운영체계를 만들고 있다. 이 뿐 아니라 조직과 예산을 확대하고 정보활동의 제약요인을 해제하고 있는 추세임을 고려할 때 국가 정보기관의 기능을 더욱 강화해야 할 필요가 있다. 그러나 우리나라 정보기관은 5·16 군사정변을 계기로 탄생해 이른바 '혁명과업 수행의 장애를 제거'하기 위한 활동을 전개하는 과정에서 정치개입, 월권행위, 정보독점, 인권침해 등의 부작용을 야기했던 태생적 한계가 있다. 또한 해방 이후 국가분단에서 파생된 우리 사회의 고질적 갈등구조인 보수·진보 진영 간의 이념대립 및 당리당략적 정치논리까지 개입되어 일부 정치권이나 시민단체들로부터 무소불위의 권력기관으로 비판받으며 국내 정보·수사권 폐지 또는 해외·국내 분야 분리와 같은 논란에 직면해 왔다. 이러한 역사적 배경은 국민들의 국가 정보기관에 대한 부정적 인식을 심화시켜 올바른 이해를 저해하는 부작용을 낳았으며 최근에까지 제18대 대선 당시의 댓글사건이나 해킹 의혹과 같은 홍역을 치르고 있다. '자랑도 할 수 없고 변명도 할 수 없다.'라는 정보기관 속성상 상당부분 오해에서 비롯한 측면도 있겠으나 아직까지도 국민들 간에 부정적 이미지로 투영되고 있는 것도 현실이다. 국가정보원에서는 19대 대선을 앞두고 댓글사건의 후속조치 일환으로 구성된 '국회 국정원 개혁특위'의 권고를 수용해 정치권과 언론사에 대한 정보수집 활동을 금지하는 등 정치개입 소지를 최소화하고 방첩과 국제범죄, 테러대응 분야를 강화하는 등 조직개편을 단행하였다.(채성준 2015:278-279)

2) 정보기관장 영욕사

역대 정보기관 수장들은 운명의 등락폭이 크다. 김종필 전 총리는 중앙정보부장을 물러나 외국 여행기에 오를 때 그 외유의 목적을 묻는 언론에게 "자의 반 타의 반"이라는 말을 남기고 떠난다. 김형욱 중정부장 시절에 인혁당 사건과 동베를린 사건 등이 일어났는데 김형욱 중정부장 역시 망명길에 오르면서 DJ납치 등을 폭로할 준비를 했다가 실종되었고 현재까지 의문사로 남아있다. 김재규 정보부장 역시 10·26사태를 일으키고 내란목적 살인과 내란미수죄로 교수형에 처해진다. 제5공화국의 안기부장들 역시 줄줄이 법정에 서게 되었고[169] 제6공화국의 이현우 부장 역시 뇌물혐의로 구속되었다.

문민정부 역시 권영해 안기부장이 공직선거법을 위반해 사법처리를 받았다. 국민의 정부의 신건 원장과 임동원 원장도 불법감청을 주도한 혐의로 구속 기소되었고 이명박 정부 때 원세훈 국정원장 역시 퇴임 후 두 번 구속되는 진기록을 세웠다. 그리고 다시 국정원 댓글 선거개입 등의 여죄로 인해 재판에서 실형을 선고받았다.[170] 박근혜

---

[169] 장세동 전 안기부장의 경우 세 번이나 구속을 반복하였다. △89년 5공 비리 직권남용 △93년 통일민주당 창당방해 △96년 12·12 군사쿠데타 혐의로 구속된 바 있다.(세계일보, 2011년 6월 9일자)

[170] 원세훈 원장은 권영해 안기부장에 이어 개인비리로 구속된 두 번째 정보기관 수장이 되었다.(MBC 뉴스, 2013년 7월 11일자)

정부의 정보기관 수장들 역시 좀 더 시간을 갖고 두고 봐야 할 것 같다.[171]

---

171 헤럴드 경제, 2017년 11월 10일자, '남재준 청와대 요구로 특활비 상납 인정'

3) 제3공화국

구분	이름	중앙정보부장 재임 기간	출신
제3공화국	김종필	1961년 5월 20일 ~ 1963년 1월 6일	군인
	김용순	1963년 1월 7일 ~ 1963년 2월 20일	군인
	김재춘	1963년 2월 21일 ~ 1963년 7월 11일	군인
	김형욱	1963년 7월 12일 ~ 1969년 10월 20일	군인
	김계원	1969년 10월 21일 ~ 1970년 12월 20일	군인
	이후락	1970년 12월 21일 ~ 1973년 12월 2일	군인

• 미국 CIA의 희망에 따라 이승만 대통령에게 정보기관 신설이 요청되었으나 이승만 대통령의 미온적 태도에 따라 국방부에서 자체적으로 1959년 1월 국방장관 직속으로 중앙정보부(위장 명칭으로 '79호실' 사용)를 설치하고 이후락을 책임자로 임명하였다. 이어서 4·19혁명 이후 제2공화국에서도 그 필요성이 인정되어 1961년 1월 총리직속의 중앙정보위원회라는 명칭의 문민 중앙정보기구를 설립하였다. 그러나 제1·2공화국에서의 두 정보기관은 법적 근거가 없고 예산 운용에 있어서도 국회의 강력한 견제를 받는 상황에서 CIA와의 정보협력 업무 정도에 머물렀을 뿐 국가 정보기관으로서의 기능과 역할을 발휘하기에는 역부족이었다고 할 수 있다. 이후 5·16 군사정변 직후인 1961년 5월 20일 당시 김종필을 중심으로 한 이른바 혁명 주체세

력은 장면 정부에서 만들어진 중앙정보위원회와 시국정화운동본부의 조직을 흡수해 이를 특무부대와 합쳐 군사혁명위원회 산하의 중앙정보부로 개편하였다. 이어서 1961년 6월 10일 국가재건최고회의 직속으로 '공산세력의 간접 침략과 혁명과업 수행의 장애를 제거하기 위하여 중앙정보부를 두며 국가 안전보장과 관계되는 국내외 정보사항 및 범죄수사와 군을 포함한 정부 각부의 정보·수사 활동을 조정·감독하도록 한다'는 중앙정보부법을 제정해 법적 근거를 마련하였다. 결과적으로 대한민국 군사 정보기관은 5·16 군사정변이라는 결정적 시기의 우연한 사건 또는 촉발 사건에 의해 그 시작이 되었다고 할 수 있다.(채성준 2015:280-281; 김충식 1992:38)

- 박정희 의장은 결국 김재춘의 요구대로 민정에 참여하지 않겠다는 2·18 선언을 하고 말았다. 김종필은 공직을 떠나 초야로 돌아가겠다고 발표했다. 김종필의 비참한 패배였다. 정권을 장악한 김재춘은 보복 수사에 나섰다. 이 과정에서 4대 의혹사건은 김종필이 혼자서 저지른 죄악으로 윤색되었다. 화폐 개혁과 최고회의 실책도 모두 김종필에게 전가되었다. 김재춘의 압력에 부딪친 김종필은 망명을 결심했다. 김종필은 1963년 2월 25일 마침내 '자의 반 타의 반'이라는 명언을 남기고 외유길에 나선 것이다.(이수광 2011:86)

김종필이 중앙정보부장이라는 막강한 자리를 만들었다면 김형욱은 중앙정보부장이라는 자리가 만들어 낸 막강한 인물이었다. 김종필은 중앙정보부를 창설한 인물이지만 젊고 능력 있고 야심만만한 그를 막강한 중앙정보부장 자리에 앉혀 두는 것은 박정희에게도 불안한 일이었다. 전혀 대중적이지 않으며 박정희 밑에서 2인자는 꿈꿔도 박정희의 자리는 탐할 수 없는 사람, 그러면서 박정희에게 절대적인 충성을 바칠 사람을 박정희는 필요로 했던 것이다.[172]

---

172 한겨레 21, 2005년 6월 3일자, '돌대가리로 박정희를 들이박다'

당시 언론으로 보는 정보기관장

김종필 김종필 부장은 계략의 명수이고 전격적인 행동가라고 할 수 있는데 지략과 이성이 대단하다고 평가받는다.[173]

김용순 최고회의는 본회의를 열고 김종필 중앙정보부장의 사표를 의장이 수리하였음을 확인하고 후임으로 최고회의 문사위원장인 김용순 육군소장을 임명 발령하였다고 밝혔다.[174]

김재춘 김종필 부장이 공화당 사전 조직과 4대 의혹 사건으로 물러나고 김용순 중장이 기용된 것은 의외였다고 한다. 오히려 반 JP라인의 5기 그룹은 김재춘 씨가 부장이 되길 기대했다고 한다.
김재춘 부장은 취임 5개월째인 7월 11일 전두환 소령과 노태우 대위 등의 7·6거사 모의를 불문에 부친다는 조건을 당시 박정희 의장에게 내세우고 그만두게 된다.[175]

김형욱 김형욱이 중앙정보부장에 임명된 것은 최고회의에서 강경파

---

173 경향신문, 1962년 5월 8일자, '혁명의 동맥 김종필 정보부장'
174 동아일보, 1963년 1월 8일자, '중앙정보부장에 김용순 소장'
175 동아일보, 1990년 8월 17일자, '[남산의 부장들 2]3대 부장 김재춘 씨 노태우 대위 등 7·6모의 불문'

의 리더인 김종필 씨가 김형욱을 밀었기 때문이고 혁명 주체세력 간의 세력 싸움에서 강경파가 온건파를 밀어내고 주도권을 완전히 장악한 표시라고 보도하고 있다.[176]

김계원 정부 요직이 대폭 개편되면서 예비역 장군이었던 군 출신인 김계원 씨를 중앙정보부장으로 그리고 상공부 장관이었던 김정렴을 비서실장으로 인선한 인사가 가장 관심을 끌었다. 비서실장은 정무적인 판단보다 행정 실무를, 중앙정보부장은 북괴 도발 등에 대처하는 문제를 맡기는 등 전문적인 영역으로 인선을 함으로써 박정희 대통령이 직접 국정 전반에 나서는 것으로 해석하고 있다.[177]

이후락 이후락 씨의 중앙정보부장 기용을 두고 그가 정보장교 출신이고 중앙정보연구위원회 연구실장을 역임한 사실을 거론하며 오히려 비서실장보다 더 본고장에 들어서게 된 것 아니냐는 언론의 평이 있었다. 또한 정보부의 다변적 강화 문제가 제기될 때마다 재기용이 거론되었던 점 등으로 미뤄 볼 때 보다 높은 차원의 집권 전략, 즉 선거 체제 정비와 정치 참모진의 재건을 위한 포진으로 해석하고 있다.[178]

---

176   동아일보, 1963년 7월 13일자, '정보부장에 김형욱 씨'
177   경향신문, 1969년 10월 21일자, '김계원 부장'
178   동아일보, 1970년 12월 21일자, '새 중앙정보부장 이후락 씨, 불침번 다짐'

4) 제4공화국

구분	이름	중앙정보부장 재임 기간	출신
제4공화국	신직수	1973년 12월 3일 ~ 1976년 12월 3일	군인
	김재규	1976년 12월 4일 ~ 1979년 10월 27일	군인
	이희성	1979년 10월 30일 ~ 1979년 12월 12일	군인
	전두환	1980년 4월 14일 ~ 1980년 7월 17일	군인
	유학성	1980년 7월 18일 ~ 1981년 4월 7일	군인

• 박정희 집권 기간 중 중앙정보부장은 김종필~김용순~김재춘~김형욱~김계원~이후락~신직수~김재규 등 총 8명이었다. 김용순은 45일, 김재춘 5개월 만에 그만두었고 김계원은 1년 남짓 재임했었다. 이들을 제외하고 최소한 5명의 중앙정보부장은 막강한 권력을 누렸다.

▌당시 언론으로 보는 정보기관장

신직수 박정희 정권은 10월 유신 후 김대중 씨 사건을 비롯해 학원사태, 유류파동 등에 대한 야당의 인책 요구에 대폭적인 정부 개각을 발표하였다.

신직수 법무장관도 야당이 요구하는 개각 대상자 중에 한 사람이었으나 중앙정보부장에 임명이 되고 중앙정보부 차장이 검찰총장에 임명된다. 전체적인 개각 평은 강경노선에 유연성을 부과했다는 평을 들었다.[179]

김재규 김재규 정보부장의 임명에 대해서 당시 언론은 그는 정계도 알고, 보안사령관을 역임하여 보안통이라 평가했다. 또한 높은 식견과 풍부한 실무경험으로 많은 업적을 남길 것을 기대했다.[180]

이희성 중앙정보부장 서리였던 이희성 장군이 육군 대장으로 승진하고 육군 참모총장으로 전임되면서 정보부장 자리가 4개월간 공석이었다. 이에 윤일균 차장이 직무 대리를 맡아 왔던 것이 12·12 군사반란 이후의 중앙정보부 상황이었다고 한다.[181]

전두환 중앙정보부법 7조는 정보부장과 차장 그리고 기획조정관은 일체의 겸직을 금지하고 있다. 그래서 전두환 보안사령관이 중앙정보부장 서리로 임명된 것 같다고 당시 언론은 예측했다.[182]

---

179   동아일보, 1973년 12월 3일자, '강경노선에 유연성 부여'
180   경향신문, 1976년 12월 6일자, '민심일신에의 기대'
181   동아일보, 1980년 4월 14일자, '정부발령, 정보부장 서리에 전두환 중장'
182   동아일보, 1980년 4월 14일자, '정부발령, 정보부장 서리에 전두환 중장'

유학성 유학성 신임 정보부장에 대해서 당시 언론은 외모와는 달리 자상하고 대범한 지휘관으로 요약하고 있다. 유학성은 6·25에 참전하고 야전군 최고사령관인 군사령관까지 올라간 야전 지휘관 출신이다. 호랑이 상이어서 무서울 수 있으나 부하들과 허물없이 의견을 나누는 자상한 장군으로 알려졌다고 평하고 있다.[183]

---

183 동아일보, 1980년 7월 15일자, '정보부장에 유학성 씨'

5) 제5공화국

구분	이름	안전기획부장 재임 기간	출신
제5공화국	유학성	1981년 4월 8일 ~ 1982년 6월 1일	군인
	노신영	1982년 6월 2일 ~ 1985년 2월 18일	외무관료
	장세동	1985년 2월 19일 ~ 1987년 5월 25일	군인
	안무혁	1987년 5월 26일 ~ 1988년 5월 6일	군인

• 이철희·장영자 사건을 계기로 전두환과 허화평이 이른바 개혁정신을 내세우면서 친·인척도 예외 없이 처벌하자는데 앞장섰다. 그리고 정국 변화를 위해 안기부장을 유학성에서 노신영으로 바꿨다. 유학성 안기부장은 "이순자 여사도 자중해야 한다."라는 말을 남기고 물러났는데 유학성 안기부장의 경질은 허화평, 허삼수를 내치기 위한 예비 조치였다고 볼 수 있다. 1961년 5·16 쿠데타 직후 중앙정보부가 생긴 이래 민간인이 중앙정보부장 또는 안기부장에 임명된 건 이때가 처음이었다. 노신영의 임명은 전두환 권력의 성격이 달라졌다는 것을 보여 주는데 더욱 전두환 중심으로 권력이 재편되었다고 할 수 있다.[184]

---

184 프레시안, 2016년 11월 27일자, '단군이래 최대 어음사기, 그 뒤에 청와대'

• 전두환은 왜 6월 항쟁 직전 자신의 분신이라 불리는 장세동을 경질했는가? 당시 언론에서도 의외의 경질이라고 평한 기사들이 많다. 장세동은 전두환 정권 전반기 3년 7개월은 청와대 경호실장으로, 후반기 2년 3개월은 안기부장으로 전두환을 받들었다. 1967년부터 전두환을 다섯 번이나 가장 가까운 자리에서 보좌했다. 장세동은 전두환 정권 시절 전두환을 왕으로 떠받들었고 전두환이 물러난 이후에도 전두환을 대신해 감옥에 들어가는 것까지 마다하지 않았다. 분신 그 자체였다. 그런 장세동을 물러나게 한 데에는 정호용의 물귀신 작전이 영향을 끼쳤다. 박종철 고문치사 사건이 일어난 1월에 인책 개각을 할 때 노태우, 이춘구가 밀어붙여 전두환이 마지못해 정호용을 내무부 장관에 임명했다. 이후 정호용은 5월 23일 안가에서 열린 회의에서 안기부장을 포함한 내각의 총사퇴를 주장했다. 그러자 장세동은 대폭 개각은 대통령에게 부담을 준다는 특유의 불충 논리를 펴면서 반대했다. 그 다음날 정호용과 이춘구는 김성기 법무장관을 만나서 청와대에 검찰 수사를 보고할 때 "안기부장이 책임져야 한다."라고 책임 소재를 확실히 해 달라고 요청했다. 사실 전두환은 개각 전날 아침까지도 장세동을 경질할 생각이 없었다.[185]

---

185 프레시안, 2017년 2월 8일자, '전두환은 왜 6월 항쟁 직전 분신을 잘라야 했나'

▎당시 언론으로 보는 정보기관장

노신영 노신영을 안기부장으로 인선하게 된 배경에는 이철희·장영자 사건과 관련하여 정보력 부재에 대한 문책성 인사 성격이 있다고 언론은 전한다.[186] 국가 안전기획부장에 외교관 출신의 노신영 씨가 기용된 것은 전례가 없는 일이었다. 이에 대해 당시 언론은 불투명하고 격변하는 국제 정세의 흐름을 포착하여 한국 외교 전략에 연계시키려는 통치자의 새로운 구상으로 이해된다고 인선 배경을 분석했다.[187]

장세동 차분한 성격에 냉철한 판단력과 통찰력을 지닌 육사 16기 출신의 예비역 중장이다. 군 시절부터 전두환 대통령의 신임이 두터워 측근에서 보필해 왔고 81년 7월 대통령 경호실장으로 발탁돼 3년 7개월간 언제나 가장 가까운 자리에서 그림자처럼 보좌했다. 작전통이며 자상하고 부드러운 성품이면서도 원칙에 투철하고 공사 구분이 분명한 외유내강형의 완벽주의자로 정평이 나 있다고 신임 안기부장 프로필에 소개되어 있다.[188]

---

186 경향신문, 1982년 6월 2일자, '안전기획부장에 노신영 씨'
187 동아일보, 1982년 6월 3일자, '안기부장-외무장관 경질배경과 의미, 새변화 알리는 수습포석'
188 경향신문, 1985년 2월 19일, '2·18개각의 배경, 정국흐름에 탄력성'

안무혁 장세동 부장 교체가 언론을 통해 발표될 때 노태우 대표는 지방순시를 마치고 상경하는 고속도로 휴게소에 있었다. 그는 측근으로부터 라디오 뉴스를 전해 듣고는 빙긋이 회심의 미소를 지었다. 장세동의 후임으로 임명된 안무혁 부장은 이춘구 총장의 절친한 친구로 노태우가 전 대통령에게 천거한 인물이었다.[189]

---

189 동아일보, 1994년 6월 26일, '남산의 부장들'

6) 제6공화국

구분	이름	안전기획부장 재임 기간	출신
제6공화국	배명인	1988년 5월 7일 ~ 1988년 12월 4일	검찰관료
	박세직	1988년 12월 5일 ~ 1989년 7월 18일	군인
	서동권	1989년 7월 19일 ~ 1992년 3월 30일	검찰관료
	이상연	1992년 3월 31일 ~ 1992년 10월 8일	군인
	이현우	1992년 10월 9일 ~ 1993년 2월 25일	군인

• 1988년 5월에 취임한 배명인 안기부장은 검사 출신으로 법무부 장관을 거쳐 86년에 변호사를 개업한 비교적 온건한 인물로 알려져 있다. 그런데 이 시기의 정국은 4·26 총선 전후로 정부 여당의 수세 국면이 명확했다. 노태우 대통령이 대통령 선거에서 안기부의 기능 축소를 선거 공약으로 다짐했고 야당에서 주장하는 안기부 폐지론도 설득력을 갖고 있을 때였다. 따라서 안기부가 전면에 나설 수 있는 상황이 아니었고 오히려 근신하는 모습을 보여줘야 할 시기였다. 그런 점에서 배 부장은 적임자였다. 여권의 생색내기용으로 앉혀졌던 배 부장은 안기부의 활동을 축소시킴으로써 세간에서 비교적 우호적인 평가를 받는데 성공하기도 했다. 그러나 이후에 5공 비리, 광주특위 청문회 등으로 인해 6공의 정통성과 도덕성까지 흔들리는 상황이 전개

되면서 정권 안보의 중추적 역할을 담당해야 할 안기부장의 무無실적은 더 이상 미덕이 될 수 없었다.

• 12·5 개각을 통해 이른바 TK사단의 핵심 멤버이고 강한 보수 성향을 가진 박세직 안기부장이 등장한다. 박 부장은 부임하자마자 안기부를 정상화시켜 나가는 한편 정주영 씨의 방북을 계기로 일어난 금강산 관광 붐에 쐐기를 박기도 한다. 이후 박 부장은 공안정국을 조성하여 안기부의 위상을 다시 제자리로 돌려놓는다. 그렇다면 7·19 개각으로 인한 서동권 안기부장의 등장은 어떻게 보아야 할 것인가? 박세직 씨는 차기 대권을 노리고 있었다. 그래서 아무리 공안정국이지만 무리한 악역을 맡아 자신의 이미지에 손상을 가져올 행동은 하지 않았을 것이다. 그런데 노태우 대통령에게는 집권 2기를 맞아 자신의 손발과 같이 충실하게 움직여 줄 인물이 필요했고 그 사람이 서동권 안기부장이다. 서 부장은 5공 말기 공안정국을 확립한 전력이 있는 TK사단의 핵심인물로 노태우 대통령의 고등학교 1년 후배이기도 했다.(안영배 1989)

당시 언론으로 보는 정보기관장

배명인 사상 처음으로 야당 당사를 차례로 찾아가 총재들에게 인사를

하고 총재들의 지적을 수용하는 태도를 보이며 본연의 임무에만 충실하겠다고 답변했다.[190]

박세직 국회 법률개폐특위에 참석한 박세직 안기부장은 안기부의 정치적 중립선언 조항은 신설할 수 있으나 국내 정보업무는 계속하고 수사권도 유지하겠다고 밝힌 것으로 언론은 보도했다.[191]

서동권 서동권 안기부장은 총선 기간에 소속 직원의 흑색 유인물 살포 사건에 책임을 지고 사표를 제출했다.[192]

이상연 노태우 대통령의 탈당선언과 함께 국가 안전기획부는 시·도지부장 및 부내 주요간부 연석회의를 갖고 안기부의 정치개입 금지 등을 포함해 운영 체제 전반을 수정키로 했다고 보도했다. 정치 중심의 인물 동향 정보 체제에서 경제 과학 기술정보 체제로 안기부의 체질을 바꾸고 이에 따라 국내의 정치 조정 업무는 일체 하지 않기로 했다고 보도했다.[193]

190　동아일보, 1988년 11월 30일, '안기부 변신 몸부림'
191　한겨레, 1989년 1월 20일자, '민주화를 아직도 거부하는 안기부'
192　한겨레, 1992년 4월 1일자, '책임따지기를 외면한 개각'
193　경향신문, 1992년 9월 26일자, '안기부 정치관여 않기로'

이현우 이현우 국가 안전기획부장은 안기부 직원들에게 정치적 오해의 소지가 없도록 개인적으로 참여하고 있는 친목 단체 등의 간부직을 모두 사임하라고 지시했다고 밝혔다.[194]

---

194 한겨레, 1992년 12월 11일자, '안기부원, 친목단체 임원 사퇴'

7) 문민정부

구분	이름	안전기획부장 재임 기간	출신
문민정부	김덕	1993년 2월 26일 ~ 1994년 12월 23일	교수
	권영해	1994년 12월 24일 ~ 1998년 3월 3일	군인

• 김영삼 정부의 출범은 이른바 권위주의 시대가 끝나고 '정보 정치'의 피해자였던 민주화 세력이 국정 주도권을 잡았다는 점에서 국가 정보기관에게 역사적 전환점이었다고 할 수 있다. 이에 따라 문민정부로 통칭되는 김영삼 정부 이후의 국가 정보기관은 문민 통제가 이뤄지는 등 급격한 변화의 소용돌이에 빠지게 되었다. 김영삼 정부 출범 이후 '정보기관 바로 세우기'의 일환으로 수사권의 범위 축소 및 보안 감사권 폐지 등을 골자로 한 국가 안전기획부법 개정안이 국회에서 통과되었다. '국가보안법상의 찬양고무죄에 대한 수사권을 검찰에 이관'하고 '국가 정보정책의 수립과 정보 판단 및 운영에 관한 사항을 협의하는 정보 조정협의회 조항을 삭제'하는 것이 주요 내용이었다.

• 나아가 직권 남용을 금지하는 규정을 신설하여 '원장, 차장 및 기타 직원은 그 직권을 남용하여 법률에 의한 절차에 의하지 아니하고

사람을 체포 또는 감금하거나 다른 기관 단체 또는 사람으로 하여금 의무 없는 일을 하게 하거나 사람의 권리를 방해하여서는 아니 된다' 고 명시하고 처벌 규정도 마련하였다. 뿐만 아니라 전 직원들의 정치 관여를 금지하고 이를 처벌하기 위한 '정치 관여죄'를 신설하였다. 정치권에서는 1994년 6월 국회에 정보위원회를 신설함으로써 정보기관의 예산과 중요 직무사항에 대한 국회의 통제가 가능하도록 했다. 이러한 과정 속에서 당시 국가 안전기획부는 새로운 정보활동 체제에 맞춰 조직 개편과 인적 쇄신을 단행하였으며 국내외 정보환경의 변화를 반영해 '국제조직 범죄 및 테러 대응'과 같은 새로운 정보활동 분야를 개척하였다.(채성준 2015:283-284)

- 김영삼 정부의 첫 안기부장인 김덕 전 부총리는 안기부장 재직 시절 지방선거 연기 공작을 추진한 혐의가 드러나 이후 부총리 직에서 사퇴했다. 김영삼 전 대통령의 신임을 받던 권영해 안기부장은 김대중 정부 출범 이후 총풍과 북풍 등 공안사건 조작과 대선자금 불법 모금 등에 연루돼 4차례나 기소되는 수모를 겪었고 검찰 조사 중 문구용 칼로 자해를 하기도 했다.[195]

---

[195] 아시아 경제, 2014년 6월 10일자, '다시 비군인 출신 국정원장…장수할까'

당시 언론으로 보는 정보기관장

김덕 김덕 신임 안기부장은 과거에 부정적인 이미지를 주었던 정치사찰 기능을 과감히 폐지하고 국가 이익을 위한 해외정보 수집활동에 치중하겠다고 밝혔다고 전했다.[196] 또한 안기부 관계자의 말을 인용하여 "신임부장의 성향은 물론 인적사항도 제대로 알 수 없어 당혹스럽고 정보조직으로서의 특수성이 있는데 안기부라는 특수 조직을 장악할 수 있겠냐."라는 회의적인 분위기를 전하기도 했다.[197]

권영해 안기부장에 권영해 전 국방부 장관이 임명된 것에 대해서 당시 언론은 상당히 비판적인 기사를 싣고 있다. 청와대 실무진조차 고개를 갸우뚱할 정도로 논란을 일으키고 있다며 율곡비리 관련 부담을 무릅쓰고 안기부장에 임명한 것은 하나회를 숙청하는데 절대적 공로를 세운 점이 크게 감안되었다는 후문이 있다고 전했다. 이와 함께 현철 씨와 밀접한 관계를 맺고 있다는 정치권 소식도 지면에 실렸다. 또한 민정수석실이 김두희 전 법무장관을 안기부장 후보로 천거했다는 내용까지도 밝혔다.[198]

---

[196] 한겨레, 1993년 2월 27일자, '정치사찰 근절…해외정보 수집 치중, 김덕 안기부장 밝혀'
[197] 한겨레, 1993년 2월 27일자, '환영, 갸우뚱, 엇갈린 표정 뚜렷-새 내각발표'
[198] 한겨레, 1994년 12월 24일자, '철통보안 개각 뒷 얘기 풍성 권영해 안기부장 발탁 논란'

8) 국민의 정부

구분	이름	국가정보원장 재임 기간	출신
국민의 정부	이종찬	1998년 3월 4일 ~ 1999년 5월 25일	군인
	천용택	1999년 5월 26일 ~ 1999년 12월 23일	군인
	임동원	1999년 12월 24일 ~ 2001년 3월 26일	군인
	신건	2001년 3월 27일 ~ 2003년 4월 24일	검찰관료

• 김대중 정부가 출범하면서 국가 정보기관은 1999년 1월 '국가정보원National Intelligence Service'으로 다시 명칭이 변경되었다. 영문 명칭도 과거 사용하던 'Agency'대신에 'Service'로 개칭하여 권위주의적 색채를 탈피하고 국민들에게 봉사하는 기관으로의 변환을 모색하기 위해 대대적인 조직개편과 인적쇄신이 이뤄졌다. 그동안 국내 담당이 제1차장, 해외 담당이 제2차장이었으나 해외 담당을 제1차장, 국내 담당을 제2차장으로 바꿔 서열을 조정했다. 그리고 국내정보 분야를 축소하는 대신 해외정보 및 경제통상 산업기술 분야를 보강하고 테러 대응 및 사이버 산업 보안 등에 대한 활동을 강화하였다.(채성준 2015:284)

▌당시 언론으로 보는 정보기관장

이종찬 이종찬 국가 안전기획부장의 "인사 병폐의 과감한 혁신을 이뤄야 한다."라는 취임사 이후 대대적 숙청과 감원을 예고한다는 언론 보도가 나왔다.[199] 당시 청와대는 이종찬 씨 임명에 대해서 안기부 내부 사정을 잘 알고 있고 민주적 신념이 뚜렷해서 안기부가 국내 정치에 개입하는 것을 막는데 큰 구실을 할 것으로 기대한다고 밝혔다. 그리고 세계정세와 경제정보 수집 등에 탁월한 역량을 발휘할 것이라고도 했다. 언론은 이에 따라 서울시장 후보 공천 등 지방선거에 대비한 여권 내부의 구도와 당직에도 변화가 있을 것으로 분석했다.[200]

천용택 김영삼 정부에서 장관급인 비상기획위원장을 지낸 천용택이 DJ정부에서 국방부 장관에 이어 국정원장으로 영전하는 출세 가도를 달리게 된 것은 미스터리이기도 하다. 여권 관계자에 따르면 천용택은 육군 소장 시절인 92년 대선 때만 해도 DJ를 비난하고 다닌 사람이라 96년 총선을 앞두고 국민회의에 영입됐을 때도 별로 신임을 얻지 못했었다고 한다. 그런데 97년 대선에서 이회창 후보의 아들 병역 문제를 이슈화한 당사자가 천용택이었다고 한다. 이 때문인지는 몰라도

---

199   동아일보, 1998년 3월 6일자, '안기부 과감한 혁신, 이종찬 부장 취임사'
200   매일경제, 1998년 3월 5일자, '안기부장 이종찬 씨, 예산위장 진념 씨'

천용택 본인은 7개월여 만에 설화에 휘말려 단명으로 물러나는 순간까지도 DJ의 신임을 자신하고 있었다고 보도했다.[201]

임동원 김대중 대통령은 대선자금 관련 발언으로 물의를 빚은 천용택 국정원장을 경질하고 후임에 임동원 통일부 장관을 임명한다고 보도했다.[202]

신건 신건 신임 국정원장은 취임사에서 국정원이 그동안 대북 문제와 외교 분야에서 애쓴 것은 알지만 그에 못지않게 국내 분야도 챙겨서 대통령을 보좌해야 한다고 말한 것으로 알려졌다. 특히 건강보험 재정 파탄 등 정책 혼선과 관련해 국정원의 역할이 미흡했음을 지적하면서 국정 전반에 대한 예고 정보를 챙겨 대통령에게 보고해야 한다고 강조했다고 당시 언론은 전했다.[203]

---

201 동아일보, 2003년 4월 2일자, '비화 국민의 정부 1부 14-국정원장 천용택의 부침'
202 동아일보, 1999년 12월 23일자, '천 국정원장 경질'
203 동아일보, 2001년 3월 29일자, '신건 국정원장, 국내정보수집 강화하겠다'

9) 참여정부

구분	이름	국가정보원장 재임 기간	출신
참여정부	고영구	2003년 4월 25일 ~ 2005년 7월 11일	법조인
	김승규	2005년 7월 11일 ~ 2006년 11월 23일	검찰관료
	김만복	2006년 11월 23일 ~ 2008년 2월 11일	관료(정보기관)

• 김만복 국정원장은 내부 출신으로는 처음으로 정보기관의 수장이 되었다. 국정원 기조실장을 지낸 문희상 의원은 당시 언론과의 인터뷰에서 "내부 출신 인사가 최초 국정원장직에 앉는다는 것은 정보기관의 '정치적 중립의 완결판'이라고 할 수 있다."라고 의미를 부여했다. 하지만 언론은 수장이 누구냐에 따라 약이 될 수도 있고 독이 될 수도 있는 조직이 국정원이라며 내부 출신일수록 팔이 안으로 굽고 정보의 자의적 취사선택으로 인해 대통령의 '눈과 귀'를 가릴 수도 있다는 우려가 있다고 쓰고 있다.[204]

고영구 노무현 대통령은 초대 민변회장 출신인 고영구 변호사를 신임 국정원장 후보로 내정했다. 청와대는 고영구 내정자가 판사 출신으로

---

[204] 오마이뉴스, 2006년 11월 23일자, '45년만의 내부출신 국정원장, 약일까 독일까'

11대 국회의원을 지냈고 민주헌법쟁취 국민운동본부 공동대표, 한국 인권단체협의회 상임대표 등 다양한 개혁적 활동을 했던 것이 높게 평가됐다고 밝혔다.[205]

김승규 청와대 고위 관계자는 김승규 국정원장은 노무현 대통령의 국정운영 철학을 잘 알고 있는 호남 출신 법조인으로 국정원 개혁을 차질 없이 수행할 적임자라고 밝혔다.[206] 하지만 얼마 지나지 않아 김승규 신임 원장 체제의 국정원이 출범 한 달 만에 위기를 맞고 있으며 부끄러운 과거사로 인해 검찰 수사 대상에 오를 지경이라는 보도가 있었다.[207]

김만복 김만복 국정원장의 내정은 최초의 공채직원 출신 국정원장 발탁이다. 국내정보 분야에서 시작해 16년 넘게 해외 분야에서 근무하고 국정원 해외 담당 1차장을 거쳤다고 보도했다.[208]

---

205 프레시안, 2003년 3월 26일자, '국장원장 내정된 고영구, 누구인가'
206 경향신문, 2005년 8월 1일자, '김승규호 국정원 한달 만에 위기'
207 국민일보, 2005년 6월 15일자, '문희상, 김승규 국정원장 카드는 잘 된 인사'
208 ZDNET Korea, 2006년 11월 2일, '신임 국가정보원장, 김만복 1차장 내정'

10) 이명박 정부

구분	이름	국가정보원장 재임 기간	출신
이명박 정부	김성호	2008년 3월 26일 ~ 2009년 2월 11일	검찰관료
	원세훈	2009년 2월 12일 ~ 2013년 3월 21일	행정관료

• 전직 국정원 고위 관계자는 이명박 대통령이 원세훈 원장을 앉힌 것은 국정원장을 정권의 관리자로 봤기 때문이라고 비판했다고 한다.[209]

당시 언론으로 보는 정보기관장

김성호 언론은 김성호 원장이 취임식에서 사심, 과시욕, 분파주의를 버려야 할 세 가지로 지목했다고 전했다. 또 국익을 위한 순수 정보기관을 언급함에 따라 국정원은 경제정보 강화에 주력할 것으로 전망된다고 분석했다.[210] 그리고 김성호 국정원장 후보자가 현상 유지 기조 아래 미세 조정을 골자로 하는 현 기획조정실의 조직개편 방안을 승인했다고 보도했다. 조직 사정을 잘 아는 최고참 선배들이 차관급 네

---

209 동아일보, 2012년 12월 24일자, '[박근혜 시대]인사가 만사다-국정원장'
210 한국경제, 2008년 3월 26일, '국정원 김성호 원장 취임일성…사심, 과시욕, 분파주의 3Stop'

자리의 절반을 차지한 것에 대한 중간 간부의 비판적 시간도 언론에 소개되었다. 외부에 의한 개혁이 물 건너갔으니 자정 능력을 상실한 국정원은 앞으로 영영 개혁되기 어려울 것이라며 혀를 찼다는 것이다.[211]

원세훈 원세훈 신임 국정원장이 국정원 실·국장 및 시·도 지부장 등 부서장급 간부들에 대한 대폭적인 인사를 단행한 것으로 알려졌다. 부서장급 간부 27명 중 유임된 사람은 4명에 불과하며 8명이 대기 발령됐고 15명이 교체되었다고 전했다. 또한 전체 국정원 간부 중 30% 정도가 대기 발령됐고 55%는 교체돼 전체의 85%가 물갈이 인사에 포함됐다는 언론보도가 있었다.[212]

---

[211] 동아일보, 2008년 3월 12일, '국정원 1, 3차장 내부승진…김성호 원장 후보자 노선 온건'
[212] 부산일보, 2009년 3월 4일, '국정원 대폭인사 간부 85% 물갈이'

11) 박근혜 정부

구분	이름	국가정보원장 재임 기간	출신
박근혜 정부	남재준	2013년 3월 22일 ~ 2014년 5월 21일	군인
	이병기	2014년 7월 16일 ~ 2015년 3월 1일	외교관료
	이병호	2015년 3월 18일 ~ 2017년 5월 31일	관료(정보기관)

• 박근혜 정부의 '국정원 정치'는 냉전 분단체제와 더불어 형성되어 온 '구조적 파시즘'의 여러 요소들 중에서 하나이다. 이것은 김영삼~김대중~노무현 정부 시기 보수 언론과 검찰이 주도했던 일시적인 반공·반북 히스테리가 집권이라는 유리한 조건에 힘입어 다른 형태로 나타난 것이다. 물론 박근혜 정권이 정권의 위기를 빌미로 긴급조치, 계엄령 등을 선포하거나 비상 입법을 시도하지 않은 점, 사법부 특히 개별 법관의 판결이 권력자의 입김 아래에 있지는 않았으며 비판적 언론의 공간이 존재했다는 점에서 과거 유신체제나 통상적 의미의 파시즘과는 거리가 멀다. 박근혜 정부의 국정원 정치는 부분적으로는 박정희식 권위주의의 향수가 부활한 것이며 신자유주의의 양극화와 사회·경제적 위기에 대한 대중적 불안감이 반영된 것이다.(김동춘 2014:27)

▌당시 언론으로 보는 정보기관장

남재준 남재준 신임 원장에 대해 세계와 주요 국가들의 전략 흐름과 다가올 미래를 거시적으로 예측하는 것이 최근 국가 정보기관의 핵심 임무 가운데 하나인데 빠르게 변화하는 세상에 대응해 정보기관을 제대로 혁신할 수 있을지에 대한 우려가 있다고 전했다. 또한 군 출신 인사의 원장 임명에 대해 '시대에 역행하는 인사'라는 불만이 적지 않다고 보도했다.[213]

이병기 언론은 정부 관계자의 말을 빌려 이병기 신임 원장은 2차장을 역임해 국정원 내부 사정을 잘 아는 만큼 국정원에 개혁 바람이 거세질 것이라고 예상했다. 그리고 남재준 전 원장이 남북정상회담 회의록 전문을 전격 공개한 것과 이석기 통합진보당 의원을 내란음모 혐의로 구속한 것 등 정치적 파장이 컸기 때문에 비군인 출신 원장을 내정해 개혁에 속도를 낼 것이라는 것이 중론이었다고 밝혔다.[214]

이병호 이병호 신임 국가정보원장이 취임 일성으로 "국정원은 권력기관이 아닌 순수한 안보 전문 국가 정보기관으로 자리매김해야 한다."

---

[213] 주간동아, 2013년 4월 8일자, '남재준 국정원, 육사인맥 부활'
[214] 오마이뉴스, 2014년 6월 10일자, '국무총리 중앙출신 문창극, 국정원장 이병기 주일대사'

라고 했다는 보도가 있었다.[215] 이병호 국정원장은 전 안기부 2차장을 지냈다.[216]

---

215 KBS, 2015년 3월 19일자, '이병호, 국정원 권력기관 아닌 순수한 안보전문기관 돼야'
216 아이뉴스24, 2015년 2월 27일자, '신임 국정원장에 이병호 전 안기부 2차장…언제적 안기부?'

12) 문재인 정부

구분	이름	국가정보원장 재임 기간	출신
문재인 정부	서훈	2017년 5월 31일 ~ 현재	관료(정보기관)

• 특정 언론에서 문재인 대통령의 초대 내각 인사에 대해 개혁이 필요한 곳에는 교수와 시민단체 출신을 기관장으로 선임했다고 보도했다. 다만 개혁이 가장 절실한 곳 중에 하나인 국정원은 복합적 배경이 작용되었는데 국정원 개혁의 선봉으로 국정원 출신을 인선한 것은 단계적이고 안정적인 개혁을 주문한 것으로 해석된다고 분석했다.[217]

▎당시 언론으로 보는 정보기관장

서훈 서훈 신임 원장은 통상 IO라고 부르는 부처와 기관, 단체, 언론 등에 출입하는 정보관 제도를 폐지하고 국정원의 대표적 적폐 중 하나로 꼽혀 온 불법 사찰 활동을 원천 차단하겠다는 입장을 밝힌다.[218]

---

[217] 국민일보, 2017년 6월 28일자, '개혁 필요한 곳에 교수 시민단체 출신…문 대통령 인사스타일'
[218] 노컷뉴스, 2017년 6월 11일자, '서훈 국정원장 취임일성, IO 없애라 고강도 개혁천명'

4. 빅big3 인선을 통해 본 대통령 리더십 분석

1) 대통령 리더십 분석을 위한 체계 도출

대통령은 다중으로 격리되어 있다. 따라서 대통령에게 행정적·거리적·심리적으로 가장 가까이 있으면서도 영향력이 큰 직책인 국무총리, 비서실장, 정보기관장의 인선 형태를 살펴보면 대통령의 리더십 스타일을 도출할 수 있다. 대통령의 리더십 스타일이 시대와 맞으면 성군이 되는 것이다.

라즈Raz는 철학적 관점에서 권위에 두 가지 범주가 있다고 한다. 하나는 '복종을 요구하는 권위'이고 또 다른 하나는 '믿음의 형성에 영향력을 행사하는 권위'이다. 복종을 요구하는 권위를 실천적 권위practical authority라고 하고 믿음의 형성에 영향력을 행사하는 권위를 이론적 권위theoretical authority라고 한다. 실천적 권위의 예로는 직장 상사와 부하의 관계 같은 지위적 권위를 들 수 있다. 그리고 이론적 권위의 예로는 교수의 발언에 대한 신뢰와 같은 전문가적 권위를 들 수 있다. 따라서 실천적 권위는 그 지시가 이행할 근거가 되는데 반해 이론적 권위는 그 지시가 신뢰할 근거가 될 뿐이다.(Raz 2009; 조홍식 2011:130-131)

대통령제하에서 대통령의 권위는 실천적 권위의 극대화 지점에 있다는 것에는 이견이 없다. 웨스트West는 이러한 실천적 권위의 대통령 리더십을 부처를 통합하는 유형에 따라 크게 세 가지로 나눈다. 첫째는 상의하달식 주도형이고 둘째는 상의하달식 대응형, 셋째는 하의상달식 대응형이다. 대통령이 부처를 통합하는 유형, 즉 대통령의 인선 등의 관리 행태는 제도적 자원(법적인 권인, 조직 역량 등)과 제도적 유인책(정책 목표, 단기적인 정치적 필요, 장기적 평판)이 영향을 미치는 것으로 알려져 있다. 제도적 자원과 제도적 유인책은 상호 영향을 미치는 요인들이라고 한다.(West 2006:451)

대통령의 행정부 지휘를 통한 리더십 유형

리더십 유형	의사결정의 기저	조직간 협동성 효과	정책응집성
상의하달식 주도형 Top-down proactive	위계적 목표들의 적용과 목표 간 융합	체계적 계획에 근거함	부처 간
상의하달식 대응형 Top-down reactive	위계적 목표들의 검증과 검토	의식적 협동성은 없음	정책담당 부서의 영역 범위 내
하의상달식 대응형 Bottom-up reactive	갈등 해결이 목표	임시적임	없음

*West(2006:448, 표2 원용)

프로이트의 심리학 연구와 대통령의 리더십을 접목한 괴달스(Goethals 2005:547-549)는 대중은 권위를 가진 사람에 본능적으로 복종을 한다고 했다. 괴달스는 사람들이 군집되어 있을 때 상호 간에 영향을 더 많이 주고받는다는 사실을 강조한 프로이트의 연구인 「집단 심리학과 에고의 분석Group Psychology and the Analysis of the Ego」(1921)에서도 동일한 주장이 있다고 설명하면서 신비롭고 저항할 수 없는 힘a mysterious and irresistible power이라는 표현을 사용한다. 프로이트는 정체성이 비슷할수록 강한 연대를 가질 것이라고 설명하고 있다. 또 원시 사회부터 사회의 기억이 유전자 속에 기억되고 있다는 것이다. 결과적으로 리더십에 관한 프로이트의 이론에 따르면 리더와 추종자 사이의 강한 연대는 정체성의 부합 정도로 판단된다는 것이다.

융(Jung, 1973)은 리비도Libido에 대해 인간 자신의 원천을 무의식 속에 갖고 있는 것이라고 설명한다. 리비도는 개별적인 것뿐만 아니라 집단 에너지이며 리비도의 원천은 집단 무의식 혹은 본능에 자리 잡고 있으므로 인류의 조상으로부터 전해오는 연대적인 유산이라고 한다.(고승욱 1978:121-122) 리비도는 무의식 세계인 이드id와 연결되어 있다고 할 수 있다. 프로이트는 이드(id, 무의식, 충동)와 슈퍼에고(superego, 초자아, 구조, 법, 규칙)를 조절하는 기능을 에고(ego, 자아)라고 한다.(황순향 2016:390) 이러한 심리적 인식의 구조는 웨스트의 리더십 유형과 연결될 수 있다. 직관적으로 자신이 주도하는 상의하달식 주도형 리더십은 본능에 충실한 이드 성향이 드러난 리더십이라 할 수 있다. 자신의 의지를 관철시키고자 하지만 추종자의 재량 범위를 인정하는 상의하달식 대응형 리더십은 에고성향이 드러난 리더십이라고 할 수 있다. 끝으로 법과 규칙에 따르는 슈퍼에고는 하의상달식 대응형 리더십과 상관성이 높다고 볼 수 있다.

빅big3 인선을 통해 알 수 있는 대통령 리더십 도출 체계

리더십 유형	상의하달식 주도형 Top-down proactive	상의하달식 대응형 Top-down reactive	하의상달식 대응형 Bottom-up reactive
심리학	이드id 성향	에고ego 성향	슈퍼에고superego 성향
기존이론	변혁적 리더십	변혁적 리더십	거래적 리더십
요소	카리스마, 개별적 배려	지적 자극, 영감적 동기부여	상황적 보상, 예외에 의한 관리
위기 시	위험 감수형	위험 분산형	위험 회피형
구현	정보기관장 중용	비서실장 중용	국무총리 중용

앞서 언급한 웨스트의 리더십 유형은 이론적으로 통용되고 있는 리더십 유형과도 연계하여 이해할 수 있다. 변혁적 리더십은 구성원들의 목표, 가치, 신념, 열망을 변화시킴으로써 자신의 역할, 능력, 조직에 대한 생각을 긍정적인 방향으로 유도하여 조직에 헌신적이며 열정적인 노력을 이끌어 낼 수 있다. 조직 구성원들에게 외재적 보상이

아니라 일에서의 의미를 찾아 자발적으로 직무에 몰입하도록 하는 것이다. 변혁적 리더십은 카리스마, 개별적 배려, 지적 자극, 영감적 동기부여 네 가지로 구성된다.(Bass 1985, 유치성 외 2016) 반면 거래적 리더십은 성과에 대한 보상을 통해 구성원의 동기를 유발시킨다. 바스Bass는 거래적 리더십을 일련의 교환 또는 협상에 토대를 둔 리더와 구성원들의 관계에서 기대되는 노력 또는 협상된 노력을 발휘하도록 동기부여하는 것이라고 정의하였다. 이러한 거래적 리더십은 상황적 보상contingent reward과 예외에 의한 관리management by exception, 두 가지 요인으로 구성되어 있다. 이 두 이론은 상호 배타적인 것이 아니라 상호 보완적인 관계라고 할 수 있다.(이철희 외 2012:150)

이처럼 리더십은 심리적 요인과 매우 밀접하다고 할 수 있는데 그 심리적 요인이 극명하게 드러나는 시점은 위험에 처해 있을 때라고 할 수 있다. 위험에 처해 있을 때 위험을 회피risk-aversion하거나 감수risk-taking하는 행동은 그 사람의 본질적인 정체성을 드러내는 것이라고 할 수 있다. 섹스톤과 보먼(Sexton & Bowman, 1986)은 위험 감수성에 대해 불확실한 결과가 예상됨에도 불구하고 과감히 도전하려는 의지의 정도로서 위험에 무관심하고 위험을 즐기는 정도를 의미한다고 하였다.(박상용·김연정 2004:485) 또 위험 회피 성향 또한 개인의 인지 능력과 상관성이 있다는 연구 결과가 있다.(박범조 2015:84) 위험 회피 성향, 위험 감수 성향과 성격과의 관계에 대한 실증 연구에서 위험 회피 성향이 낮을수록 기업가 정신이 높은 리더십을 나타내고 있었다.(Chan 외, 2015)

2) 빅big3 인선을 통해 본 대통령 리더십 분석의 한국적 적용

대통령의 인선과 대통령 리더십과의 관계는 어떠할까? 대통령 주변에서 가장 중요하고 가까운 자리는 국무총리와 비서실장 그리고 정보기관장일 것이다. 이 세 자리의 인선은 대통령 리더십의 리트머스 시험지라고 할 수 있다. 우선 국무총리는 대통령과의 개인적 관계보다는 당시의 정치 상황 등의 영향으로 공식적이고 객관적인 인선이 이뤄져야 한다.

함성득(2002:35)에 따르면 대통령 비서실장은 공식적인 역할과 비공식적인 역할을 동시에 수행해야 한다. 정보기관의 수장은 정보를 다루는 은밀한 논의를 대통령과 해야 하는 자리이다. 정보기관장이 비공식적인 직책은 아니지만 업무 특성상 국정의 드러나지 않는 영역에 대한 보좌를 한다는 측면에서 오히려 성격은 완전히 비공식적인 경향이 있다. 즉 공식적인 정도를 보면 국무총리 > 비서실장 > 정보기관장 순이 되는 것이다.

역으로 대통령이 합리적이면서 보편적이라는 가정을 한다면 정보기관장과는 내심을 이야기할 수 있고 비서실장과는 진심을 이야기할 수 있을 것이며 국무총리와는 상식적인 이야기를 할 수 있을 것이다.

빅big3 인선을 통해 본 대통령 리더십 분석의 한국적 적용

대통령	주요(위기) 사건	국무총리	비서실장	정보기관장
이승만	부산 정치파동	교체	-	-
박정희	한일국교정상화 협상	교체	유임	유임
전두환	12대 총선 야당 돌풍	교체	유임	경질
노태우	전교조 탄압	유임	교체	교체
김영삼	한보사태	교체	교체	유임
김대중	DJP연합 붕괴	유임	교체	유임
노무현	탄핵 소추	교체	유임	유임
이명박	광우병 사태	유임	교체	교체
박근혜	탄핵	유임	교체	유임
문재인	정권교체	언론/정치인	정치인	내부 전문가

▎이승만 대통령, 상의하달식 주도형 리더십

이승만 대통령 시절에는 제도가 전반적으로 정비되지 않아서 국무총리는 권한이 약했고, 정보기관은 만들어지지 않았으며, 비서실장도 순수 비서역할에 국한되어 있는 상황이었다.

이 책의 '대통령 리더십 분석 체계'로 이승만 대통령의 리더십을 살펴보면 주요한 정치적 위기였던 부산 정치파동 시에 국무총리를 경질하는 리더십을 보였다. 비서실장과 정보기관장에 대한 판단을 할 수 없으므로 국무총리를 가지고 리더십 유형을 정의해 보자. 국무총리를 존중하는 리더십이 하의상달식 대응형 리더십이라면 이승만 대통령은 정반대의 리더십인 상의하달식 주도형 리더십을 갖고 있었다고 분석할 수 있다.

부산 정치파동은 1952년 제2대 대통령 선거에서 재집권하기 위해 직선제 개헌안을 강압적으로 통과시키려 한 일련의 사태를 말한다. 당시 이승만 대통령은 전쟁 와중에 행정상의 무능력, 부정부패, 국민방위군 사건과 거창 양민학살 사건 등으로 인해 권위가 크게 실추된 상태에서 제2대 대통령 선거를 치르는 상황이었다. 이에 따라 조선민족청년단, 대한청년단, 노동총연맹 등 어용단체를 동원한 관제데모를 부추겼고 정치깡패 집단인 백골단, 땃벌떼, 민중자결단 등의 이름으로 장면 국무총리를 해임하게 만들었다. 이후 장택상을 총리로 임명하고 장택상의 신라회를 끌어들여 개헌을 지지하게 만들었다. 이에 대한 반대로 이시영, 장면, 김성수, 조병옥, 김창숙 등이 국제 구락부에서 '호헌구국선언'을 꾀하였으나 괴한들의 습격으로 무산되었다. 결국 발췌 개헌을 추진하여 개정 헌법이 통과되었다.[219] 이승만 대통령

---

219 온라인 한국근현대사 사전, 부산정치파동 편

은 장택상을 이용해 개헌을 성공시켰지만 후루이치 사건으로 정치적 논란이 일자 장택상을 즉각 사임시켰다.(이재원 2014:68)

▎박정희 대통령, 상의하달식 주도형 리더십

1965년 6월 동경에서 한일기본관계조약 등이 조인되고 한일국교 정상화를 추진하면서 야당과 학생들의 반대와 격렬한 시위가 있었다. 이로 인해 6·3항쟁이 일어나기도 했던 시점에 대통령이 국무총리와 비서실장 그리고 정보기관장 중에서 어느 분야를 중용하였는지 살펴보고 이 책의 '대통령 리더십 분석 체계'로 박정희 대통령의 리더십을 분석하면 다음과 같다.

최두선 국무총리는 한일회담 주역은 내각이 아니라는 입장으로 개각을 반대하다가 취임 144일 만에 사퇴를 하게 된다. 대통령이 국무총리의 영향을 받는 구조는 아니었던 것이다. 당시 비서실장은 이후락, 중앙정보부장은 김형욱으로 한일회담은 중앙정보부를 창설한 김종필이 주도를 하였다는 점에서 김형욱까지 이어지는 중앙정보부의 역할이 더 컸던 점은 주지의 사실이다. 따라서 위기 때 정보기관을 중심으로 리더십을 발휘한 박정희 대통령은 상의하달식 주도형 리더십을 보였다고 할 수 있다.

한일국교정상화로 촉발된 한일회담 반대 투쟁은 박정희 대통령의 주요한 정치적 위기 사건이라고 볼 수 있다. 당시는 박정희 대통령이 군사 쿠데타를 통해 집권한 지 얼마 되지 않아 체제가 정비되지 않은 상태였기 때문이다. 박정희 대통령에게는 심리적으로나 정치적으로나 위기의 순간이라고 할 수 있다. 그래서 더욱 본인의 근본적인 리더십을 보여주는 상황이라고 할 수 있을 것이다.

한일회담 반대투쟁은 한일국교정상화 회담이 본격화된 1964년부터 한일기본조약이 조인된 65년까지 학생과 야당을 주축으로 전개된 투쟁으로 64년 6월 3일에 절정을 이뤄 '6·3항쟁'이라고도 한다. 1964년 3월에 정부는 한일회담의 3월 타결, 4월 조인, 5월 비준 방침을 세웠다. 그러자 야당은 이에 반대하는 '대일 굴욕외교반대 범국민투쟁위원회'를 결성, 전국을 순회하는 유세에 돌입했다. 서울대생들은 3월 24일에 '한일회담의 즉각 중지'를 요구하는 집회를 갖고 이케다 수상과 이완용의 화형식을 거행한 뒤 가두시위를 벌였다. 이어 시위는 25일과 26일을 기점으로 전국으로 확산되었고 4월에 들어서면서 더욱 반정부적 성격을 뚜렷이 드러내게 되었다. 이러한 일련의 과정을 통해 불붙기 시작한 한일회담 반대 학생 운동은 6월 3일에 이르러 1만여 명의 시위대가 광화문까지 진출, 파출소가 방화되기에 이르렀다. 이후 군사 쿠데타, 정보 정치, 매판 독점자본, 외세 의존 등 본질적인 문제제기로 확대·고조되어 정권 퇴진까지 요구하게 되었다. 이에 정권 존립의 위기에 처한 박정희 정권은 밤 8시를 기해 서울시 일원에 비상계엄을 선포하고 대대적인 탄압을 시작하여 384명의 민주인사와 학생들을 구속했다. 이후 장기간에 걸쳐 격렬하게 전개된 6·3항쟁은 위수령 등으로 끝내 좌절되고 말았다.[220]

▎전두환 대통령, 상의하달식 주도형 리더십

역대 총선 중 가장 큰 반전이라고 하는 제12대 총선은 전두환 대통령에게는 크나큰 위기의식을 느낄 수밖에 없는 정치적 사건이었다. 이러한 사건을 수습하는 과정 속에 나타나는 모습들은 이 책의 '대통령 리더십 분석 체계'로 살펴보기에 적절한 사례라고 할 수 있다.

진의종 국무총리의 갑작스러운 와병 상태에서 총선을 치르게 되었고 야당 돌풍이 일어난 선거에서 노신영 안기부장이 국무총리로 자리를 옮기게 된다. 그리고 장세동이 경호실장에서 안기부장으로 옮겨 간다. 비서실장이었던 이규호(1985년 1월~1985년 10월)는 9개월여의 짧은 재임 기간으로 인해 큰 영향력을 발휘하지는 못하였다. 결과적으로

---

[220] 온라인 한국근대현사 사전, 한일회담반대투쟁 편

전두환은 안기부를 중심으로 국정을 운영했다고 할 수 있다. 따라서 상의하달식 주도형 리더십을 갖고 있다고 분석된다.

전두환 정부의 입장에서 제12대 총선을 정치적 위기 사건으로 선택한 이유는 정치 해금 인사들을 중심으로 결성된 신한민주당이 창당 20여 일 만에 제1야당으로 급부상하는 등 집권당에 대한 국민의 불신과 민주화 열망을 반영하는 선거였기 때문이다. 이 선거의 특징은 신민당이 대도시 표를 휩쓸며 서울 14개 지구, 부산 6개 지구, 광주, 인천, 대전의 5개 지구에서 전원 당선자를 내는 등 서울, 부산 등지에서 신민당 후보가 거의 1등으로 당선되어 대도시 득표율에서 민정당을 앞지르는 기세를 올린 것이다. 당시 '선거 혁명'이라고도 불릴 만큼 신민당이 일대 회오리를 일으킬 수 있었던 것은 학생 운동권의 선거 운동 지원 등 젊은 층의 정치적 관심과 지원 덕분이다. 기존 제도권 야당에 대한 불만과 정통성이 결여된 전두환 정권의 강압 통치 및 부도덕성에 대한 국민의 불안이 한꺼번에 폭발한 것이다.[221]

---

221 온라인 한국근현대사 사전, 제12대 국회의원 선거 편

▎노태우 대통령, 상의하달식 주도형 리더십

노태우 정부에서는 구체적인 위기 사건이 특정 시점에 국한되는 것이 아니다. 때문에 이 책의 '대통령 리더십 분석 체계'로 빅big3에 대한 대통령의 인선을 살펴보기에는 그 인과성이 명확하지 않을 수 있다. 하지만 1989년 5월 28일 전국교직원노동조합(전교조) 출범과 함께 1,700여 명의 교사들이 강제 해직을 당하는 사건이 발생한다. 이러한 시점에서 노태우 대통령의 국무총리와 비서실장 그리고 정보기관장의 인선을 통해 리더십을 분석해보면 다음과 같다.

노재봉 국무총리는 대통령의 두터운 신임을 받고 있었고 홍성철 비서실장 역시 조용한 보좌를 지향하고 있었다. 국가 안전기획부장은 박세직에서 서동권으로 교체가 되었다. 노태우 대통령은 정보기관도 중용하였고, 국무총리도 중용하였다는 점에서 상의하달식 주도형 리더십을 보였다고 분석된다.

전교조 문제는 노태우 정부의 사회적 주요 사건 중에 가장 큰 사건이라고 할 수 있다. 당시 언론의 기사를 보면 국가가 '총동원령'을 내려 전교조에 대한 대대적인 토벌 작전을 전개하는 인상을 주고 있다고 보도한다. 그리고 야당 국회의원이 청와대, 안기부, 감사원, 내무부,

치안본부 등 11개 정부 기관이 '전교조 대책협의기구'를 구성했다고 폭로를 했다고 한다.[222] 노태우 정부는 전교조 탄생을 국가적 차원에서 대응해야 할 중대한 사회적 사안으로 보고 사활을 걸고 반응을 했다고 볼 수 있다.

▎김영삼 대통령, 상의하달식 주도형 리더십

김영삼 대통령은 정권 후반부였던 1997년 2월 한보그룹 정계 스캔들에 가족과 측근들이 연루되면서 큰 리더십의 상처를 입었다. 국무총리를 포함하여 7개 부처 장관을 경질하는 등의 중폭 개각을 단행했다. 고건 총리와 김용태 비서실장이 새로 기용되었고 권용해 안기부장은 계속 연임되었다. 결과적으로 정보기관의 수장은 그대로 신임하고 있는 모습을 보였다.[223] 이 책의 '대통령 리더십 분석 체계'로는 전형적인 상의하달식 주도형 리더십을 나타내고 있다고 할 수 있다.

한보사태는 김영삼 대통령의 집권 말기에 레임덕을 가속화한 사건이었다. 김영삼 대통령의 가장 큰 명에이자 오점인 IMF사태와도 연계

---

222 한겨레, 1991년 9월 23일자, "소탕작전"에 맞선 건재한 전교조'
223 연합뉴스, 1999년 2월 1일자에 보면 '기아 대책에도 권영해 안기부장 참석'이라는 보도가 있다. 권영해 안기부장은 김영삼 정부의 주요한 의사결정 단위에 끝까지 참여했다는 것을 알 수 있다.

되었고 정치권의 연루 의혹까지 터지며 많은 정치인이 구속되고 사법적 판단을 받은 사건이었다. 이로 인해 김영삼 대통령은 대국민 사과를 하고 이수성 국무총리는 사의를 표하는 등 국정 전반에 걸쳐 위기에 봉착했다.

당시 언론은 한보사태를 '정경유착, 로비, 차입, 관치금융 등 한국 경제의 모순과 치부를 그대로 응축해 놓은 사건이며 머지않아 다가올 환란을 예고하는 비극의 서막이었다.'라고 평했다. 또한 정태수 한보그룹 회장은 공교롭게도 문민정부 5년과 운명의 궤를 같이하였으며 깨끗한 정치를 내세운 YS시대의 뒤쪽에서 로비의 귀재가 화려하게 재기했지만 결국 처참하게 몰락했다고 기록하고 있다.[224] 당시 한보그룹의 부도를 발단으로 권력형 금융 부정과 특혜 대출 비리가 드러났는데 부실 대출 규모가 5조 7천여억 원으로 건국 후 최대의 금융 부정 사건으로 기록되었다.[225]

▎김대중 대통령, 상의하달식 대응형 리더십

DJP연합을 통해 정권을 창출한 김대중 정부의 가장 큰 정치적 위

---

[224] 경향신문, 1998년 8월 24일자
[225] 온라인 두산백과, 한보사태 편

기는 DJP연합의 붕괴라고 할 수 있다. 그 시점에 김대중 대통령이 주요 핵심 기관에 대한 인선을 어떻게 했는지 살펴보면 다음과 같다.

이한동 국무총리는 유임이 됐다. 국가정보원장도 DJP연합의 붕괴와 상관없이 정상적인 업무를 계속 수행했다. 비서실장의 경우는 이상주에서 전윤철로 교체가 되었고 4개월 남짓 후 박지원이 비서실장에 임명된다. 위기 시에 비서실장 중심으로 국정 위기를 타개하는 모습을 보였기 때문에 김대중 대통령은 상의하달식 대응형 리더십이라고 할 수 있다.

DJP연합으로 첫 수평적 정권교체를 이뤘던 김대중 대통령의 가장 큰 정치적 위기는 DJP공조의 파기 등 연합 전선의 이상이었다. DJP공조 파기는 당시 야당인 한나라당이 제출한 임동원 통일부 장관에 대한 해임 건의안이 가결되면서 시작됐다. 해임 건의안이 가결되자 자민련 이적파 의원인 장재식, 배기선, 송석찬 의원은 탈당을 선언하고 민주당으로 복귀하였다. 청와대에서도 DJP공조는 끝난 것으로 본다고 입장을 표명하고 민주당에서도 공조를 통한 정국 운영을 포기한다고 밝힌다.[226]

---

226 연합뉴스, 2001년 9월 3일자, '주요 연합뉴스-자민련 교섭단체 붕괴'

물론 DJP공조 파기 이후에 이한동 총리의 거취에 대해서도 아주 뜨거운 신경전이 있었다. 왜냐하면 여권은 여소야대 상황에서 총리를 교체할 경우 국회 인준 과정을 무사히 통과하기 어렵고 공조의 복원을 기대하는 측면도 있었던 반면 자민련은 연합이 와해된 상태에서 총리직을 유지할 경우에 배신이자 탈당을 의미하기 때문이었다. 이만큼 공조 파기는 김대중 대통령 입장에서는 일촉즉발의 상황이었고 리더십이 시험대에 오른 사건이라고 할 수 있다.

▌노무현 대통령, 상의하달식 대응형 리더십

노무현 정부에서의 정치적 위기라면 노무현 대통령에 대한 탄핵 소추 사건이라고 할 수 있다. 탄핵 소추가 헌법재판소에서 기각된 직후에 고건 국무총리의 사임 의사에 따라 교체를 하였을 뿐, 비서실장과 국가정보원장은 유임되었다. 김우식 비서실장과 고영구 국가정보원장에게 특별한 정치적 힘을 실어 주면서 위기를 타개한 것은 아니었기 때문에 오히려 이해찬 국무총리를 중용하였다고 보는 것이 타당하다. 이에 따라 이 책의 '대통령 리더십 분석 체계'로는 상의하달식 대응형 리더십을 보였다고 분석할 수 있다.

노무현 대통령의 탄핵 사태는 2004년 3월 12일 야당 국회의원 193

명의 찬성으로 탄핵안이 가결되어 같은 해 5월 14일 헌법재판소에서 기각된 헌정사상 초유의 대통령 탄핵 사태이다. 3월 9일 한나라당과 새천년민주당이 노무현 대통령의 선거법 위반과 측근 비리, 경제 파탄의 책임 등을 이유로 탄핵 소추안을 국회에 제출했다. 3월 12일 새벽 여야 대치 상황 속에서 박관용 국회의장이 오전 11시경 경호권을 발동하고 열린우리당 의원들의 저항을 물리적으로 막은 후 탄핵 소추안을 상정하여 무기명 투표를 강행했다. 그 결과 195명 야당 의원들 가운데 193명의 찬성으로 기습 가결시키고 헌법재판소에 소추 의결서를 접수시켰다. 헌정사상 최초의 대통령 탄핵을 폭압적으로 가결시킨 야당들에 대해 전국 각지에서 탄핵 반대 촛불시위가 연일 이어졌다. 각종 시민단체들은 탄핵 소추안 가결을 '야당에 의한 3·12 쿠데타'로 규정하고 탄핵안 철회 운동에 돌입했다. 탄핵안 가결에 대한 국민들의 분노는 4·15 총선에서 위력을 드러내 열린우리당이 과반을 넘는 152석을 차지하게 된다.[227]

▎이명박 대통령, 상의하달식 주도형 리더십

이명박 정부의 가장 큰 정치적 위기라면 정권 초기의 광우병 사태

---

[227] 온라인 한국근현대사 사전, 노무현 대통령 탄핵사태 편

라고 할 수 있다. 2008년 5월에 미국산 쇠고기 수입 재개를 발표하면서 불거진 광우병 사태 이후 이명박 대통령은 최측근이던 원세훈 국정원장을 임명한다. 국정원 중심의 위기 타개를 시도했다고 할 수 있다. 비서실장도 류우익에서 정정길로 교체가 되었다. 하지만 학자 출신의 정정길은 정치적 영향력이 낮다는 점에서 이 책의 '대통령 리더십 분석 체계'로 보면 국정원 중심의 상의하달식 주도형 리더십을 나타내고 있다고 분석된다.

이명박 대통령은 취임 116일째의 특별 기자 회견(2008년 6월 19일)에서 두 번이나 광우병 사태에 대해 사과를 했다. "저와 정부는 뼈저린 반성을 하고 있다."라고 한 번 고개 숙이고 "촛불로 뒤덮였던 거리에 희망의 빛이 넘치게 하겠다."라며 두 번 고개를 숙였다.[228] 이처럼 이명박 대통령 입장에서는 광우병 사태를 매우 큰 정치적 위기로 인식했던 것이다. 이런 상황에서 이명박 대통령 리더십의 원형을 볼 수 있는 시점이라고 할 수 있다.

이명박 대통령이 광우병 사태로 인한 촛불시위에 실제로 많이 놀랐다는 사실은 이명박 대통령의 측근이었던 정두언 전 의원의 증언으로도 알 수 있다. 정 전 의원은 당시 이명박 정권이 광우병 촛불시위의

---

228 중앙일보, 2017년 8월 17일자, '작전타임, 프리스타일-역대 대통령 100일 기자회견은'

배후를 노무현 전 대통령 세력으로 판단했다고 말했다. 그래서 정권의 안위를 위해 노무현 전 대통령 세력을 압박할 수단을 찾았고, 박연차를 잡으면 노무현 전 대통령을 잡을 수 있다고 부추긴 사람들이 있었다고 증언했다. 광우병 사태를 보면서 반대 세력이 만만치 않다는 것을 느꼈고 이를 정리하고 넘어가지 않으면 앞으로의 국정 운영이 어렵다고 생각했을 것이라고 증언했다.[229] 광우병 사태는 이명박 대통령의 리더십을 이해하는 핵심 코드라고 할 수 있다.

▎박근혜 대통령, 상의하달식 주도형 리더십

박근혜 대통령의 정치적 위기가 탄핵 심판이라는 점에 대해서는 이견이 없을 것이다. 박근혜 대통령의 탄핵 심판 과정에서 비서실장이 교체되었지만 불가피한 교체였다고 볼 수 있기 때문에 사실상 주요 기관장의 교체는 없었다고 할 수 있다. 따라서 이 책의 '대통령 리더십 분석 체계'로서는 위기에도 국무총리와 비서실장 그리고 국가정보원장 중에 어느 한 곳에도 힘을 실어 주지 않는 상의하달식 주도형 리더십을 보였다고 할 수 있다.[230]

---

229 고발뉴스, 2017년 8월 11일자, '정두언, 광우병 촛불에 놀란 MB에게 노 정치수사 부추긴 사람'
230 국정원의 정치개입 사건을 수사하던 검찰은 추명호 전 국정원 국장을 긴급 체포했다. 추명호 전 국장은 이명박 정부와 박근혜 정부 국정원의 정치개입에 가담한 혐의를 받고 있다. 재판 결과가 나와야 정확하겠지만 박근혜 대통령 역시 국정원을 통해 정치개입을 했다면 이 책에서 규정한 상의하달

박근혜 대통령 탄핵을 요구하는 촛불시위 참가자가 천만 명이 넘어서고 지방의 주요 도시로도 급속하게 파급되었다. 촛불집회에 참여한 시민들의 행동과 주장은 한국 사회에서 87년 체제로의 퇴행이 되어서는 안 된다는 사회적 합의가 얼마나 강력한지를 상징적으로 보여 주었다.(이국운 2017:103) 반면 박근혜 대통령은 이러한 국민들의 강력한 열망에 대해 전혀 반응하지 않았다. 결과적으로 국회의 탄핵 소추는 헌법재판소의 결정에 맡겨지게 되었고, 2017년 3월 10일 헌법재판소는 '피청구인 대통령 박근혜를 파면한다'라는 파면 결정 선고를 내린다.

▍문재인 대통령, 상의하달식 대응형 리더십

문재인 대통령은 촛불혁명으로 탄생한 문재인 정부의 첫 빅big3 인선에서 각각 지역 안배를 위한 국무총리, 젊은 86세대 운동권 출신의 비서실장, 국가정보원 개혁을 위한 내부 출신을 발탁했다. 세 곳의 기관 중 가장 정치적 의미가 부여된 곳은 비서실장이라고 할 수 있다. 국가정보원장에 내부 출신을 발탁한 것은 국정원의 고유 업무에 매진하라는 것으로 역할을 제한한 성격이 짙다. 국무총리의 영역도 책임

식 주도형 리더십에 더욱 부합한다고 볼 수 있다.

총리제를 지향하면서 총리의 권한을 존중해 주고 있다는 측면에서 과거와는 달리 독자적인 정치적 영역까지 인정해 주고 있다고 볼 수 있다. 이 책의 '리더십 분석 체계' 관점에서 볼 때 세 기관 중에는 비서실장에 특정 세대와 특정 세력을 대표하는 정치인을 발탁했다는 점에서 가장 정치적 무게 중심을 두었다고 할 수 있다. 따라서 문재인 대통령의 리더십은 상의하달식 대응형에 가깝다고 할 수 있다.

문재인 대통령은 이전의 진보 정권 대통령들처럼 큰 틀에서는 상의하달식 대응형 리더십을 보여 주고 있다. 이는 향후 위기관리에 있어서도 각 영역의 책임자들이 주도적으로 문제를 해결할 수 있도록 존중하는 리더십 형태가 될 가능성이 크다. 이전의 대통령들을 능가해서 성공하는 대통령이 되기 위해서는 상의하달식 대응형의 단점도 보완을 해야 할 것이다. 영역을 존중해 주되 분명한 책임을 지게 하는 것이며 이러한 책임에 있어서 단호해야 한다는 것이다.

모든 대통령은 취임 시보다 더 많은 환호를 받으며 퇴임하고 싶어 한다. 문재인 정부가 과거의 국정 경험을 겸손하고 소중하게 학습하고 미래 가치로 전환할 때 퇴임의 축하 박수를 받게 될 것이다.

3) 대통령 리더십 분석 결과

이 책의 대통령 리더십 분석 체계인 대통령을 둘러싼 핵심 구조라고 할 수 있는 국무총리(공식형)와 비서실장(반半 공식형), 그리고 정보기관장(비공식형)의 인선을 통해서 역대 대통령들의 리더십을 평가해 보았다. 그 결과 보수 정권의 대통령은 개인적 인성에 상관없이 상의하달식 주도형 리더십을 보였고, 진보 정권의 대통령 역시 개인적 인성에 상관없이 상의하달식 대응형 리더십을 보인 특징이 나타났다.

보수 정권에서는 대통령을 포함하여 참모진들까지 통치자로서의 역할을 지향하는 경향성을 갖고 있다고 할 수 있다. 그리고 진보 정권에서는 정치가로서의 역할을 지향하는 경향성을 갖고 있다고 할 수 있다. 이 점은 함성득의 저서(2008)에서처럼 박정희 대통령의 그늘이 너무 크고 짙은 데에 대한 작용과 반작용의 결과로도 해석된다. 즉 보수 정권은 박정희식 리더십을 추종하거나 따라하는 것이고, 진보 정권은 이에 대응하면서 박정희를 넘어서거나 부정하려는 것에서 나타나고 있는 현상일 가능성이 있다. 한국적 대통령의 역할과 모습에 대한 원형은 아직도 만들어지고 있다. 정치는 특정인이나 전문가들만의 분석 대상이 아니다. 일반 시민들도 건강한 이성을 가지고 정치를 관찰하고 분석할 수 있다면 한국적 대통령의 이상적인 모습이 머지않아

정립될 것이다.

　이 책의 대통령 리더십 분석 체계는 일반인의 관점에서도 대통령 리더십을 쉽게 분석할 수 있는 틀이라고 할 수 있다. 복잡한 권력 관계는 인맥과 세력 그리고 정치적 환경 등 고려할 변수가 수없이 많다. 누구나 알고 있듯이 대통령과의 거리가 권력의 크기와 정비례한다는 말도 시대와 상관없이 맞다. 이러한 복합적 관계의 최종적인 귀결이 대통령의 인선이라는 점 또한 이견이 없다. 대통령도 인간이기에 위기 때 리더십의 진면목이 드러나게 된다. 따라서 위기 때 주요한 기관의 인선을 관찰하면 대통령의 리더십을 잘 판단할 수 있는 일종의 리트머스 시험지가 될 수 있다.

　더욱 세분화하여 리더십을 유형화하는 것도 가능할 수 있다. 변혁적 리더십과 거래적 리더십의 세부 유형을 이 책의 리더십 분석 체계와 접목할 경우에는 보다 더 구체적으로 대통령의 리더십 유형을 도출할 수 있을 것이다. 물론 대통령을 둘러싼 보좌 기구의 중요도가 시대에 따라 달라질 수도 있다. 하지만 대통령제하에서 대통령의 가장 가까이에 있는 공식적, 반半공식적, 비공식적 성향을 가진 조직 수장의 인선은 대통령의 리더십을 파악하는데 간단하지만 강력한 근거가 될 것이라 생각한다.

정치적 위기 시 빅big3 인선을 통한 대통령 리더십 유형

대통령	위기 시 리더십 유형	위험대응기관	위험대응방향	위기 시 역할자
이승만	상의하달식 주도형	개인적	위험감수	이기붕
박정희	상의하달식 주도형	정보기관	위험감수	김종필
전두환	상의하달식 주도형	정보기관	위험감수	장세동
노태우	상의하달식 주도형	정보기관	위험감수	서동권
김영삼	상의하달식 주도형	정보기관	위험감수	권영해
김대중	상의하달식 대응형	청와대	위험분산	박지원
노무현	상의하달식 대응형	청와대	위험분산	이해찬
이명박	상의하달식 주도형	정보기관	위험감수	원세훈
박근혜	상의하달식 주도형	정보기관	위험감수	국정원
문재인	상의하달식 대응형	청와대	위험분산	임종석

3장

한국의 경제 민주주의

한국 대통령들의 신화

경제 민주주의의 실현이 사회 통합

 시장경제 체제에서 사회 통합이 달성되기 위해서는 시장경제 체제의 근간이 되는 법 제도가 확립되어 있어야 하고, 시장실패 보정과 불공정 거래행위 방지의 감시자인 국가의 역할이 중요하다. 재벌에 의한 경제력 집중은 시장경제 체제의 근간이 되는 법 제도를 무력화시키고 있다. 재벌 세습과 재벌에 의한 경제력 집중의 해소는 경제 민주화의 핵심적 내용이므로 재벌 개혁과 경제 민주화는 시장경제 체제의 선결 요건이라고 할 수 있다. 공정한 경쟁의 패자에게도 최소한의 인간다운 생활을 보장할 수 있는 사회적 장치가 마련되어야만 사회 통합이 이뤄지는 시장경제 체제라고 할 수 있다.(박상인 2013:153)

▎경제력 집중은 정치 왜곡과 사회 분열의 위험성을 내포

파크(Park, 2012)는 기업의 독점력이나 시장 지배력 자체가 문제가 되지는 않는다고 설명하고 있다. 독점력을 활용해 불공정 행위를 할 때 문제가 된다는 것이다. 하지만 경제력 집중은 필연적으로 시장경제의 기본 질서를 흔들고 정치적 민주주의 기반도 잠식하게 된다. 경제력 집중과 경제력의 남용을 따로 구분할 필요가 없이 나쁘다는 것이다. 베흐트와 드롱(Becht & DeLong, 2005)은 경제력 집중이 나쁜 이유는 사회의 문지기 gate keeper 역할을 해서 정치적 왜곡을 불러올 수 있기 때문이라고 주장한다. 즉 문지기에게 잘 보여야 사회로의 진출이나 제도권 진입이 가능하기 때문에 경제력 집중이 사회 구성원들의 미래에도 큰 영향을 끼치게 된다는 것이다. 결국 재벌들의 입맛에 맞는 정치적 상황이나 구도가 항상 전개되고 그들의 이익만을 대변하는 정치가 될 수 있다는 것이다. 갈수록 우리 대한민국 사회가 점점 이러한 이론들의 설득력을 높여 주는 사례가 되어 가고 있다는데 많은 사람들이 동의할 수밖에 없을 것이다. 소위 말하는 재벌 그룹의 장학생 운운하는 것이 대표적인 자화상이다. 재벌 그룹의 장학생들이 정관계에 포진해 있으면서 사회 최고위층이 되고 그들만의 고속도로를 오가는 일이 발생하고 있는 것이다.

▎역사적 맥락과 경제 민주주의 그리고 대통령

한국은 산업화와 민주화를 거의 동시에 이룬 세계에서 몇 안 되는 국가라고들 한다. 혹자는 시간적인 측면까지 고려하면 거의 유일한 국가라고도 한다. 개발 독재시대의 경제력 집중은 경제 발전이라는 측면에서 긍정적 효과도 있긴 했다. 그리고 과거의 특정한 시점마다의 경제 위기와 산업 위기가 경제력 집중의 기회를 제공한 것도 사실이다. 하지만 재벌 문제를 재벌을 통해 해결하면서 한국 사회의 경제력은 소수 재벌로 집중되었고 결과적으로 경제적 양극화와 경제력 집중 문제를 더욱 심화시켜 왔다.

한국 경제는 지금 계층 이동이 거의 불가능한 '자본주의 체제의 위기', 양극화가 점점 심화되는 '분배 위기', 그리고 잠재 성장률이 지속적으로 하락하고 있는 '성장 위기' 등 세 가지 위기에 당면해 있다. 계층 상승을 용이하게 하는 체제 개혁, 투자와 민간 소비가 성장을 이끌도록 하는 정책의 전환, 증세를 통한 적극적인 소득 재분배 정책, 잠재 성장 능력을 확대하는 구조 개혁을 추진해야 한다. 그런데 노동 개혁은 진보가 반대하고 소득 재분배 정책은 보수가 반대한다.(박승 2016:1-20) 대통령의 경제 민주화 의지와 리더십이 절실하게 필요한 때이다.

1. 이승만
국가가 건강하게 탄생하였는가?

▎국민을 위한 국가 체제인가? 개인을 위한 통치 구조인가?

이승만 정부는 대한민국이 일본으로부터 독립한 후 정부 조직법에 따라 출범한 첫 번째 정부이다. 초대 정부의 국회와 정부 조직법 기초위원회에는 행정 경험이 부족한 인사들이 대부분이었다. 이 때문에 정부 수립 심의 과정에서 수많은 논란이 발생하기도 했다.[231] 당시의 정부 조직법 편제를 살펴보면 대통령은 헌법상 국가 원수이자 행정 수반이었다. 그리고 국무총리는 정부 정책의 방향을 정하는 국무회의의 의제를 결정하였고 각 행정부의 장관을 지휘·감독하며 대국회 관계를 총괄하였다. 또한 지방 행정 조직의 장을 지휘·감독하고 지방 정부를 통할할 수 있게 되어 있었다. 대통령은 국무총리를 임명할 수 있었으나 국회의 승인을 받아야 했기 때문에 국무총리에 대한 통제력은 제한적이었다.(전일욱 2016:189-190) 하지만 현실에서는 국무총리가 전혀

---

[231] 전일욱(2016:189)은 이러한 논란 몇 가지를 소개하고 있다. 첫째, 치안 업무를 내무부에 소속시킬 것인가 아니면 독립 부서로 설치할 것인가. 둘째, 사회부와 별도로 노동부와 보건후생부를 설치할 것인가. 셋째, 체신부와 교통부를 통합할 것인가. 넷째, 국무총리 소속의 건설처를 설치할 것인가. 다섯째, 국무총리 산하 기획처의 예산국을 재무국으로 이관할 것인가 등이 논란 거리였다.

영향력을 발휘할 수 없었고, 대통령의 필요에 의해 교체되었다.[232](이 책의 '역대 국무총리' 부분 참조) 하태수(2016:79-80)에 따르면 이승만은 본래 1904년에 집필한 『독립정신』을 통해 조선의 현실을 고려한 입헌 군주제를 주장했다. 하지만 1919년 필라델피아에서 발표한 결의문에서 '군주제 폐지, 공화정 중 대통령 중심제 정부'라는 의견을 피력한 것으로 보아 국권 피탈 이후에 대통령제에 대한 생각이 형성되었을 것으로 추정된다. 또한 '강한 대통령제'에 대한 견해를 갖게 된 가장 큰 이유는 당시 한국인들의 낮은 의식 수준과 임시 정부의 대통령직에서 탄핵당한 경험 때문일 것이라고 분석된다.

전일욱(2016)에 따르면 이승만 정부에서 정부 조직은 경제 부흥과 귀속 재산의 처리, 국민의 위생 관리 등을 해결하기 위해 세 차례 개편되었다. 이는 한국 전쟁 이후의 사회 복구와 경제성장을 위한 조직 개편임과 동시에 원자력의 활용 방법[233]과 건국 초기 자유 민주주의 실현에 대한 여론을 반영하기 위한 특징도 보인다. 또한 행정 능률 추구와 이승만 대통령의 정치권력을 강화하기 위한 개편의 성격도 포함되어 있다.

---

232 심지어 1954년에 국무총리 제도가 폐지되기도 했다.
233 1956년 2월 한미 간에 원자력 협정이 조인되고 1958년 3월 원자력법에 의해 원자력원이 대통령 직속 기구로 설치된다.(전일욱 2016:197-198)

신윤창(2009:186-187)도 이승만 정부 행정개혁의 특징에 대해서 일차적으로는 국가의 건설, 국민 통합을 위한 국가 기구의 형성과 기본적 기능 위주였으며 그 후에는 행정의 간소화라는 원칙을 따랐다고 보고 있다. 이와 더불어 이승만 정권은 장기 집권을 위해 내무, 치안 분야 등에 억압적인 사회 질서를 유지하는 기능을 추가하고 반공 이데올로기를 빌미로 국방 기능을 더욱 강화하는 조치를 취했다고 했다.[234]

---

[234] 이승만 정부 행정개혁의 특징은 다음과 같다. 첫째, 행정개혁 문제를 다루는 상설 기구가 정부 내에 없어서 내적인 충실과 지속성이 결여되어 있었다. 둘째, 정부 조직법 및 기타 정부 기관과 관련된 활동에 참여한 집단은 대부분 법조계 출신으로 새로운 행정에 대한 인식이 부족하여 행정 기능을 법질서 유지 중심의 소극적 기능으로 파악하였다. 셋째, 정부 조직법 제정 당시에는 정부 수립 내지는 독립 국가로서의 형식을 갖춘다는 최소한의 합목적성이 있었으나 그 후에는 행정 수요에 대한 명확한 예측이 없었기 때문에 행정개혁이 간소화되었다. 넷째, 미군정에 의해 도입되었던 위원회에 의한 조정 제도 및 참모 조직이 자취를 감추었고 대신에 단독제를 채택함으로써 계층제를 선호하는 한국적인 사고방식에 적합하도록 수정되었다. 다섯째, 행정개혁에 필요한 이론적, 기술적, 재정적 지원이 부족하여 개혁의 준거 내지 가치 기준이 낭비 배제와 간소화로 집중되었고 그로 인해 다양한 가치 기준을 배려하는데 소홀하였다. 여섯째, 주요 정책 분야가 외교, 안보, 국방 및 치안에 집중되어 복지 행정, 사회 발전 그리고 문화 행정은 경시되었다. 일곱째, 1949년 국가공무원법이 제정되어 공무원 제도의 기초가 마련되었으나 이후 정권에 의해 자의적으로 운영되어 정실주의와 엽관주의를 초래하였으며 공무원 집단의 정치도구화를 가속시켰다. 여덟째, 개혁 대상 역시 관리 기술의 개선이나 행태 개혁보다는 기구 개혁에 국한되었다. 개혁의 범위는 독립 국가로서의 기초를 마련한다는 차원에서 광범위했으나 각종 개혁들이 산발적, 분산적, 소극적으로 이뤄져 제도화에 실패했다. 이처럼 체제 유지에만 급급했던 이승만 정부의 행정개혁은 결국 정책 결정 체계의 비능률성과 제한성, 집권층의 권위적 사고방식 등을 야기했다. 이로 인해 장기 집권과 부정부패 등의 반민주적 행태가 발생하였고 사회 변동에 따라 급격히 증대되는 행정 수요에 적절하게 대처할 수 없었다.(신윤창 2009)

왜곡된 자유 민주주의와 민족주의로의 변질

1948년 8월 정식 수립된 대한민국은 미국의 대통령제와 영국의 의회제를 혼합하여 대통령을 국회에서 선출하도록 했다. 대통령에게는 국무총리와 대법원장의 임면권이 부여되었다. 입법 기관인 국회에는 대통령 선출권과 국무총리와 대법원장에 대한 승인권이 있었다. 하지만 행정부에게는 국회 해산권이 없었고 국회도 행정부에 대한 불신임 결의권이 없었다. 이는 정부가 삼권분립에 의해 균형 있게 통치되도록 만든 애초의 헌법 의도와는 달리 대통령 개인에 의한 통치를 가능하게 하였다. 대한민국의 제도화된 민주주의가 원점에서부터 어긋나기 시작하는 상황이었다.(안병만 2014:126-127)

이승만 대통령은 정부 수립 초부터 남한 정부가 채택하고 있는 민주주의 체제의 우월성을 강조하는 담론을 형성하고 주도해 나가는 한편, 국민 통합을 목적으로 하는 정치 이념을 제창하였다. 당시 이승만 대통령은 남한만의 단독 정부를 수립하였기 때문에 한민족 통합을 강조하는 것보다는 남한에 건설된 국가의 기틀을 잡기 위해 국민들을 본인 중심으로 통합시켜야 할 필요성을 느끼고 있었다. 즉 한민족의 통합보다는 남한의 국민 통합이 우선의 과제였다. 이 과정에서 나온 것이 일민주의다.[235] 당시 이승만 정권은 의사 통합 이데올로기로는 일민주의, 통치 이데올로기로는 반공주의, 공식적 지배 이데올로기로는 자유 민주주의를 내세우는 등 전근대적 신가산주의의 면모를 보였다.(임혁백 2014:362-398)

그러나 여기에서의 통합은 민족 일치를 위한 통합이 아니라 이승만 대통령 자신을 중심으로 모두가 순응하고 나아가 복종하는 것을 의미했다. 이것은 점차 반공주의와 결합하여 권력자의 정치 활동을 합리화하기 위한 이데올로기로 변질됐다. 그리고 다른 한편으로는 국가의 이익이 국민 개개인의 이익, 더 나아가 그 무엇에도 우선한다고 강조하며 국가 권력의 정당성을 확보하려는 국가주의적 성격으로 변하였다. 이처럼 당시의 일민주의는 도리어 분단국가 극복을 위한 민족 통합을 저해하는 이념으로 작용하게 되었다. 이후 일민주의는 정치 이념으로만 작용한 것이 아니라 교육 이념으로까지 확대되었다.(김수자·오향미 2008:81-82)

---

[235] 일민주의가 처음 등장한 것은 1948년 10월 9일 발기한 대한민국당에서였다. 대한민국당은 배은희를 중심으로 하는 목요회와 독촉국민회를 토대로 이승만 대통령을 영도자로 하는 여당을 조직하기 위한 준비 끝에 발족하면서 '하나 아닌 둘 이상의 상대적 존재가 있을 수 없다는 일민주의'를 당시黨是로 정했다. 1949년 4월 7일 이승만 대통령은 대한청년단에게 "내가 기왕에 발포한 바 일민주의의 4대 정강은 우리 민족의 민주주의의 토대가 될 것이므로 국민 전체가 이것을 절실히 흡수해만야 할 것이니 정당 조직 여부는 막론하고 이 주의만을 철저히 믿는 남녀들로 굳게 결속하여 이를 일반 동포들에게 널리 선전 공작하여 이 주의를 모르는 사람이 없도록 목표를 삼고 국민회와 대한청년단이 이를 전적으로 담당하야 그 임무를 수행함으로써……."라고 일민주의를 국민 전체의 이념으로 제시하였다.(출처 : 온라인 한민족 대백과 일민주의 편)

▎왜곡된 자유 민주주의는 철학 있는 경제 정책 내놓을 수 없어

현대적 이념과 근대적 문화가 공존하는 이승만 정부는 전쟁 직후라는 시대적 상황에 따라 원조 재정을 기반으로 한 경제 재건과 부흥을 정책 목표로 삼았다. 즉 국가주의적 산업 개발이 국가 경제 정책의 기본적인 시각이었다고 할 수 있다.

이승만 정부의 현실적인 경제 정책은 수입 대체 산업화 정책이었다. 수입 대체 산업화 정책이란 시장에 대한 국가의 적극적인 개입을 전제로 하는 것인데 한국에서는 수입 대체 산업이 보편적으로 이뤄지고 한국 경제의 특수한 상황과 맞물리면서 렌트 추구 행위와 부패가 생겨나기 쉬운 여건이 조성되었다. 다른 사람보다 영향력과 정보력이 우월한 정치·경제 엘리트들이 자신들의 지위를 이용해 초과 이윤을 추구할 만한 환경이 생겨난다는 것이다. 1950년대의 환차익, 수입 허가나 원조 물자의 배정에서의 특혜, 정부 재산 특혜 불하, 저이자 금융 알선 등이 대표적인 사례이다.(김일영 2007:201)

이승만 정부의 대표적인 경제 정책 실패 사례는 1956년 3월 덜레스 미 국방부 장관의 방한을 앞두고 부흥부를 통해 발표한 「경제부흥 5개년 계획」과 1959년 1월의 「산업개발 3개년 계획」이라고 할 수 있다. 하지만 「경제부흥 5개년 계획」은 덜레스 미 국방부 장관에게서 원조를 더 받아 내고자 급조한 졸속 계획이라는 비판을 받았고, 「산업개발 3개년 계획」은 당시의 현실을 감안하지 않은 경제 논문에 불과하다는 비판을 받았다. 결국 얼마 못 가 미국의 경제 안정화 정책으로 인해 두 정책들은 폐기되었다. 결과적으로 이승만 대통령은 실제적인 경제 부흥을 위한 계획을 실행할 의지가 없었고 나아가 경제 계획이라는 단어 자체에 거부감을 가지고 있었다고 볼 수 있다. 오로지 모든 관심은 환화의 과대평가를 통해 안정적으로 정부를 유지 할 수 있는 외화의 획득에 있었던 것으로 보인다.(박태균 2007)

한국 현대사에서 원초적 문제들[236]의 발원지

이승만 정부가 친일 관료를 중용했고 원조 경제에서의 렌트 추구는 주로 관료들을 중심으로 이뤄진다는 점에서 친일 세력은 한국의 경제 발전사를 논할 때 빠질 수 없는 존재다. 친일의 잔재는 현재 대한민국의 건강한 민주주의의 형성과 안착, 그리고 국민의 삶에 지대한

---

236 이영석(2017)의 연구는 가장 최근에 이루어진 이승만 대통령의 긍정적 평가를 위한 연구라고 할 수 있다. 하지만 이 연구에서도 다음과 같은 과오를 지적한다. 첫째, 발췌 개헌과 사사오입 개헌, 둘째, 친일파 청산 불발, 셋째, 진보당 탄압과 조봉암 사형, 넷째, 3·15 부정선거, 다섯째, 한강철교 폭파 사건, 국민방위군 사건, 양민학살사건 등이다. 반면에 업적으로는 대한민국 자유주의의 토대 마련, 한미 상호 방위조약 체결, 문맹 퇴치와 교육의 중요성 인식, 농지 개혁 등을 들고 있다. 긍정적 연구에서의 공과만을 놓고 볼 때도 공에 비해 과가 너무 크고 명확하다.

영향을 미치고 있다. 익히 알려진 사실들이지만 친일 청산의 거센 요구는 정부 수립 직후인 1948년 9월의 「반민족행위 처벌법」(이하 「반민법」) 제정과 반민특위 조직으로 이어졌다. 개혁 세력의 선거 불참으로 이승만 대통령과 한민당 세력이 다수 의석을 차지한 제헌 국회에서 「반민법」이 제정된 것은 당시의 사회적 분위기와 당위성, 그리고 무소속을 중심으로 한 소장파 의원들의 노력 때문이었다. 하지만 이들을 단죄하기 위해서는 반민특위 주도 세력의 힘이 강하거나 정권의 의지가 있어야 가능한 일이었다. 그런데 친일 세력들이 반공을 최우선으로 하는 미군정에 편승해 애국자 행세를 하고 각 분야에서 다시 득세하면서 반민법 제정 당시부터 집요하게 방해했고[237] 결국 반민특위를 무력화시켰다.(박수혁 2011:137-139)

물론 반대 견해도 있다. 이형산(1995)의 경우 이승만 대통령의 반민

---

[237] 박수혁(2011:139)에 따르면 「반민법」이 공포된 1948년 9월 23일에 「반민법」 반대 국민대회가 서울운동장에서 개최되었다. 당시 대회장 곳곳에는 "「반민법」은 반장이나 통장까지 잡아넣을 수 있게 되어 온 국민을 그물로 옭아매는 망민법罔民法.", "이런 민족분열의 법률을 만든 것은 국회 안의 공산당 프락치 소행이다.", "국회 내의 김일성 앞잡이를 숙청해야 한다."라고 적힌 삐라가 뿌려졌다. 또 노덕술을 비롯한 친일 경찰 출신의 경찰 간부들이 반민특위 조사관 암살 계획까지 세우기도 하였으며 각 지역의 반민특위에 대한 협박과 정권 실세를 비롯한 지도층들의 반민 피의자에 대한 증언과 변호 탄원도 계속 되었다. 이런 정권 차원에서의 조직적 방해 행위가 반민특위의 해체에 결정적 역할을 했다. 반공 논리를 앞세운 조직적인 반대 운동은 혼탁한 정국 속에서 친일 청산의 대의명분까지 약화시키며 상당수의 대중들을 이탈하게 만들었고, 결국 반민특위의 활동은 크게 위축되었으며, 결국 해체에 이르게 되었다. 해방 이후 당연히 이뤄졌어야 할 친일 청산이 반공 논리를 앞세운 이승만 정권과 친일 세력의 방해로 인해 좌절되었다. 결국 법적 처단은 고사하고 최소한의 도덕적, 윤리적 책임조차 묻지 못하게 된 것이다.

특위 해산론을 좌익이 날조하였다고 주장했다. 반민특위 해산은 국회에서 법이 제정되었고 또한 국회에서 폐기된 합법적인 해체였다는 것이다. 반민특위는 국회가 「반민법」에 의하여 자율적으로 만든 것으로 이승만 대통령이 자의로 해산할 수 있는 것이 아니고 반민특위가 법 폐지 동의안을 국회에 내어 가결되었으므로 해체되었다는 것이다.

이에 대해서는 훨씬 이전에 주장된 진덕규(1992:200-201)의 연구를 보면 타당성이 없음이 드러난다. 이승만 대통령은 1949년 2월에 반민특위의 과도한 행동을 금지하기로 작정하였다는 담화문을 발표한다. 뿐만 아니라 담화문 발표에도 불구하고 반민특위의 활동이 지속되자 1949년 5월 20일 이승만 대통령에 대한 반대 입장을 견지하였던 소장파 국회의원인 이문원, 최태규, 이구수 등 3인을 국가보안법 위반 혐의로 구속하였다. 이후 세 차례에 걸쳐 소장파 국회의원과 반 이승만 활동을 했던 국회의원 15명을 구속시키는 국회 프락치 사건이 터지고 말았다. 또한 1949년 6월 4일 반민특위 소속 특경대가 친일 경찰로 규정한 서울시경 사찰과장 최운하와 종로서 사찰주임 조웅선 경위를 전격 구속하자 이틀 뒤 장경근 내무차관의 명령으로 특경대를 습격하여 강제로 무장 해제시키고 특경대 35명을 연행, 수감하였다. 이 과정에서 구타와 중상자가 속출하는 등 법치 국가에서는 상상할

수 없는 일들이 일어났다.[238]

결과적으로 이승만 대통령은 반민족 행위자 처리 문제에서도 나타나듯 신생 국가 수립 초기에 정통성보다는 국가의 질서 유지 및 안전 문제에 더 중점을 두었다. 즉 신생 국가의 정신적 조건의 확보보다는 안보, 치안, 인적 자원 등의 물적 조건에 더 치중했으며, 현실 권력을 장악하고 있던 친일 집단에 의존하였다. 반민족 행위자 처벌을 강력히 주장한 세력의 관점에서 이승만 대통령은 민족의 배신자이며 악을 행했다고 볼 수 있다. 따라서 국가 안전과 질서 유지를 위한 이승만 대통령의 선택에 설령 불가피했던 측면이 있다고 하더라도 민족의 분노를 일소하고자 하는 강경한 입장에 대해 충분히 유의하고 존중했는가 하는 점에 대해서는 의문을 가질 수밖에 없다.(서희경 2011) 이승만 정부에서 '국가가 건강하게 탄생하였는가?'에 대한 답을 '건강한 경제를 만들고자 했는가?'라는 질문을 통해 살펴보았다. 친일 관료의 등용과 환율 정책을 중심으로 한 원조 경제를 통해 국가의 안정적인 유지를 추구했던 이승만 정부의 경제 정책은 국민이 국가의 존재 목적이었는지 국가를 위한 수단이었는지를 다시금 생각하게 하는 경제 정책이라고 할 수 있다.

---

[238] 이 일을 진두지휘한 장경근은 일제 강점기 고등 문관 시험을 거쳐 일본 관료로 일한 친일의 배경을 가지고 있고, 이승만의 수족과 같은 역할을 맡았으며, 4·19 이후 단죄를 받게 되자 일본으로 망명하는 등 정상적인 민족관을 가진 사람이라고 상상하기 힘든 인물이었다.(진덕규 1992:202)

2. 박정희
한강의 기적은 존재하는가?

▎세계사적 흐름 속에서 파악해야

한국 전쟁 이후 한국군의 증강과 부흥이 주목표였던 미국은 1957년 경 아이젠하워 행정부의 대외 원조 정책 변화와 함께 한국의 경제개발로 목표를 전환했다. 이에 따라 미국의 원조 내용도 원료와 소비재 중심에서 공장 건설과 발전 사업 지원으로 전환되었다. 이에 대응하기 위해 이승만 및 민주당 정권은 장기 경제개발계획을 입안했으나 4·19와 5·16으로 빛을 보지 못했다. 박정희식의 경제 발전 역시 미국의 대對한국 정책의 연장선상에 있는 것이다. 1961년 케네디 행정부는 공산군의 직접적인 침략보다 경제 실정에 따른 불만과 이로 인한 정치적 불안정이 공산주의의 토양이 된다는 인식하에 한국에 대한 핵심 정책을 '경제 발전을 통한 정치적 안정'으로 설정했다. 이에 따라 경제 정책의 구체적인 목표도 경제 성장률 향상, 실업률 감소, 농업 소득 증대 그리고 국제 수지 개선 등으로 설정했다.(정시구 2005:158-159; 전재호 2001)

박정희식의 개발 독재를 찬양하는 추종자들은 5·16이 쿠데타이긴

하지만 이를 계기로 경제성장을 이뤘기 때문에 혁명으로 볼 수 있다고 주장한다. 하지만 결과가 원인을 정당화시킬 수 있다는 주장은 학문적으로 매우 위험한 주장이며 나아가 재앙이라고까지 할 수 있다. 5·16 쿠데타가 일어났을 때는 경제성장이 급속하게 진행될 수 있는 조건들이 역사적으로 축적되어 있었고, 냉전 체제하에서 미국과 일본 같은 한국과 연결된 외부 조건도 급속한 경제개발에 적합한 상태였다.[239] 박정희식의 개발 독재를 미화하는 측은 박정희 대통령의 지도력을 강조하면서 민주주의를 억압하고 지연시킨 것은 불가피한 비용이었다고 주장한다. 또한 경제개발과 민주주의를 동시에 추구하여 성공한 사례는 선진국에서도 찾아볼 수 없고, 경제개발을 위해 민주주의를 희생시키는 것은 후진국에서는 불가피한 일이라고 주장한다. 하지만 비교 역사 사회학적 분석은 개발 독재가 불가피한 선택도 아니었고, 급속한 경제성장이 개발 독재 때문도 아니었음을 보여 준다고 분석하고 있다. 결과적으로 한국의 경제성장과 박정희 대통령의 리더십 사이의 인과성을 찾기 어렵다는 것이다.(정일준 2011:87)

---

[239] 정시구(2005:162)는 1950~60년대에 경제 발전을 시작한 소위 아시아의 네 마리 용 가운데 국내 저축률이 가장 낮았던 한국이 높은 투자와 성장률을 달성할 수 있었던 것은 우리나라가 외자 조달을 할 수 있었고, 외채 의존적인 성장을 해 왔기 때문이라고 주장한다. 즉 한국은 냉전 체제하에서 미·일 간의 특수 관계로 인해 미국과 일본으로부터 경제 발전에 필요한 외자를 조달하는데 훨씬 우월한 지위에 있었다는 것이다.

▎아시아의 동반 성장도 주목해야

동아시아의 부상과 라틴 아메리카의 정체는 전후 세계 경제 흐름에서 가장 주목할 만한 현상 중 하나이다. 동아시아는 '경제 기적economic miracle'이라는 찬사를 들으며 성공적인 경제 발전 모델로 거론되는데 반해 라틴 아메리카는 '잃어버린 10년lost decade' 등 실망스런 기록과 함께 실패한 경제 발전 모델의 대표적인 예로서 흔히 논의된다. 양 지역은 초기에 서로 다른 경제 발전 전략을 채택하였고 이후 극적인 결과의 차이를 나타냄으로써 흥미로운 비교 연구 대상이 되어 왔다. 일본의 경제 부흥에 뒤이어 1970년대부터 본격화한 한국, 대만, 싱가포르 및 홍콩 등 소위 아시아 신흥 공업국들(Asian Newly Industrialized Economies : 이하 ANIEs)의 성공적인 공업화 추진 사례는 전 세계의 주목 대상이 되었다. ANIEs의 경제적 성공은 전후 개도국 공업화의 몇 안 되는 성공 사례로 간주된다. 이러한 성공의 원인은 월드 뱅크(World Bank, 1993)와 스티글리츠(Stiglitz, 1996)가 잘 요약하고 있듯이, 대내적으로는 정부가 일반 교육 확대와 국내 저축 제고를 통한 투자 촉진 등 안정적인 국내 거시경제 환경을 유지했기 때문이라고 할 수 있다. 대외적으로는 해외 시장을 목표로 하는 수출 촉진 정책과 외국인 직접 투자FDI에 대한 개방적인 태도 등 개방적인 정책 기조를 채택하였기 때문으로 보인다. ANIEs의 모델을 따른 1980년대 중반 이후 동남아시아 국가연합ASEAN 회원국 및 중국 등의 급속한 공업화로 이어지는 동아시아의 중층적 경제성장은 이 지역의 소득 수준 및 세계 경제에서의 위상을 급속히 높여 주었다.

이와는 대조적으로 1950년대 초반까지만 해도 동아시아(일본 및 중국 제외)에 비해 일인당 평균 실질소득 수준이 두 배 이상이었던 라틴 아메리카 국가들은 1970~80년대에 정체기를 거쳤고 2000년대에 들어서는 오히려 정반대의 경제적 위치에 놓이게 되었다.(Elson, 2006) 1970년대 초 ANIEs와 극적으로 대비되는 라틴 아메리카의 정체는 일관되고 안정된 경제 정책의 부재에서 그 원인을 찾을 수 있다. 방만한 재정 운영으로 인한 높은 인플레이션과 마이너스 수준의 실질 이자율, 그리고 그에 따른 저조한 국내 투자는 물가 안정을 위해 인위적으로 고평가된 환율과 함께 수출 경쟁력의 저하를 초래하였다. 이에 더해 부실한 금융 시스템은 20세기 후반 라틴 아메리카를 주요 세계 경제 위기의 진원지로 만들었고 세계 경제에서의 위상 저하는 불가피한 결과였다.(원용걸 2010:3-4)

동아시아 국가들의 고속 성장의 요인에는 정부의 적극적인 개입 등 여러 공통점이 있다. 하지만 일본, 대만, 한국, 중국 등 각 국가의 세부 발전 전략에는 다음과 같은 몇 가지 차이점도 있다. ① 한국은 대기업, 대만은 중소기업 중심의 발전 전략을 채택하였다. ② 일본과 한국은 높은 투자율을, 대만은 상대적으로 낮은 투자율을 보였다. ③ 일본, 대만, 한국은 경공업에서 중공업 중심으로 전환한 반면, 중국은 오히려 중공업의 비율을 낮추고 노동 집약적인 경공업을 발전시켰다. ④ 대만은 금융 규제 확립에 적극적이었던 반면 한국은 관치금융의 영향으로 금융 규제 확립에 소극적이었다. ⑤ 일본과 한국은 외국인 직접투자를 적극적으로 활용하지 않았지만 중국은 적극적으로 활용하였다.(김대인 201:122)

원용걸(2010)은 외국인 투자와 동아시아 국가들의 경제성장에 실질적인 인과관계가 있다는 연구를 한 바 있다. 하지만 외국인 투자가 어떤 부문에 유입되는가 하는 것이 보다 더 중요하다. 라틴 아메리카에서는 외국인 투자가 천연자원을 개발하거나 비교역재이면서 서비스 산업인 민영화된 국영 유틸리티 회사와 은행 등을 인수하는 데에 주로 투입되어 경제성장에 대한 기여도가 제한적일 수밖에 없었다. 반면에 동아시아로 유입되는 외국인 투자는 주로 제조업 부문에 집중되었고 이는 수출품 생산을 촉진함으로써 고용 및 성장에 더 크게 기여하였을 것으로 보인다. 또 외국인 투자가 경제성장으로 이어질 수 있는 환경 조성이 중요하다. 그런데 라틴 아메리카 국가들은 대내 시장 지향적인 수입 대체 성장 전략과 이에 따른 환율의 인위적인 고평가로 인해 수출 부문의 투자 매력을 떨어지게 하였다. 한편 대외 지향적인 신흥 공업국들의 성장 전략은 제조업 수출 부문에 대한 외국인 투자를 유도하여 경제성장을 촉진시켰다고 판단된다.

국내 발전주의적 경제 정책의 효과도 인정해야

기존의 많은 연구들은 1980년대 전두환 정부의 민간 주도 시장경제라는 경제정책 패러다임의 전환이 경제 안정화 정책 추진을 가능하게 했다고 보았다. 하지만 김미경(2016)은 1970년대 후반 박정희 정부의 경제 안정화 정책이 한국을 발전주의적 자본주의에서 신자유주의로 전환시킨 중요한 변곡점이었다고 주장한다. 주재현(1998:297)도 박정희 정부가 1978년에 성장 위주의 정책에서 경제 안정화 정책으로 변화했다고 주장한다. 다만 박정희 대통령이 마지못해 한 흔적을 찾아볼 수 있다는 주장도 있다.(강경식 1992:129-137) 경제위기에 따른 정치적 어려움에 직면해 있었기 때문에 박정희 대통령을 비롯한 국가 엘리트들이 그들의 정치적 생존을 위해 정치적 신념을 대체했다는 것이다.

박정희 정권 시절의 고도성장이 무역 수출의 성장에 기인했다는 점에는 이견이 없다. 수출은 수입 대체 공업화를 추진하는데 소요된 차관의 원리금 상환에 큰 도움이 되었다. 또한 국가 성장에 필요한 외환 공급원이었고 나아가 경제성장의 성패를 좌우하는 핵심 변수가 되었다. 이런 배경에서 수출 지향 공업화 정책이 추진되었는데 이는 시장 기구를 활용하는 정책과 비시장 기구를 활용하는 정책으로 구분되었다. 수출 책임제는 비시장 기구를 활용하는 대표적인 정책으로 환율정책이나 재정·금융지원 정책과 달리 강제성을 띠고 있었다. 이를 뒷받침하기 위해 수출 진흥 확대회의가 설치되었는데 박정희 정권 시절 총 152번의 회의가 개최되었다. 당시 박정희 대통령은 5번을 제외한 147번의 회의에 참석하였고 이에 따라 이 회의가 수출 실적을 점검·평가하는 일종의 제도가 되었다.(최상오 2010:379-380)

발전주의적 경제 정책의 역효과, 재벌의 그늘 시작

기존 연구들은 공통적으로 박정희 정부 시절에는 경제개발 5개년 계획을 집행할 수 있는 상황이 안 되었다고 보고 있다. 주익종(2017)은 그런데 어떻게 수출 주도 경제개발전략을 추진했는지 의구심을 갖고 박정희 정부 초기의 한미경제협력 교섭에서 그 답을 찾고자 시도한다. 그 협상에서 한국에 대한 원조를 '전가傳家의 보도寶刀'로 활용한 미국 정부와의 교섭[240]을 통해 한국 정부는 미국이 원하는 경제 안정화와 자유화를 추진하기로 한다. 이에 따라 한국 정부는 통화 증발을 억

---

[240] 주익종(2017)에 따르면 한미 양측은 1964년 초 재정안정계획에 합의했다. 1년 전의 재정안정계획보다 훨씬 더 강력한 내용이었다.

제해서 인플레율을 낮췄으며 원화 가치를 안정시켰다. 하지만 원조가 축소되면서 거의 유일한 외화 수입원이던 공산품을 중심으로 수출을 진흥해서 대외신인도를 높이고 그를 바탕으로 차관을 들여올 수밖에 없었다.[241] 미국의 대(對)한국 정책이 경제 안정화에 집중되면서 자연스럽게 수출 주도전략이 탄생했다고 보는 것이다.[242]

박정희 정권은 수출 주도전략의 가속화를 위해 은행을 국유화했고 부정한 수단으로 얻은 거대 기업과 개인 재산을 몰수했다. 또한 기업에 필수적인 모든 자원에 대한 실제적인 통제권을 획득해서 완벽한 지배력을 갖췄다. 그리고 수출 지향적 산업화 전략을 수행하기 위한 수단으로 민간 재벌을 선택했다. 민간 재벌에게는 '무담보 수출 대출'로 대표되는 저리의 정책자금이 지원되었고 주로 중화학 공업에 투자한 기업에 대출이 집중되었다. 이런 방식은 재벌이 성장하게 된 결정

---

[241] 1960년대에는 '외자를 어떻게 유치할 것인가?'란 문제가 정부의 가장 시급한 현안이었던 것으로 이해된다. 경제개발에 소요되는 자금 수요에 비해 국내 저축자원이 매우 부족한 상황에서 외자 유입을 촉진하기 위한 선별적·부분적 자본 자유화 조치가 채택되었다. 이에 따라 1960년 1월에 「외자 도입 촉진법」이 제정되었으나 효과는 미미하였다. 그래서 1962년 박정희 정부는 「외국 차관 지급보증법」을 제정하여 정부가 공공차관과 민간차관 모두에 지급보증을 하는 조치를 취하였다. 그 후 두 법률은 「외자 도입법」으로 통합되어 외국인의 직접 투자에 인센티브를 제공하는 동시에 정부의 차관에 대한 지급보증 절차를 개선하였다.(정영화 2012:148)

[242] 주익종(2017:60)은 이러한 수출 주도전략이 한국 경제의 패러다임을 바꿨다고 평가한다. 이승만 정부 때는 미국의 원조가 직접적으로 이뤄졌으므로 수출을 통해 외화를 획득할 필요성이 크지 않았다고 분석한다. 하지만 1960년대 미국이 원조를 줄이고 효율적인 사용을 요구하면서 박정희 정부로 하여금 새 외화 수입원을 절박하게 찾도록 내몰았고 결국 1962년 공산품 수출에서 돌파구를 찾게 되었다고 설명하고 있다.

적인 원인이기도 했다.(강명헌 1999)

　이병천(2000:137-138)은 유신체제가 종말을 고한 후 한국에는 국가라는 낡은 우상이 후퇴하고, 그 자리를 대신하여 시장이라는 새로운 우상이 들어앉기 시작했다고 분석한다. 그러나 국가의 자리를 대신 차지한 것은 순수한 시장이 아니었다. 우리가 주지하고 있다시피 발전국가는 재벌을 키웠으며 국가의 자리를 대신 차지한 것은 단순한 시장이 아니라 재벌 주도 시장경제였다고 분석하고 있다. 박정희식 국가 주도 발전주의 경제 모델의 그늘인 것이다.

3. 전두환
경제 안정은 시장경제의 존중에서 비롯되었는가?

┃ 정권의 정당성 결여로 경제 문제에 집중

박정희 정부와 전두환 정부는 산업화의 추진과 성공적인 경제 관리를 정부 의제의 최우선순위에 두었다. 이에 따라 경제개발비가 중앙정부 지출 중 국방비를 제외하고 가장 큰 부분을 차지했다. 그리고 경제 관리를 담당하는 중앙정부 부처 및 관련기구가 사회정책을 담당하는 부처나 기구보다 월등히 잘 정비되어 있고 우월한 지위를 지니고 있었다. 두 대통령의 시정연설에서도 경제관련 단어가 정치와 사회관련 단어보다 월등히 높은 빈도로 등장하고 있다. 두 권위주의 정부의 국가 엘리트들이 경제 관리에 최우선적인 관심을 견지했던 동기에 대해서는 두 가지 해석이 존재한다. 첫째는 최고위 국가 엘리트인 대통령의 신념, 즉 '조국 근대화'나 '안정 위의 성장' 같은 정치적, 지적 신념이 근본 동기였다는 것이다. 둘째는 성공적 경제 관리를 통해 지지기반을 확대함으로써 정권의 안정을 도모하고자 하는 국가 엘리트들의 정치적 이익이 근본 동기였다는 것이다.(주재현 1998:294-295)1960년대 말 이후로 1969~71년의 기업 합리화 조치(청와대에 부실기업 정리반 설치), 1972년 8·3조치(경제의 안정과 성장에 관한 대통령 특별명령)

에 의한 사채 동결을 통한 부실기업 정리(산업합리화 위원회 설치), 1979~80년의 중화학 투자 조정, 1984년~85년의 불황산업(해운업, 해외건설업)에 대한 합리화 조치, 1986년 이후의 부실기업 정리 등 정부 주도의 산업 합리화 조치[243]가 시행되었다. 그리고 전두환 정부에 들어와서는 이러한 조치들이 제도적 장치를 통해 본격화되었다.(어윤대 외 1995:197-201; 이연호 외 2004:29)

▎재벌이 일상생활 지배하게 한 산업 합리화

부실기업의 대상을 결정하는 직접적이고도 구체적인 기준은 1986년 2월에 마련된 '산업 합리화 지원 기준'이다. 그러나 이러한 기준은 사실상 국가가 특정 개별 자본에 대한 개입의 기회를 열어놓은 것으로 선정 및 정리의 기준이 대단히 포괄적이며 객관적인 기준은 존재하지 않는다.(최인철 1991:91; 조성택·김용만 2008:27) 이러한 기준에 따른 부실기업 정리는 재벌들을 더욱 크고 강하게 성장시키는 결과를 가져왔다. 조세 및 금융혜택 뿐만 아니라 1960년대 이후로 지속된 해당 업종에 대한 독과점적 보호 조치가 수반됨에 따라 인수 기업들은 또 다른

---

[243] 1986년 5월부터 1988년 전반기까지 제5공화국 시절에는 잘 알려진 '국제그룹', '명성그룹' 등을 비롯하여 모두 78개 기업이 정리되었다. 이 중 57개 기업은 개별 부실로 인해 정리되었고(그 중 49개 기업이 조세면세 규제법에 따라 산업합리화 기업으로 지정되었음.) 21개 기업은 업종별 합리화 조치에 따라 정리되었다.(어윤대 1995:200)

경제적 이익을 누릴 수 있게 되었다. 재벌 성장전략은 수익성에 기초한 것이 아니라 정권의 의지에 따른 정부 지원정책에 근거한 측면이 강하다. 중화학 공업을 추진하게 되면서 재벌은 다양한 업종으로 다각화를 시도하였는데 재벌들의 안정적인 시장점유율을 확고히 하려는 의도가 있었던 것이다. 땅 짚고 헤엄치기식 사업 구조를 지향했다고 할 수 있다. 주력 기업으로 몇몇 업종을 전문화하기 보다는 거의 모든 업종을 재벌들이 장악함으로써 대한민국의 일상생활을 재벌이 지배하고 있다는 말에 이견이 없는 시대가 도래하게 되었다.(조성택·김용만 2008:29; 강철규·신봉호 1993)

▎시장경제 존중보다는 경제관료 존중 측면이 더 커

전두환 대통령은 행정부에서의 경험이 거의 없었기 때문에 기술관료들의 전문지식에 크게 의존했다. 특히 경제부문에서 핵심 참모에 대한 의존도가 높았는데 초기에는 경제기획원의 관료들을 중용하였다. 정치적 정당성이 낮았던 전두환 정권은 경제적 성과, 특히 경제안정에 기반을 둔 정당성을 확보하려고 노력하였다. 이에 따라 핵심 경제관료들은 권한을 위임받아 상대적으로 자율적인 경제 정책을 제시하고 실행할 수 있었다. 구체적으로 정승건(2003:274-277)은 1960년대와 1970년대를 거치며 관료의 전문성, 기술성 등 질적 수준이 향상되었고, 경제정책 역시 대규모 사업보다는 정책조정 역할이 더 많이 요구되었다고 분석한다. 따라서 전두환 대통령은 경제관료를 통제하기보다 거꾸로 그들에게 의존하는 성향이 더 강해졌다는 것이다.(정승건 2003:274) 유신체제 말기 박정희 대통령은 경제성장에 미칠 영향을 고려하여 경제기획원이 마련해 온 경제 안정화를 비롯한 경제개혁 조치들의 실행을 망설이고 있었다. 반면 이러한 정책들은 전두환 대통령에게 있어 박정희 대통령과 차별화 할 수 있는 좋은 기제가 되었다. 그리하여 엘리트 경제관료들은 이미 수립된 정책들을 즉각적으로 제시함으로써 상대적인 정치적 자율성을 누릴 수 있었다.(정헌주·지명근 2017:90-91)

▎경제이익 집단의 조직화로 경제 권력 태동

제5공화국 신군부 정권은 산업 합리화 정책 등을 통해 경제적 안정을 유지시키는 데는 어느 정도 성과를 거두었다. 그러나 경제적 측면에서 나타난 성과는 신군부 정권의 수행적 정당성과 차별화해서 인식할 필요가 있다. 무엇보다 산업 합리화 정책 등 일련의 정부 정책은 전두환 정권에 의해 입안된 것이 아니라 이미 1970년대 후반부터 중장기적으로 추진된 경제 안정화 정책의 연장선상에서 나온 것이었다. 특히 전두환 대통령 집권 시기의 경제적 안정은 국제적 3저 효과와 더불어 정치적 기본권에 대한 제약, 강력한 노동통제 정책 등을 바탕으로 얻어진 것이었다. 신군부의 경제 정책은 오히려 자신들의 집권 기반을 다지려는 정략적 성격을 더 많이 내포하고 있었고, 결국 재벌 중심의 정경유착 구조를 더욱 고착화 시켰다.(장현규 2005:124)

동일한 권위주의 체제에 속하는 박정희 정부와 전두환 정부라 할지라도 시대 환경의 변화에 따라 정부의 조직화와 경제이익 집단의 조직화는 다르게 나타났다. 우선 박정희 정부에서는 경제 부처의 조직화가 강하게 이뤄졌고, 경제이익 집단의 조직화는 이뤄지기 시작하는 단계였다. 특히 중화학 공업 정책결정 과정에서 정부가 경제이익 집단들보다 절대적 우위의 영향력을 행사하는 강력한 '국가 통제적 정책 네트워크 모형state-controlled policy network'을 보인다. 이러한 정부와 경제이익 집단(전경련)의 관계는 '강한 변형 국가 코포라티즘 모형 strongly transformative state corporatism'을 가져왔다. 이와 달리 전두환 정부에서의 정부와 경제이익 집단 관계 모형은 산업 정치 메커니즘을 분석한 결과, 박정희 정부의 경우보다 약화된 국가 모형의 범주에 속하는 약화된 '국가 통제적 정책 네트워크 모형'을 보인다. 보다 구체적으로는 정부와 전경련의 관계를 '약화된 변형 코포라티즘weakly transformative state corporatism'으로 볼 수 있다.(배응환 2001:37) 과거 군사독재 시절 이 나라를 통치하던 정치군인들은 정치를 패륜아들이 하는 것으로 취급하며 국민들에게 정치적 무관심을 조장하였다. 3S(sports, sex, screen) 전략을 동원하여 국민들이 정치에 관심을 갖는 것을 막으려 했다. 결국 광주민주화운동과 6월 항생을 통해 민주화는 이뤘으나 대중의 정치적 무관심은 더욱 심각해지고 있다.(이성로 2010:170) 한편 전두환 정권은 태어나지 말았어야 했지만 외환 자유화, 물가 안정 등을 통해 역사적 전환을 이룬 측면이 있다고 안희정 지사는 평가했다.[244]

244　서울경제, 2017년 2월 7일자, 2013년 출간된 안희정의 저서 『산다는 것은 끊임없는 시작입니다』에서 역대 대통령에 대한 평가 부분을 재인용한 기사.

4. 노태우
보통사람의 시대는 열렸는가?

｜민주주의 측면에서는 보통사람의 시대로의 분기점

1987년의 민주화에 대한 지배적 해석은 행위자의 전략적 선택이 정치변동 과정에서 갖는 의미에 주목하는 협약에 의한 민주화라는 시각이다. 6·29선언은 최소한의 절차적 민주주의 회복이라는 양보를 기존 집권세력으로부터 받아 내고 그들이 현직의 이점을 유지한 채 선거 경쟁에 임할 수 있도록 보장해 줌으로써 이뤄진 민주화 대타협이라는 것이다.(장현규 2005; 임혁백 2000) 또 다른 해석은 이에 대한 반론으로 민주화 세력이 집권세력이 된 것도 아니었고 단지 협약을 위한 신속성이 특징일 뿐이라는 것이다.(이영호 1999)

제6공화국은 여소야대의 정치구도 속에서 6·29선언에 따른 정치경제적 민주화를 이행해야 했으므로 물리적인 억압기구들의 정치적 중립성을 회복하려는 노력을 하였고 이들 기관의 활동을 크게 제한하였다.(김선정 2004:227; 김석준 1992:541) 즉 강압적 통제력에 의존하기보다 설득과 타협으로 노동자 계급을 유인하지 않으면 안 되었던 것이다. 노동조합의 조직화와 활성화는 재벌 기업들에게는 노사문제에 대한 큰 압력으로 작용했다. 또한 국가의 노동 통제 기제는 노동법 개정 문제 및 경찰력의 중립화 등으로 거의 마비 단계에 있었다. 이에 재벌 기업들은 스스로의 이익을 보호하기 위한 자구책으로 국가 엘리트들의 결속을 요구했고 일부 정치권 및 보수 세력과의 연합을 여러 차례 시도하기도 하였다.(김선정 2004:227; 김석준 1992:567)

　노태우 정부는 국회의 권한을 대폭 강화하였다. 이로 인해 다양한 이익집단과 언론이 점차 활성화되는 등 사회 전반적인 민주화가 진행되었다. 제한적이나마 정치 과정의 민주화와 다원화가 싹트기 시작하였다. 그런가 하면 민간 기업을 도외시한 기존의 국가 주도적 국가발전 전략에 대해서도 점차 회의가 일기 시작하였다. 이런 국가-사회관계의 재편 과정 속에서 한국 관료제는 적지 않은 충격에 휩싸이며 전환기적 상황을 맞이하게 된 것이다.(김호진 1996:317-321) 행정개혁 역시 확고한 짜임새를 보이지 못했기 때문에 가시적 효과를 거둘 수 없었다. 1988년 5월 행정개혁 위원회가 다시 설치되어 1년 2개월간 활동했지만 위원회 구성상의 문제, 구조개혁에 치중한 나머지 행태개혁이 도외시 된 점, 행정의 민주화를 위한 노력이나 적극성의 결여, 개혁안 마련에 필요한 물리적 시간의 부족, 대통령의 국정 전반에 관한 이념과 비

전의 결여 등 많은 비판을 받았다.²⁴⁵(신윤창 2009:202-203)

　　소렌슨Sorenson 민주화의 단계를 자유화-민주화-공고화라는 세 단계로 나누어 설명하고 있다. 직접적으로 이 이론이 꼭 맞아 떨어지는 것은 아니지만 제6공화국은 민주화 과정 중 2단계의 심화 과정도 끝내지 못한 상태라서 민주주의의 공고화는 요원했다. 결국 6공 비리 청산 과정에서 밝혀졌듯이 부패 현상만 가중되어 온 셈이다.²⁴⁶(한국정치외교사학회 편집부 1997:307)

---

245 신윤창(2009)은 제6공화국 행정개혁의 특징을 다음과 같이 분석했다. 첫째, 행정부 내의 개혁을 이끌어 갈 개혁 주체세력이 존재하지 않았다. 또한 과거 정권에서 행정의 원동력이었던 정보기관의 조정이 거의 사라졌으며 청와대의 조정도 현저하게 축소된 시기였다.(안문석 1995:44) 둘째, 행정기구 개편의 취지는 새로운 행정수요에 대한 대응, 시대에 맞지 않는 기구의 정비 이외에 과거 청산 및 행정의 민주화를 포함한 사회의 민주화 요구를 반영하는 시대적 사명감을 띠고 있었다. 셋째, 행정개혁 위원회가 정부기구 축소를 권고했고 정부 역시 이에 대한 화답으로 '작은 정부'를 지향한다고 대대적으로 언론에 홍보하였다. 하지만 노태우 정부 5년간 실제로는 정부기구와 인력이 팽창되는 아이러니한 현상이 발생하였다.(안문석 1995:44) 넷째, '민주 발전을 위한 제도 개선'과 '공정·균형발전을 위한 제도 개선' 등 행정관리 개선사업은 민주화와 지방화를 지향하며 추진되었다. 다섯째, '새 질서·새 생활 운동'은 민간 주도의 국민운동으로 승화되지 못하고 정부 차원의 운동으로 끝나고 말았다. 또한 부패를 근절하거나 줄이는 시책 가운데 과거 전두환 정부 시절의 대대적인 숙청 같은 프로그램보다는 교화적인 활동이 늘어나는 특징을 보여 주었다. 여섯째, 지방행정 차원에서 지방자치의 물꼬를 트는 부활 조치가 이뤄졌다. 1961년 5·16쿠데타로 중단되었던 지방자치제를 30년만인 지방의회 의원선거를 통해 다시 복원하는 조치이다. 비록 반쪽짜리 지방자치이긴 하지만 이로 인해 주민들이 직접 지방의회 의원을 선출할 수 있는 길이 열리게 되었다. 이것은 민주주의 제도화에 한 걸음 다가가는 행정개혁으로 평가받을 수 있다고 기술하고 있다.

246 동 연구에서 한국정치외교사학회는 민주화 과정에서의 제6공화국 집권층의 의지에 대한 외국 학자들의 주요한 견해를 소개하고 있다. 당시 제6공화국의 집권층은 일본식 제도를 통해서 야당이 있어도 그리고 선거가 있어도 항상 단일 정당이 승리하는 체제를 지향했다는 것이다. 민주화의 공고화보다는 자유화의 단계에 머물러 있기를 바란다는 것이다.

토지 공개념까지 천명한 경제 민주화 논의의 시작

문희갑 청와대 경제수석은 노태우 정부 경제 정책의 핵심은 지난 시절 성장 위주의 정책에서 파생된 제반 악습들을 '경제 정의' 차원에서 치유하는 데 있다고 밝혔다. 토지 공개념 확대도입 방안은 그것의 주된 내용인 것이다. '혁명적 상황의 도래를 막기 위한 불가피한 조치'라고 평했다.(문희갑 1989)

박기덕(1994:136-137)에 따르면 노태우 정부가 채택한 경제개혁 목표는 계급 간, 지역 간, 부문 간에 잠정적·묵시적으로 이뤄진 타협의 산물이었다. 따라서 개혁 프로그램들이 경제활동의 자유와 결과의 평등성이라는 상충되는 목표들을 동시에 포괄하였고 이는 '경제 민주화'라는 모호한 유행어로 포장되었다. 따라서 경제 민주화라는 개념은 경제 주체에 따라 다르게 해석되고 있었다. 봉급생활자, 노동자, 농어민 및 도시 빈민은 '정의로운 분배'로 이해하는 반면에 자본가들은 '정부 간섭의 배제 내지는 감축'을 경제 민주주의로 이해하고 있었다. 이 부분은 '경제구조조정 자문회의'가 대통령에게 제출한 '경제 선진화를 위한 기본 구상'을 거쳐 경제기획원의 '제6차 경제사회개발 5개년 계획 수정계획'에서 확인되었다. 당시 부총리가 서문에서 경제개혁의 목표에 대한 국민적 합의가 결여되었다고 지적하며 자율과 안정과 복지의 조화를 경제개혁의 목표로 설정하고 이것을 경제 민주화로 간주하였다는 것이 그 증거이다.

직선제를 통해 정통성을 확보한 제6공화국은 경제 민주화로 야심차게 새로운 시대를 열 것 같았다. 하지만 사상 최대의 무역적자, 미국에 굴복한 완전 수입개방, 물가 앙등과 재정 팽창, 재벌만 살찌우는 독점지원 정책, 집값·전셋값 폭등, 토지 공개념의 유명무실화, 금융실명제 무기한 유보, 임금 억제책과 세계 최장 노동시간의 강요, 고용악화 정책, 노동조합 탄압, 농업을 포기하는 농업정책, 농민을 파탄으로 이끄는 저곡가와 수매 정책의 포기, 쌀 수입 개방, 사람대접도 하지 않는 도시 빈민 정책, 국민의 불안을 가중시키는 환경정책 등 반대 진영의 수많은 비판을 받았다.(민족민주운동연구소 편집부 1992)

보통사람들의 시대가 열려야만 한다는 주장은 있었지만 결국 보통사람들의 시대는 열리지 않았다. '물태우'라는 별명을 얻은 노태우 대통령이지만 기득권층은 시대에 맞게 진화하고 있었고 민중은 요구에 그쳤다. 민중에게 원하는 것을 다 얻을 수 있다는 환상을 심어 주면 민중은 다 얻은 줄 착각할지도 모른다. 민주주의를 얻기 위해 가짜 민주주의에 현혹되어서는 안 된다.

5. 김영삼
호랑이 굴의 호랑이는 잡혔는가?

┃ 호랑이 굴 밖의 호랑이를 잡으려는 의도

3당 통합은 기본적으로 다음 대선에서 김대중을 제압하기 위한 보수 세력의 결집이었다. 결과는 성공적이었지만 해석은 판이했다. 훗날 김영삼 대통령은 대권을 장악하고 나서 "호랑이 굴에 들어가야 호랑이를 잡는다."라며 자신의 대선 승리 과정을 합리화했고, 노태우 측은 김영삼의 문민정부에 권력을 이양한 것으로 해석했다.(신동준 2009:162)

문민정부의 민주화에 대한 평가는 법·제도적 측면과 관행·행태적 측면의 민주화 추진 실적에서 엇갈리게 된다. 민군관계 재정립, 정치 관계법 개정, 지방자치제 확대 실시 등의 추진 실적은 인정된다. 하지만 국가 안전기획부법, 노동관계법 등에 대한 개혁 노력은 지극히 제한적인 것이었다. 특히 부정부패의 척결에 있어서 문민정부가 보여준 '명분과 실제의 괴리'는 박정희 대통령에 대한 향수, 즉 권위주의 체제에 대한 향수authoritarian nostalgia를 불러일으킬 만큼 민주주의 체제로의 이행 과정에 지대한 악영향을 미쳤다.(최용섭·노찬백 1998:235)

민주주의 발전에 실패한 문민정부라면 호랑이 굴에 들어가 잡아먹힌 셈이다. 김영삼 대통령은 스스로 정권을 창출한 것이 아니며 문민정부에 권력을 이양했다는 노태우 측의 생각에 더 무게 중심이 실린다고 할 수 있다. 김영삼 대통령은 즉흥적이고 단발적인 단호함으로 한때 국민들의 속을 시원하게는 했지만 한국 현대사에서의 본질적 변화를 이끌어 내지는 못한 채 IMF라는 망국적 사태로 정권을 마감하게 된 셈이다.

▌'3당 합당' 콤플렉스로 강한 개혁의 발현

김영삼 정부의 보다 근원적인 한계는 군사정부와 그 후계 세력의 유산을 안고, 그 바탕 위에서 탄생하였다는 점이다. 또한 체제화된 부패의 뿌리가 너무 깊었고 정당성 복원을 위한 투쟁은 오랜 세월에 걸쳐 형성된 정당치 못한 다수와의 투쟁이라는 점도 한계였다고 할 수 있다. 그런데 이런 악조건 속에서 김영삼 정부의 행정개혁은 역대 정부의 행정개혁과 비교했을 때 몇 가지 점에서 높게 평가된다. 다소 의외라 할 만큼 과감한 개혁을 추진했다는 점과 개혁과제의 선정에 있어 상향식 접근법을 택해 고객 중심의 행정개혁을 시도하였다는 점이다. 그렇지만 집권 초기 정권의 정당성 확보를 위해 행정개혁이 추진되었고 관료제 통제 차원의 부패개혁 활동이 이뤄진 점, 또 집권 초기 강력하게 추진되었던 개혁 작업이 시간이 흐르면서 흐지부지되고 말았다는 점 등은 과거의 개혁 작업과 본질적으로 다르지 않다는 것을 보여주었다.[247](신윤창 2009:206-207)

▍재벌이 대한민국을 초토화 시킨 IMF

1996년 12월 26일 노사관계 개혁위원회의 공익안보다 훨씬 후퇴한 개악 노동법이 국회에서 날치기로 통과되었다. 노동계의 입장에서 볼 때 이는 정리해고제, 변형 시간근로제, 파견근로제 등 개별적 노사

---

[247] 신윤창(2009)은 김영삼 정부의 개혁을 다음과 같이 평가한다. 첫째, 전체적으로 볼 때 개혁의 이념과 방향은 옳았으나 체계적이고 일관성이 없어 혼란스러운 인상을 주었다. 둘째, 12·23 기구 개편을 중심으로 한 조직 구조의 개혁은 세계 환경 변화에 대응하기 위한 목적으로 이뤄졌다. 그러나 행정 체질과 관행, 기능의 변화로까지 이어지지는 못했다. 셋째, 인사 행정의 개혁 차원에서 고위 공직자에게는 사정과 같은 강압적인 통제적 방식이 주로 사용되었다. 하지만 전 관료제 차원에서 보면 당근과 채찍 전략이 구사되었다. 넷째, 재정 개혁 측면에서는 WTO체제와 OECD가입에 따른 제도 개선이 많이 이뤄졌고 경쟁력 강화 차원의 조치들도 도입되었다. 다섯째, 부패개혁 차원에서는 공직자 재산공개와 금융실명제 실시 등 부패억제 제도화가 시도되었다. 하지만 후속조치가 마련되지 못했고, 중·하위직 공무원의 부정도 여전히 기승을 부리는 등 의식과 행태상의 변화는 기대하기 어려웠다. 여섯째, 지방행정의 개혁 차원에서는 지방화, 분권화를 지향하는 가장 큰 변화가 있었다. 지방자치의 전면 실시와 함께 대대적인 행정구역 개편이 있었고 지방행정의 기능과 자율성을 확대하기 위한 개혁 조치들이 이어졌다. 그러나 지방자치 실시 과정에서 분권화 조류에 역행하는 현상이 나타났고, 재정자립도를 제고시키기 위한 프로그램이 마련되지 않았다. 또한 중요하고 실질적인 기능은 여전히 중앙정부의 소관으로 남아 중앙정부에 대한 구속의 문제는 여전히 과제로 남게 되었다. 일곱째, 행정쇄신위원회의 활동을 통한 행정관리 차원의 노력은 행정의 민주성과 생산성을 지향하는 것이었다. 또 국민고충 처리위원회는 행정 옴부즈맨 제도의 성격을 띠면서 국민 생활과 직접 관련된 민원행정 개선에 주력하였다. 외부의 투입과 참여가 이뤄졌으며 의미 있는 개혁활동과 성과를 거두었다. 김영삼 정부의 행정개혁은 행정규제 완화와 국민편의 위주의 행정개혁, 부패방지, 행정관리, 지방자치를 통한 분권화 및 개혁 등의 분야에서 가시적 성과를 거둔 것이 사실이다. 그러나 조직개편은 외과적 수술 차원을 넘어서지 못했고, 규제 완화를 통한 작은 정부의 이상 구현은 관료제의 기득권 수호본능에 부딪혀 사실상 좌절되었다.(김호진 1996:332) 실제로 집권 초기에 김영삼 정부의 개혁 실체를 확연하게 드러내 보였다.

관계를 악화시키는 것이었다. 뿐만 아니라 집단적 노사관계에서도 복수 노조 허용, 3자 개입 및 공무원 단결권 금지 등의 독소조항을 유지한 최악의 것이기도 했다. 이 개악 노동법과 안기부법의 날치기 통과는 명확히 노동 3권의 제약과 민주주의의 후퇴를 의미하는 것이었다. 그리고 김영삼 정권의 자유주의적 개혁에 내포된 최소한의 절차적 민주주의에도 부합하지 않는 정치적 보수화를 의미하는 것이었다. 이 시점을 계기로 김영삼 정부에서 재벌 개혁의 명분은 완전히 사라지게 되었다. 또한 제14대 대선과정에서부터 자본과 결탁한 부정부패가 폭로되면서 도구적·구조적 자율성은 그의 집권 후 최악의 상태로 떨어지게 됐다.(이명수 2007:237)

문민정부의 서슬이 시퍼렇던 1993년, 김영삼 대통령을 비롯한 정치적 실세들이 신경제 추진회의 등 공식·비공식 모임에서 재벌의 폐해를 집중적으로 거론하기 시작했다. 실세들은 총수 한 사람에 의한 기업 소유의 집중, 문어발식 사업 확장, 과다한 차입경영 등 재벌 문제를 무차별적으로 도마 위에 올렸다. 재벌들은 스스로 개혁하겠다고 했다. 현대는 45개 계열사를 37개로 줄이겠다고 발표했다. 삼성은 48개 계열사를 34개로 대폭 줄이겠다고 선언했다. 하지만 문민정부가 끝날 무렵 현대는 계열사가 58개가 되었고 삼성은 59개가 되었다. 문민정부의 대표적인 재벌정책이라 할 수 있는 업종 전문화 정책은 가장 최악의 결과를 가져왔다. 업종 전문화 기업수를 3개에서 6개로 늘려줌으로써 업종 전문화는 재벌개혁 정책으로서의 의미를 완전히 잃었다. 재벌들은 반도체와 철강, 석유화학, 자동차 등 중화학 장치산업을 주력업종으로 삼고 중복 과잉투자에 뛰어들기 시작했다.(정남구 1998:58-59)

강문구(2002:17)에 따르면 김영삼 정부는 경제개혁이 진행되면서 정치적 기반이 약화되었고 이를 만회하기 위해 모순적이고 일관성이 없는 경제 정책을 추구하게 되었다. 경제개혁 정책은 시장 중심, 재벌 주도, 효율성 위주의 경제 정책으로 선회하게 되었다. 이로 인해 경제적 민주화나 복지 분야의 확대는 고사하고 국가-재벌 주도의 경제구조나 지대 추구적인 경제적 관행을 단절하거나 개혁하는 것도 실패했다. 이러한 경제개혁의 퇴행은 이전에 성취했던 정치개혁 분야, 특히 재벌 파행과 정경유착 문제 등을 원점으로 돌리게 하는 결과를 낳게 되었다. 결국 김영삼 정부의 세계화 정책은 효율성과 경쟁력 제고를 최우선 과제로 설정한 사회 전반의 향상 및 개선 정책이었다. 이는 민주화의 개혁정책, 즉 권위주의 잔재와 구조의 청산, 경제적 민주화와 복지의 지향과는 상당 부분 배치되거나 충돌될 수밖에 없는 것이다. 이로 인해 결론적으로 한국 사회의 민주화와 민주적 공고화에 실패하게 되었다. '변화와 개혁을 통한 신한국 창조'를 가치로 내걸고 출범한 김영삼 정부는 나름대로 공과를 남겼지만 IMF사태라는 미증유의 경제난 속에서 모든 공이 묻히고 말았다.

6. 김대중
민주주의와 시장경제의 병행 발전이 성취되었는가?

▮ 한국에 누적된 적폐 해소의 기회

최장집(2002:130-131)은 문민정부는 헤게모니를 가진 정부이며 국민의 정부는 헤게모니를 갖지 못한 정부라고 규정한다. 문민정부는 3당 합당을 통해 구체제 보수적 기득권 세력의 지지를 획득하고 권위주의의 지역적·계층적 기반을 상속받아 집권한 정부이기 때문이라는 것이다. 반면에 국민의 정부는 구체제 보수 세력의 지지를 전혀 받지 못했으며, 새로운 남북화해·평화공존 노선이 기존의 냉전 반공주의 노선을 답습하지 않았기 때문이라고 설명하고 있다. 윤상우(2016:27)는 국민의 정부 집권 당시 IMF라는 조건 때문에 정책 범위의 제약성은 있었지만 정책 주도권은 확실했다고 평가한다. 하지만 IMF 위기를 탈출한 이후의 집권 후반기에는 재벌개혁, 언론개혁, 햇볕정책 등의 주요 개혁에서 보수 기득권의 총력적인 저항에 부딪히게 된다고 분석했다. 결국 정치적 헤게모니의 부재로 인한 개혁정책의 후퇴가 그 공백을 메우기 위한 반작용으로 성장(개발) 지상주의 정책에 대한 집착을 강화시켰다는 것이다.

문민정부의 어설픈 세계화 담론과 신자유주의적 경제 자유화 정책은 결국 사상 초유의 외환위기를 불러왔다. 이후 국민의 정부에서 IMF 구조조정이 본격적으로 추진되면서 실질적인 '세계화globalization'를 키워드로 하는 심층적인 신자유주의 단계에 접어든다. 중도 진보 정권인 국민의 정부는 출범 당시 '민주주의와 시장경제의 병행발전'을 국정의 모토로 제시했지만 그 내용의 상당 부분은 신자유주의적 정책들로 채워졌다. 이는 일차적으로는 국민의 정부가 IMF 구조조정 프로그램을 이행해야 하는 대외적인 제약조건 때문이다. 그러나 다른 한편으로는 국민의 정부의 '민주주의와 시장경제'에 대한 인식 자체에 신자유주의적 관점이 내재해 있던 결과물이기도 했다.(윤상우 2016:26)

송백석(2005:409-410)에 따르면 외환위기는 기본적으로 경제적 문제였지만 그 근본 원인은 한국 사회 전반에 걸쳐 구조화된 문제였다. 이를 해결하기 위해서는 경제뿐만 아니라 정치, 사회 등 전 분야에 걸친 폭넓은 개혁이 필요했다. 이에 따라 IMF체제하에서 김대중 정부는 신자유주의적 정책 기조를 유지하였지만 국가가 주도하는 관치경제를 하였다는 점에서 시장주의와 배치되는 모순적 정책이었다.[248]

---

[248] 송백석(2005:409-410)에 따르면 김대중 정부는 '민주주의와 시장경제의 병행발전', '시장경제와 생산적 복지 간의 조화'라는 슬로건을 내걸고 IMF위기 극복을 위해 다음과 같은 개혁정책을 추진하였

김대중 정부는 재벌개혁도 시도하였다. 하지만 재벌의 경영실패는 바로 국가의 경제파국으로 연결되기 때문에 재벌 기업들의 경쟁력 제고를 위해 개혁은 보류되었다. 이러한 김대중 정부의 재벌개혁을 거치면서 재벌 체제가 합리화되어 재벌의 지배력이 강화되었던 측면이 있다. 이로 인해서 한국 사회는 '20대 80'의 사회로 대표되는 양극화 사회로 변모하였다.

경제 민주화의 한계, 민주주의에 반하는 자유화

김대중 정부 시기의 구조조정은 탈추격 post catch-up 시장경제를 향한 한국 특유의 자유시장적 접근 방식을 취했다. 이 과정을 통해 지난 시기 개발주의 공사협력체제 또는 주식회사 한국의 핵심 골격인 국가와

다. 첫째, 신자유주의적 개혁을 추진하면서도 복지주의를 강조하였다. 정부와 시장 간의 상충되는 이해와 요구가 정책 과정에 동시에 투입되었다. 그러나 실제적으로 정부의 행정개혁에 영향을 미친 것은 영미식 신자유주의 모델이라고 할 수 있다. 이것은 무엇보다도 김대중 정부가 신자유주의적 정책을 대변하고 있는 IMF의 요구를 구제금융의 대가로 받아들였다는 데서 알 수 있다. 이러한 기조에 따라 김대중 정부가 추진한 4대 부문, 즉 노동, 금융, 기업, 공공부문의 개혁은 한국 사회를 급격하게 신자유주의적 모델로 편입시켰다. 둘째, 공공부문의 경우, 행정조직의 간소화, 공기업 민영화, 경영혁신 등을 개혁의 핵심으로 삼고 전력 산업과 철도 및 통신사업의 개혁이 집중적으로 이뤄졌다. 구조 조정은 중앙정부 뿐만 아니라 지방정부 및 공기업 등에서도 광범위하게 진행되었다. 셋째, 정부 산하기관에 대한 개혁이 이뤄졌다. 이는 그동안의 공공부문 개혁은 공기업 분야에 초점을 맞췄으나, 외환위기 이후 본격적으로 신자유주의적인 행정개혁의 논의가 공공부문 전반에 걸쳐 확산된 것에서 기인한다고 해석된다. 이러한 개혁과정에서 노동자들의 불만이 증대하여 파업이 일어났지만 대부분의 노조가 실리를 택함으로써 민영화는 정부 계획대로 진행되었다. 그 결과 노동세력 간의 분열이 초래되었으며 실업이 증가하였다. 넷째, 김대중 정부는 재벌에 대한 구조조정 압박을 강화하였다. 즉 대기업의 업종 간 빅딜, 계열사의 축소, 기업의 재무구조 개선, 소유와 경영의 분리 등과 같은 정책을 추진하였다.

재벌특권 성장연합 그리고 국가-금융-산업의 연관 관계는 결정적으로 해체되었다. 이런 개발주의 기본 틀의 결정적 해체과정을 통해 한국 자본주의가 고질적인 '관치경제'의 유산을 청산하고 절차적으로 공정한 경쟁시장 또는 질서 자유화의 틀을 갖추게 되었다는 일정한 정도의 성과가 있긴 했다. 하지만 관치경제의 근본적 치유를 못한 채 신자유주의에 의한 지배 사태를 초래하게 되었다. 주식회사 한국의 불공정한 위험 공유 및 협력체제는 파괴되었으나, 새 민주적 조절형 시장경제의 길은 배제되었다.(이병천 2013:177-178)

신자유주의 정책의 기본 취지는 시장 질서를 교란하는 재벌의 불공정성을 바로잡는 것이므로 이는 외환위기 극복을 위한 당연한 선택이었다고 할 수 있다. 그러나 이러한 대기업의 구조조정 과정에서 불가피하게 많은 실직자가 양산되었다. 그리고 미국식 개혁모델을 따라 노동시장의 유연성을 강조하였기 때문에 노동계의 불만이 커지게 되었다. 결과적으로 김대중 정부의 정부-시장 간의 관계는 자본과 노동 양측 모두로부터 저항을 받는 상황에 직면하게 되었다. 정부-시장 간의 관계에서 볼 때 자본과 노동 양측으로부터의 저항은 신자유주의적인 시장 질서의 확립과 복지주의적인 정부 역할 사이의 갈등을 더욱 증폭시키는 현상이라고 평가할 수 있다. 이러한 갈등이 이념적으로나 제도적으로 해결되지 않은 상태에서 노무현 정부로 이어졌다. 또한 김대중 정부는 공무원 수의 감축, 공기업의 민영화, 정부 산하기관의 축소를 통하여 작은 정부를 추구하였다. 그러나 외환위기 이후 초기에 감축되었던 인력이 다시 증가하는 현상이 발생하였고 이는 노무현 정부에서도 지속되었다. 따라서 강제적인 인원 감축에 의한 구조조정의 실질적인 성과는 여전히 의문으로 남아 있다.(신윤창 2009:209-210 ; 정정길 외 2008:137-139)

7. 노무현
민주주의 인프라는 강화되었는가?

| 정치적 민주주의에 공헌, 경제 민주화 인프라는 좌충우돌

변양균 전 기획예산처 장관은 노무현 대통령이 양극화 문제 해결과 사회보장 체제, 복지 시스템에 누구보다 관심이 많았다고 했다. 또한 한국은 빠른 성장에는 성공했지만 고른 성장에는 실패했다며, 서민 중심의 정책을 우선순위에 두고 정책을 폈다고 했다. 하지만 아이러니하게도 참여정부 시절은 우리나라 국민들이 양극화 문제를 절감하게 되는 시기였다고 고백한다. 그 원인으로는 역대 정권이 야기한 거품 경제를 지적했다. 그로 인해 1997년 IMF 외환위기가 왔고 이를 벗어나기 위해 김대중 정부는 강한 자만 살아남는 세계화 개방질서를 확대했다고 분석했다. 그리고 때마침 저임금을 무기로 한 중국의 개방과 세계 진출이 우리나라 중소기업, 자영업, 농업 등 저생산 분야를 강타했다는 것이다.

노무현 대통령은 2003년 5월 국민의 정부에서 시행했던 4대 부문 개혁정책의 방향을 지속적으로 추진하겠다고 선언한다. 또한 개방과 규제 완화, 노동의 유연성 제고 등을 병행 추진하겠다고 언급함으로써 전임 정권의 신자유주의 정책 기조를 이어가겠다는 의지를 분명히 밝힌다.(김관옥 2001:283) 참여정부는 집권 당시 '성장과 분배의 선순환', '공정한 경쟁질서', '균형발전' 등을 천명했다는 짐에서 경제개혁에 대한 기대감을 갖게 했으나, 신자유주의적 경제 정책이 핵심 기조였다. 게다가 '좌파 신자유주의'란 표현이 상징하듯이 성장과 분배를 오가는 정책 목표의 혼선과 모순이 극심했다. 특히 '성장과 분배의 선순환'이라는 진보적 기조는 집권 1년도 되지 않아 '국민소득 2만 불 시대', '기업하기 좋은 나라'와 같은 성장지상주의적 담론으로 바뀌었다. 그리고 투자 촉진과 일자리 창출을 명분으로 재벌들의 규제 완화 요구에 말려들면서 정책의 개혁성은 퇴색되어 갔다.(이병천 2004:22; 윤상우 2016:28)

참여정부는 진보 정권으로서의 성격을 지니지만 신자유주의 정책에서 탈피하지도 못했고 성장지상주의를 극복한 대안 담론을 제시하는 데도 실패했다. 특히 많은 연구에서 지적하듯이 참여정부의 정책 혼선과 우왕좌왕은 심각할 정도로 두드러졌다. 그 결과 탈권위주의 및 국정 분권이라는 정치적 성과와 비교적 나쁘지 않은 경제 실적을 거두었음에도 불구하고 국민의 지지와 정당성을 획득하는데 실패했다. 그리고 결국 보수 세력인 이명박 정부로의 정권교체가 이뤄지고 말았다.(윤상우 2016:29; 유종일 2006; 김기원 2007)

홍종학(2008:25)은 노무현 정부가 시장 규칙의 정립에 노력하기보다는 기업의 투자 부진을 해소하기 위해 규제 완화를 지속하는 정책을 폈다고 지적했다. 이는 시장의 규칙이 제대로 정립되지 않은 상황을 개선하기보다는 손쉽게 기업을 통해 경기를 부양하고자 하는 의도가 있었기 때문이라고 평가를 한다.

신자유주의 문제를 신자유주의 처방인 FTA로 풀다

노무현 정부에서 논란이 컸던 정책 중에 하나가 한미FTA이다. 한미FTA는 복지와의 상관성도 높은데, 복지는 결과적으로 경제 민주화의 한 축이기 때문이다. 노무현 정부에서 경제비서관을 했던 정태인(2012)은 한미FTA를 초헌법적 계약이라고 지적한다. 이로 인해 정책 공간은 극도로 제약되고 재벌과 투자자의 활동 공간은 활짝 열어놓은 것이라고 주장한다. 이에 따라 경제위기가 닥쳤을 때 한미FTA는 더 큰 위력을 발휘할 것이라고 경고한다. 또한 경제위기야말로 복지의 가장 큰 적인데 한미FTA는 정부의 긴급조치마저 무력화할 수 있다는 것이다. 그 예로 아르헨티나와 멕시코의 실제 사례들을 들고 있다. 아르헨티나는 2001년 대통령이 몇 달 동안 5명이나 바뀌는 긴급상황에 '코랄리토'라는 정책으로 외국돈이 빠져 나가지 못하게 됐는데 49건이나 제소를 당했다. 멕시코는 2009년 미국 금융위기여파로 -7% 경제

성장임에도 아무런 조치를 취할 수 없었다. 이처럼 강력한 한미FTA가 복지에도 무익하다는 정태인의 주장과 유사하게 한미FTA가 노무현 정부의 대외정책이 미국 자본과의 전략적 동맹 강화에 기초한 세계 진출로의 전환을 의미한다는 시각도 있다.

　노무현 정부가 신자유주의적 정책으로 인해 장기 불황과 미래의 새로운 위험요인이 발생하고 있음에도 불구하고 신자유주의의 총아라고 할 수 있는 FTA의 체결을 통해 위기를 타개하려 했다는 주장이다. 또한 IMF위기 이후 미국계 초국적 자본과의 전략적 동맹 강화는 자기 발전의 불가피한 조건이자 토대인 재벌들의 요구사항을 반영한 것이라는 주장이다. 이에 더해 협상과정에서 대다수 민중의 뜻이 배제되었을 뿐만 아니라 쇠고기 수입, 스크린 쿼터 등 4대 선결 조건을 양보하고 시작한 한미FTA 협상은 보수가 탄식하는 잃어버린 10년이 아니라 진보의 잃어버린 10년이라고 강하게 비판을 하는 주장도 있다.(문병효 2012:94-95)

　한국의 경제발전은 개발 독재정권 시절부터 국가주의를 기반으로 하여 성장지상주의의 고속도로를 운행 중이다. 진보 정권이 고속버스를 타지 못한 사람들을 태우러 길을 바꾸고 시골길로 가려고 하면, 고속도로의 질주 쾌감을 느껴 본 기존 승객들은 그냥 고속도로를 달리자고 한다. 승객들의 아우성 중에는 조금만 더 가서 휴게소에서 기다리자고 하는 협상적인 안도 나오고 시골길로 가야하지만 지금은 아니라는 이야기도 나올 수 있다. 이는 운전사가 바뀌어도 마찬가지다. 시골길에서 버스를 기다리는 사람들은 차 안에서 편안하게 있는 사람들의 의견에 따라 마냥 기다리거나 버스를 결국 타지 못하는 것이 운명이라고 생각하는 사람들로 전락할 것이다. 진보 정권이 불가피하게 이런 우를 범했을지 모른다.

8. 이명박
국민은 잘 살게 되었는가?

▮ 747은 없다! 7% 경제성장의 신기루

노태우 정부에서 노무현 정부에 이르기까지 한국 민주주의는 꾸준히 발전하였다. 노무현 후보의 당선은 소위 3김 체제의 종식을 통해 민주주의의 제도화를 한 걸음 앞당겼다. 하지만 이명박 정부는 오히려 한국 민주주의를 후퇴시켰다. 민주주의의 척도는 국민의 참여 증대, 자유와 인권의 신장, 대의제도의 안정과 발전 등이다. 그런데 이명박 정부에서는 인권 수준이 악화되었고, 정권이 언론을 장악하여 언론 자유가 후퇴했다는 평가가 일반적이다. 또한 사회경제적 평등도 매우 악화되었다.(김영명 2014:151)

이명박 정부 들어 가계의 실질소득은 2.4% 증가에 머문 반면 기업의 실질소득은 16.1%의 증가를 보여 주었다. 월 소득 100만원을 밑도는 극빈형 자영업자 수는 170만 명에 이르렀는데 이는 전체 자영업자의 23.7%를 차지하는 수치이다. 신용등급 7등급 이하의 저신용층도 300만 명에 이르고 있다. 재벌로의 경제력 집중 역시 두드러진다. 2011년 삼성그룹과 현대차 그룹 등 10대 재벌의 총매출은 946조 1천억 원으로 그 해 우리나라 GDP의 76.5%인 1,237조 1천억 원에 달한다. 2012년에도 재벌닷컴의 자료에 따르면 10대 재벌의 총 매출액이 우리나라 GDP의 77% 수준에 이른다고 한다. GDP대비 10대 재벌의 총매출액 비중이 2008년 63.8%인 것도 놀라운 수준인데 결국 2011년부터는 80%에 이르게 된 것이다. 이와 같은 경제력 집중은 대한민국의 정치, 사법, 언론, 교육, 문화 등 전반에 걸쳐서 재벌을 중심으로 한 강고한 지배 블록과 기득권 질서를 형성하였다.(김윤자 2012:132-133)

한국은행에서 집계한 1953년부터 2016년까지의 경제성장률 자료를 보면 이명박 정부에서는 전반적인 하향 추세가 나타난다. 2008년 2.8%, 2009년 0.7%, 2010년 6.5%, 2011년 3.7%, 2012년 2.3%로 평균 3.2%의 성장을 나타냈다. 조금 더 엄밀하게 보아 2008년은 이전 정권의 정책영향이 있는 해로 보고 2009년부터 박근혜 정부의 첫 해인 2013년까지의 경제성장률을 합산하여 평균하더라도 3.2% 수준의 경제성장률을 보였다. 선진국들의 경우 경제의 안정화로 인해서 연평균 경제성장률이 3%를 넘어서기 힘들다고는 하지만 이명박 정부 시절에 경제가 특별히 좋아졌다고 할 수 없는 것은 분명하다. 산업화 시기 박정희 정권이 취약한 정당성을 보완하기 위해 주창한 성장지상주의는 초기의 여러 정책적 시행착오를 거쳐 1960년대 중반 이후 지배적 담론으로 확립되었다.

민주화 시기 노태우~김영삼 정권에서 성장지상주의는 경제 민주화 담론 및 개혁 드라이브에 밀려 일시적인 후퇴 위기에 직면하기도 했다. 하시만 재벌 및 보수 언론의 조직적 공세에 힘입어 곧 그 위상을 회복하고 지속되었다. 세계화 시기의 김대중, 노무현 정권은 IMF 구조조정과 신자유주의로의 전환을 정책의 기본 축으로 하여 재벌개혁이나 동반성장을 추진하기도 했다. 그러나 결국 정권 중반기 이후에는 성장지상주의적 정책으로 선회하였다. 그 원인은 이들 정권의 정치적 취약성과 정책적 무능력, 보수적 경제관료의 경제정책 주도 등으로 볼 수 있다.(윤상우 2016:3)

보수 정권의 시장 존중 - 민간 불간섭 원칙 반대로

이명박 정부의 성격은 출범 초기부터 추진한 출자총액 제한 완화, 금산분리 완화 같은 규제 완화를 통한 친親대기업 정책과 공기업 민영화 정책 등으로 볼 때 신자유주의 국가로 규정된다.(이근식 2009) 김호기(2007), 조희연(2008)은 이명박 정부의 등장을 '신자유주의의 전면화'라고 규정하고 최장집(2008)은 박정희 개발모델의 연장선상이라고 설명한다. 조명래(2008)는 이 두 가지를 합하여 '신자유주의 개발 국가'라고 정의한다.

이명박 정부는 2008년 정기 국회에서 규제 완화, 공기업 민영화 추진과 같은 다수의 경제 관련 정책의 입법화를 시도했다. 마침내 2009년 4월 30일에 국회에서 금산분리 완화법 중 은행법 개정안과 주택공사와 토지공사 통합 법안 등을 통과시켰다. 이처럼 이명박 정부가 추진했던 거시정책은 신자유주의적 이념에 기반하고 있다. 그러나 실제 정책집행 과정에서 박정희식 발전주의 국가를 연상시키는 시장 개입과 지도를 보였고, 이는 한국 경제 구조에 맞지 않은 형태였다.(이강로 2010:17-18) 신자유주의적 시장 원칙에 어긋나는 이명박 정부의 인위적 외환시장 개입으로 원화 가치가 절하되어 상당한 외화손실이 발생했고 수입품 가격 상승에 따른 국내 물가 불안이 야기되었다. 그러다 2008년 9월에 시작된 미국발 세계 경제위기로 인해 2008년 4/4분기에 -5.6% 성장률을 기록하는 등 2008년 2.5%의 성장률을 기록하였다. 이런 상황에서 이명박 대통령은 2009년 1월 2일 신년 국정연설을 통해 경제위기 조기 극복을 위한 총력체제 구축을 선언했다. "2009년 이명박 정부는 비상 경제정부 체제로 나가겠다."라고 공언하고 1월 6일 청와대 지하벙커에 '비상경제 상황실'을 설치·가동하기도 하였다.

　이명박 정부의 '이념에서 실용으로'라는 구호는 그동안 신념의 과잉이 민생에 별로 도움이 되지 않았다는 국민들의 절실한 피로감을 반영하는 측면도 엄존한다. 경제를 살려 달라는 다수의 요구에 부응하는 담론이 바로 창조적 실용주의였던 것이다. 이명박 대통령은 공허한 이상보다 손에 잡히는 실질이 중요하며 구체적 결과가 모든 것을 말해 준다고 확신한 것이다. 결과를 중시하는 한국형 기업가의 삶을 평생 살아 온 이명박 대통령이 자신의 리더십을 지칭할 때 실용주의보다 적절한 표현을 찾기도 어려웠을 법 하다. 하지만 이명박 정부의 실용주의는 실용정신의 보편적 의의에 대한 균형 잡힌 감수성이 별로 눈에 띄지 않는다. 오히려 박정희식 발전국가 모델을 잣대 삼아 성장 드라이브의 강공을 펴 나가겠다는 것이다. 이는 필요할 때 법과 질서를 강조하면서도 그것을 정권의 편의 위주로 운용하는 점에서 신권위주의의 혐의가 짙다.

또한 시장 논리로 공기업 민영화를 밀어붙이면서도 정치 논리를 뒤섞으며 대기업과 기득권 계층에 친화적인 이명박식 실용주의 정책은 한국형 신자유주의의 특징을 여실히 드러낸다.(윤평중 2008:57)

9. 박근혜
산업화와 민주화 세력의 화해는 이뤄졌는가?

▎국민 통합을 위한 형식적 노력으로 비쳐

박근혜 정부에서 산업화와 민주화 세력의 화해가 이뤄진다는 것은 정치적 민주주의도 공고화되고 경제적 민주화도 이에 상응하는 방향으로 확고해졌다는 것을 의미한다고 할 수 있다. 우선적으로 정치·사회적 통합을 위해 국민대통합 위원회를 설치함으로써 상징적으로 보여 주고자 하는 의지도 있었다. 대선 때 지지를 한 것에 대한 보은이라는 논란도 있었지만 위원장으로 김대중 전 대통령의 비서실장 출신인 한광옥 전 비서실장을 임명한 것도 일견 의미가 있다고 하겠다. 하지만 대통합 위원회의 존재감은 박근혜 정부에서 두드러지지 않았다.[249] 박근혜 대통령의 비서실장으로 임명된 뒤 한광옥 위원장은 "세월호는 잊어라"라는 막말과 "5·16쿠데타는 역사적 필연"이라는 주장[250]을 하

---

[249] 서울신문, 2015년 9월 29일자, 한광옥 국민대통합 위원장 인터뷰에서 기자가 이런 질문을 한다. "안타깝게도 (국민대통합 위원장직을 맡은 지 2년이 넘었는데) 국민들은 아직도 통합위가 뭐하는 데냐고 묻습니다. 그만큼 통합위의 활동이 잘 알려지지 않았다는 얘기인데 위원장으로서 뭐라 항변하시겠습니까?" 이에 대해서 한광옥 비서실장은 "2년 동안 없앨 수 있는 갈등이라면 압축 갈등이라고 할 수도 없는 거지요. 현 단계에서 통합위를 평가하는 건 성급하다고 봅니다. 통합은 비록 더디더라도 반드시 이뤄 내야 할 과제인 만큼 인내심을 갖고 한발씩 나아가는 게 중요합니다."라고 답한다.

[250] 한겨레, 2016년 11월 30일자, '국민통합위원장에 '세월호 막말' 전력 최성규 목사'

는 등 한쪽에 치우진 사상을 가진 최성규 목사를 후임 위원장으로 임명했다. 이는 국민대통합 위원회가 추구하는 방향과 맞지 않는 인선이라는 비판을 받았다. 결국 별다른 활동을 보여 주지 못하고 박근혜 정부의 국민대통합 위원회는 마감하게 된다.

정치발전론의 관점에서 보면 국가의 최종적인 목표는 국민국가nation-state의 형성이다. 국민국가가 되기 위해서는 국가형성state-building, 국민형성nation-building, 대중 참여의 확산, 분배정치의 실현이라는 네 단계를 거친다. 즉 분배정치의 실현이 통합된 국민국가를 만든다는 것이다. 정치발전론의 관점에서 볼 때 분배정치의 실현 정도는 박근혜 정부가 산업화와 민주화 세력 간의 통합에 성공했는지를 가늠할 수 있는 또 하나의 척도인 것이다.[251](김일영 1995:83-84) 결론적으로 보면 앞서 언급한 바와 같이 경제 민주화(복지)가 실현되었을 때를 산업화와 민주화의 화해 시점으로 볼 수 있는 것이다.[252]

---

[251] 2017년 대선에서 자유한국당 홍준표 후보는 소득분배 지니계수가 노무현 정부 때 가장 나빴다고 주장했다. 언론들이 사실 확인을 한 결과 최근 10년 동안 지니계수는 이명박 정부 때인 2007년 0.340, 2008년 0.344, 2009년 0.345로 지속적으로 악화되어 노무현 정부 때보다도 지니계수가 상승했다. 박근혜 정부 때도 2014년과 2015년 0.341로이명박 정부 못지않은 불평등을 보였다.(한국일보, 2017년 4월 28일자)

[252] 립셋Seymour Lipset과 같은 근대화론자들의 정량적 연구결과들은 경제발전과 민주주의가 정비례의 상관관계를 가지고 있음을 증명하고 있다. 배링턴 무어Barrington Moore 같은 비교 역사가들의 정서적 연구결과들이 이를 뒷받침하고 있으며, 자본주의와 민주주의 양립 가능성은 민주주의 경제이론으로 정립되었다. 이 이론의 핵심 주장은 경제적 자본주의가 정치적 민주주의를 촉진한다는 것이다. 자본주의와 민주주의는 모두 개인적인 선택의 자유가 사회적으로 소망스러운 결과를 낳는다는 신념을 공유하고 있기 때문이라고 한다. 자본주의 시장경제에서 이윤을 극대화하려면 생산자는 소비자

▎'경제 민주화 가면'을 벗고 '경제 민주화' 포기로

경제 민주화를 내세우면서 집권한 박근혜 정부는 2013년 7월 출범 1년이 지나지 않아 경제 민주화를 포기했다. 이후 정부 여당 내에서 경제 민주화는 언급조차 되지 않았다. 20대 국회에서 여소야대 국면이 형성됐으나 본격 토의된 적은 없었다.[253] 박근혜 대통령은 대선후보 시절에도 경제 민주화를 강력 주장했고 이를 뒷받침하는 김종인·이상돈 같은 학자들을 전면에 내세웠다. 하지만 언론의 표현을 빌리자면 이들 학자도 토사구팽 당하고 전혀 등용되지 못했다.[254] 물론 박근혜 정부도 얼마 동안은 '원칙이 바로 선 시장경제질서 확립', '경제적 약자의 권익 보호', '기업 지배구조 개선', '실질적 피해 구제를 위한 공정거래법 집행체계 개선' 등 경제 민주화의 내용을 국정 기조에 전면적으로 반영하긴 했다. 하지만 소위 창조경제론이 대두되면서 국정 기조에서 경제 민주화는 아예 사라지게 된다. 실제 이영미(2014)의 연구에서는 박근혜 정부에서 언론 보도를 통해 발표한 내용을 가지고

들이 원하는 상품을 제공해야 한다. 자유 시장에서는 소비자들에게 주권이 있기 때문이다. 또한 민주주의에서 정치권력을 획득하려는 정치인은 지지를 극대화해야 한다. 지지를 극대화하려면 인민이 원하는 정책을 제공해야 한다. 민주국가에서는 인민에게 주권이 있기 때문이다. 이처럼 자유시장이나 민주정치는 모두 개인의 합리적 선택에 따라 운영되고 있다. 인민 주권은 소비자 주권의 정치적 버전인 셈이고, 소비자 주권은 인민 주권의 경제적 버전인 셈이다. 경제와 정치가 동일한 원리로 운영되는 만큼 자본주의와 민주주의는 서로를 견인한다는 것이다.(김주성 2010:8-9)

253 경향신문, 2017년 1월 8일자, '3년 만에 얻은 동력 재벌개혁, 경제민주화 법안'
254 머니투데이, 2017년 3월 15일자, '김종인 떠난 후 김광두 영입…문재인표 경제민주화 구상'

실증 분석을 했다. 그 결과 경제 민주화는 경제 민주화의 부작용이나 경제운용에 미치는 악영향 등과 끊임없이 연결되어 논의되었다. 반면 창조경제는 구체적인 방안이나 제도화를 모색하는 내용과 연결되어 긍정적인 측면 위주의 논의가 전개되어 왔다고 분석됐다.

경제 민주화 포기를 정책으로

더군다나 이명박 정부와 박근혜 정부는 이전의 정부들과는 근본적으로 다른 조세·재정정책 기조를 택했다. 그 핵심 정책은 2008년에 이명박 정부가 시행한 '감세정책'이었다. 박근혜 정부의 이른바 '증세 없는 복지' 기조는 감세정책을 유지하는 것으로 두 정부의 정책 기조는 동질성을 보인다. 그러한 감세정책은 재정 건전성에 악영향을 미쳤다. 박근혜 정부는 임기 말까지 재정 적자를 줄이는 데에 집중했고 그 결과 재정 긴축으로 인해 경제성장도 제대로 할 수 없었다. 이런 상황에서 복지지출 확대에는 한계가 있었다. 이미 복지공약의 후퇴라는 비판을 받는 상황에서 복지지출은 더욱 초라한 수준이 되었다. 이러한 정책 기조로는 저출산·고령화·양극화를 극복할 수 없다. 감세정책은 재정 운용의 큰 흐름에서 거꾸로 간 잘못된 정책이다.(황성현 2014)

유종일(2016)은 박근혜 정부가 경제 민주화에 실패했다고 단언한다. 그 원인으로 첫째는 재벌의 구조적 힘이 워낙 막강하기 때문이라고 진단한다. 재벌 구조의 힘 앞에서 김대중 정부도 노무현 정부도 무릎을 꿇었다고 규정한다. 둘째는 박근혜 대통령의 경제 민주화에 대한 인식과 의지의 박약을 들고 있다. 셋째는 경제 민주화를 뒷받침할 강력한 정치세력이 부재했기 때문이라고 진단하고 있다. 이제는 문재인 정부에서 어떻게 경제 민주화를 할 것인지 모든 지혜와 역량을 모아야 하는 상황에 놓여 있다.

10. 문재인
촛불혁명은 달성될 수 있는가?

▎촛불혁명의 의미

"일상의 정치는 정치 엘리트, 견고한 이익집단, 관료적 정당, 완고한 제도적 절차, 대표의 원칙, 의회 선출과정이 독점한다. 반면 민주적인 초일상의 정치는 높은 수준의 집단 동원, 근본적인 변화에 대한 광범위한 인민의지, 불규칙적이고 비공식적인 공론장의 출현, 기성세력 간 균형, 널리 퍼져 있는 정치·사회적 현상 유지, 국가가 내세우는 합법성, 지배적인 가치체계에 직접적으로 도전하는 초일상적인 제도적·반국가적 운동과 연관된 것으로 시험적이며 임시적인 것으로 이해된다. 이 초일상의 순간에 잠자던 인민 주권이 깨어나 자신이 의사결정과 자치정부에서 최고의 권력임을 재확인하고 일상의 입법과 제도화된 정치를 규율하는 근본적인 규범, 가치, 제도를 실질적으로 다시 정비하거나 바꾼다."(Kalyvas 2008:6-7; 김만권 2017:30) 촛불의 의미를 잘 설명해 주는 말이다. 박근혜 대통령의 국정농단 사건이 역설적으로 대한민국의 민주주의와 인민 주권을 촛불혁명으로 다시 깨어나게 했다.

대한민국은 시장경제 자체가 제대로 작동하기 어려운 구조로 변화하고 있다. 그리고 '신분에서 계약으로'라는 근대의 법이념이 제대로 자리 잡기도 전에 다시 '계약에서 신분으로' 퇴행하는 모습을 보이고 있다. 경제력이 새로운 신분으로 고착되고 있는 것이다. 이러한 전근대적 체제 속에서 시장경제의 건전한 발전은 물론이고 자유와 공정이라는 가치의 공존은 기대하기 어렵다.(이봉의 2017) 우리는 새로운 계급사회에서 자괴감을 느끼지도 못한 채 살아가게 될지도 모른다. 자신의 운명이 그 계급에 영원히 종속되었다고 생각하게 될지도 모른다. 국민이 깨어나게 한 대한민국이 이제 국민을 살릴 차례다. 그것이 문재인 정부의 숙명이고 엄숙함이다.

▍촛불혁명의 지상명령은 경제 민주화

문재인 정부는 집권 초기에 70~80%의 지지율을 보이며 순항 중이다. 문재인 대통령이 보여 준 국민과의 소통 행보를 통해 촛불민심을 받들고 있음을 국민이 느끼고 있기 때문이다. 촛불혁명이 달성되기 위해서는 민심과의 소통이 시스템적으로 정착되고 국민들의 요구가 수용될 수 있어야 한다. 그때야 비로소 촛불정부의 성공 여부가 판가름 날 수 있을 것이다. 촛불혁명은 평화와 질서 속에서 가치와 이념이 다른 사람들이 함께 모여 만들어 낸 혁명이다. 완전히 새로운 대한민국을 원한 것이다. 하지만 정성진(2017)은 이에 대해서 비판적이다. 문재인 정부는 촛불혁명에서 분출된 수많은 개혁 요구들을 실현해 내야 하는데 한국 자본주의의 구조적 위기와 지정학적 위기라는 조건이 끊임없이 구조적 제약을 가할 수 있다고 지적한다. 문재인 정부가 자신을 탄생시킨 촛불 대중의 기대를 배반하는 '개혁 없는 개혁주의'로 전락하는 것에 대해 경계해야 한다는 것이다.

손호철(2017)은 한국 사회가 크게 네 가지 체제를 거쳐 왔다고 한다. 그것은 48년 체제(극우반공 체제), 61년 체제(개발독재 체제), 87년 헌정체제(민주화 체제), 97년 체제(신자유주의 체제)이다. 그리고 이제 2017년 체제인 촛불혁명은 '헬조선' 탈피 등 근본적인 변화를 요구하는 시민혁명 체제라고 말하고 있다.(서관모 2017:206-207) 그렇다면 문재인 정부는 최소한 97년 신자유주의 체제로의 불가피한 전환 과정에서 발생한 잔재인 양극화를 복지 자본주의로의 전환을 통해 수정해 나가야 할 것이다. 촛불혁명에 대한 철학의 부재와 한국 현대사의 맥락을 관통하는 철학적 통찰력이 없다면 문재인 대통령은 성공한 대통령이 되기 힘들 수도 있다. 하늘이 다시 대한민국에게 기회를 주신 것이다. 어쩌면 마지막 기회일지도 모른다. 최순실 국정농단 사건으로 드러난 재벌의 비도덕적 영향력과 숱한 유력 정치인이 삼성그룹의 임원에게 보낸 문자 등을 보면 삼성의 영향력을 절감하지 않을 수 없다. 이처럼 재벌의 비도덕성과 영향력이 적나라하게 드러나고 있다는 점에서 경제 민주화에 다시금 불을 지펴야 할 때라고 볼 수 있다. 온 국민이 평안한 삶을 지속가능하게 영위할 수 있도록 경제 민주주의 제도를 확고하게 정립해야 할 운명의 시간들이 문재인 정부 앞에 놓여 있다고 할 수 있다.

11. 소결
촛불혁명은 경제 민주화다

┃ 경제 민주화는 우리의 복원

경제 민주주의가 달성되지 못하면 그동안의 한국의 발전과 성장지상주의의 폐해는 경제발전의 영역에만 국한되지 않을 것이다. 군의 문화와 접목된 독재 권력에서 파생된 권위주의는 경제성장을 위해서라면 어떠한 수단과 방법도 다 허용할 수 있다는 맹목적 인식과 도구적 가치관을 사회 전반에 보편화시켰다. 재벌이 폭력을 쓰면서 소위 '맷값'을 지불하는 도덕적·윤리적 무뇌 증상은 일상이 되었다. 그리고 과정상의 문제점이나 도덕적·윤리적 하자를 문제 삼지 않음으로써 민주주의적 가치와 절차를 훼손해도 무감각한 심리상태를 초래한다. 심지어 돈을 많이 버는 기업가들은 사회적 기여를 고려하여 재판에서도 일부 감형을 인정받기까지 한다. 재벌은 아무리 중죄를 지었다고 하더라도 처벌 수위가 낮은 것은 물론이고 일정 기간이 지나면 당연하다는 듯이 사면되어 왔다. 이것은 일종의 '개발 시민권developmental citizenship'이라고 한다.(Chang 2012) 성장지상주의의 미시적·개인적 판본이라 할 수 있는 학벌주의와 다양한 서열주의, 승자와 패자로 구별 짓기와 승자 독식을 정당화하는 한국의 대중문화 등은 성장지상주의가 경제영역을 넘어 정치, 사회, 문화 전반에 지배 담론으로서 영향력을 행사하고 있다는 방증이다. 그리고 성장지상주의가 한국 사회의 근대화 과정에서 근대성을 얼마나 왜곡시켜 왔는지를 보여 주는 사례라 할 수 있다.(윤상우 2016:5)

촛불혁명은 경제 민주화다. 정치 민주화는 시대를 살며 몸으로 부딪쳐 이겨낼 수 있었다. 그리고 정치 민주화가 개선되어 가는 것 또한 몸으로 느꼈다. 아무리 탄압을 하고 공작을 하더라도 우리는 느낄 수 있다. 하지만 경제 민주화는 우리가 느끼지 못하는 사이에 운명론과 더불어 우리를 해체한다. 촛불혁명은 우리의 복원의 소리다.

참고문헌

강경식(1992) 『가난구제는 나라가 한다:경제부처 30년의 메모』, 삶과 꿈.

강문구(2002) '한국의 민주적 공고화와 개혁의 한계', 「21세기 정치학회보」 12:1-20.

_____(2012) '한국의 민주적 공고화와 노무현 정부', 「대한정치학회보」 210(2): 263-283.

강명헌(1999) '재벌개혁과 기업지배구조', 「한국경제연구」 3:113-151.

강정구(1993) '친일파 청산의 좌절: 그 원인과 민족사적 교훈', 「한국사회학」 27(1):271-294.

강정인·하상복(2012) '박정희의 정치사상: 반자유주의적 근대화 보수주의', 「현대정치연구」 5(1):181-215.

강준만(2003) 『노무현은 배신자인가』, 개마고원.

_____(2008) 『아웃사이드 콤플렉스: '노무현 현상'의 축복과 저주』, 개마고원.

강차섭(1994) '언어와 저술의도:Pocock과 Skinner의 새로운 정치사상사 방법론에 대하여', 「역사와 세계」 18:597-617.

강철규·신봉호(1993) '규제금리하의 재벌의 금리차지대 추구모형', 「경제학 연구」 41(2).

곽진영(2003) '대통령 리더십의 성공조건 탐색', 「한국정당학회보」 2(2):61-84.

곽차섭(1994) '언어와 저술기도:Pocock Skinner의 새로운 정치사상사 방법론에 대하여', 「역사와 세계」 18:597-617.

권만석(2014) '베버의 합리적 지배와 관료제의 목적전치', 「사회이론」 46:163-204.

권자경(2014) '역대 대통령의 지방분권 리더십:노태우 대통령과 김영삼 대통령 비교분석', 「한국정부학회 학술발표논문집」.

권정선·김회용(2016) '듀이 지식론의 재고찰, 실용주의, 헤겔철학과의 연관성을 중심으로', 「교육철학연구」 38(2):1-27.

고승욱(1978) '프로이드의 리비도 이론비판', 「신학전망」 41:115-125.

고원(2008) '이명박 정부의 성격: 국가주의, 개발주의로의 후퇴', 「민주사회와 정책연구」 14:197-220.

고태경(1994) '국가이론과 공간경제에의 국가간섭', 「대한지리학회지」 29(3):281-296.

공보경(2003) '막스베버의 정치지도자론', 「21세기정치학회보」 13(2):1-22.

국순아(2010) '듀이의 실용주의적 지식개념', 「철학논총」 61(3):137-155.

김관옥(2011) '신자유주의와 참여정부의 경제정책 결정요인 연구', 「국제정치연구」 14(1): 275-300.

김경미(2005) '로자 룩셈부르크의 민주주의적 사회주의에 대한 일고찰', 「한독사회과학논총」 15(1):21-39.

김기봉(2004) '리바이던의 운명-서양 근대국가의 형성과 발전: 국가란 무엇인가 개념사적인 고찰', 「서양사론」 82:5-39.

김기원(2007) '김대중-노무현 정권은 시장만능주의인가', 「창작과 비평」 35(3):171-186.

김대근(2011) 'Amartya Sen의 정의론의 방법과 구조', 「법철학연구」 14(1):179-212.

김대오(2007) '아리스토텔레스 윤리학의 현대적 계승: 매킨타이어의 덕윤리', 「서양고전학 연구」 6:199-222.

김대우(2005) 『이명박 대통령을 울린 시장』, 태웅출판사.

김동일(2014) '분배정의론이란 무엇인가?:자유주의 분배정의론의 쉬운 이해와 통괄적 연구를 위한 틀', 「법철학연구」 17(3):225-266.

김동춘(2014) '박근혜 정권의 국정원 정치:구조적 파시즘하에서의 국가주의의 재등장', 「경제와 사회」, 101:27-52.

김만권(2005) 『그림으로 이해하는 정치사상』, 개마고원.

_____(2017) '초일상의 정치와 정체의 재구성', 「시민과 세계」 2017.6:27-54.

김명환(2011) '행정학에 있어서 고전적 실용주의와 신실용주의간의 논쟁의 의미와 시사점', 「정책과학학회보」 15(1):1-24.:371-395.

_____(2011) '실용주의 행정학의 정립과 유용성에 대한 탐색', 「한국행정학보」 45(2).

김미경(2016) '한국 발전주의적 자본주의의 위기와 반-인플레이션 정치:1970년대 말 박정희 정부의 경제안정화 정책 전환의 정치적 의미', 「아세아 연구」 59(4):80-114.

김병곤·봉재현(2014) '아마티아 센Amartya Sen의 정의론에 대한 비판적 분석: 인정의 문제와 민주주의', 「21세기 정치학회보」 24(3):29-49.

김비환(1998) 맥킨타이어의 공동체주의 정치이론비판:해석사회학 문제점을 중심으로, 「한국정치학회보」 32(2):9-30.

_____(1996) '롤즈의 정치적 자유주의 비판', 「한국정치학회보」 30(2):5-23.

김석준(1992) 『한국산업화 국가론』 나남.

김선정(2004) '국가정책과 국가자율성의 구조적 성격', 「한국정책과학회보」 8(1):216-233.

김성민(1993) '로자 룩셈부르크의 정치철학을 통해 본 마르크스주의', 「시대와 철학」 4(1):103-130.

김영명(2014) '한국 민주주의 발전과 퇴보: 노무현 정부와 이명박 정부', 「한국정치연구」 23(3):137-162.

김윤자(2012) '인권과 경제 민주화', 「민주법학」 50:123-150.

김인균·강원택(2017) '박정희 정권은 군부지배체제였나:군출신 엘리트 충원을 중심으로', 「한국과 국제정치」 33(2):130-174.

김일영(1995) '한국에 있어 산업화와 민주화의 상관관계: 한국의 발전경험이 차지하는 세계사적 위상규명을 중심으로', 「사회과학」 34(2):83-133.

김정렬·한인섭(2008) 『행정개혁론』, 법문사.

김주성(2010) '경제발전과 민주화를 달성한 대한민국, 무엇이 문제인가?', 「사회과학교육연구」 12:1-23.

김주영(2008) '현행헌법상의 국가개념에 관한 고찰', 「법학논총」 20:101-131.

김진영(1998) '세계화와 헤게모니', 「한국정치학회보」 32(1):339-360.

김재관(2008) '정책기조로서의 실용주의:이명박 정부의 실용주의를 중심으로', 「한국공공관리학보」 22(2):1-28.

김종법(2010) '그람시 역사적 블록 개념을 통해 본 한국지배계급 연구', 「동서연구」 22(2):139-189.

김충식(1992) 『남산의 부장들 I 』, 동아일보사.

김태형(2008) '심리학으로 분석한 이명박 리더십:열등감 지닌 독불장군, 통합형 지도자와는 거리가 멀어', 「민족21」 2008.7:48-53.

김호기(2007) '87년 체제인가, 97년 체제인가:민주화시대에서 세계화 시대로', 「사회비평」 36:12-26.

김호진(1996) 『한국정치체제론』, 박영사.

_____(2006) 『대통령과 리더십』, 청림출판사.

김효중(2003) '루카치의 역사인식과 문학관', 「인문과학연구」 4:89-103.

김혜미(2009) '대중, 역사를 바꾸는 힘-로자 룩셈부르크', 「새가정」 7:26-29.

나종석(2009) '정치적인 것의 본질과 칼 슈미트의 자유주의 비판', 「헤겔연구」 25:227-255.

동아시아연구원(2002) 『대통령의 성공조건』, 대통령개혁연구팀

롤프 쾨스너(1997) '민주주의와 비밀정보기관은 공존불가', 「월간 말」 1997 (4).

류지성(2016) '권력에 대한 이론적 담론', 「한국행정사학지」 39:27-59.

문병효(2012) '한미FTA에 대한 평가와 과제', 「민주법학」 50:89-122.

문상석(2014) '베버의 합리적 지배와 관료제의 목적전치', 「사회이론」 35:163-204.

문태훈(1994) '한국 정부조직의 변천과 개편방향', 『행정개혁론:이론과 실제』, 노정현 외(공편), 나남출판사.

문희갑 외 (1989) '제6공화국의 경제정책과 토지공개념-1989년 9월29일 언론회관 국제회의장', 「관훈저널」 (48):240-269.

민족민주운동연구소 편집부(1992) '6공화국을 진단한다(Ⅲ)-경제파탄 민생억압의 6공화국 경제정책', 「정세연구」 3:234-252.

박경철(2006) '보댕, 홉스, 루소의 주권이론과 주권론', 「강원법학」 23:73-104.

박기덕(1994) '노태우 정부의 체제공고화와 개혁주의의 퇴조', '개혁이론의 정립을 위한 시도', 「한국정치학회보」 28(1):123-161.

박범조(2015) '의사결정과정의 위험회피성향과 인지적 능력에 대한 실험연구', 「경제분석」 21(2):63-89.

박상용·김연정(2012) '벤처기업 CEO의 기업가 정신과 조직유효성의 관계에 관한 연구', 「기술혁신학회지」 7(3):479-505.

박상인(2013) '사회 통합과 경제 민주화', 「응용경제」 15(2):153-173.

박성호(2012) '매킨타이어가 옹호한 아리스토텔레스의 목적론', 「철학논총」 67:133-144.

박수현(2011) '한국 민주화와 친일청산 문제', 「기억과 전망」 24:130-168.

박 승(2016) '한국 경제위기와 구조개혁', 「한국경제포럼」 9(2):1-20.

박종민(2008) '우리나라 역대 대통령들의 리더십:1953년에서 1994년까지 '대한뉴스'내 대통령 PI연구', 「한국언론학회」 52(3):151-180.

박찬욱(2002) '한국 대통령 연구의 심화작업: 함성득 저, 대통령 비서실장론', 「한국정치학회보」 36(4):389-394.

박태균(2007) '한국전쟁 이후 이승만 정부의 경제부흥전략', 「세계정치」 28(2): 205-249.

변양균(2012) '정책논단:노무현 경제의 지향점', 「한국경제포럼」 5(1):5-26.

배응환(2001) '권위주의적 체제하의 정부와 경제이익집단관계: 박정희정부와 전두환 정부의 비교', 「한국행정학보」 35(2):19-39.

배정훈(1998) '15대 대통령의 청와대 비서실 운영원칙과 비서실장 발탁에 관한 연구', 한국행정학회 학술발표논문집, 487-506.

＿＿＿(2009) '대통령실 개편연구: 이명박 정부의 제1,2,3기 대통령실 개편을 중심으로', 「비서학 논총」 18(2):47-67.

백상창(1993) '김영삼-노태우-전두환-박정희 정신세계 정밀분석', 「월간중앙」 1993(6):268-285.

서문기(2015) '잘사는 국가는 행복한가? 삶의 질에 관한 국가 간 비교분석', 「한국사회학」 49(1):111-137.

서영조(2015) '루만의 국가이론-국가개념의 세 차원', 「21세기 정치학회보」 25(2):1-26.

서희경(2011) '이승만의 정치리더십 연구: 반민법 제정과 반민특위 활동을 중심으로', 「한국정치학회보」 45(2):51-71.

손호철(2017) '11월 시민혁명, 광장과 대의제를 생각한다', 「마르크스주의 연구」 14(1).

송백석(2005) '국가형태와 국가정책: 김대중 정권기의 재벌정책 분석을 중심으로', 「한국사회학」 39(3):149-184.

송석현(2012) '사회계약론 패러다임의 현대적 의미와 한계-토마스 홉스의 경우', 「도시인문학연구」 4(2):91-124.

송일호(1992) '한국관료제의 병리현상과 해결방안에 대한 평가', 「연세대학교 석사학위논문」

신동준(2009)『대통령의 승부수』, 올림.
신윤창(2009) '한국정부의 행정개혁에 관한 탐색적 연구: 이승만 정부에서 이명박 정부까지', 「한국행정과 정책연구」 7(2):183-223.

안민석(1995) '문민정부의 행정개혁', 「한국정책학회보」 4(1)
안병만(1993)『한국정부론』, 다산출판사.
_____(2014)『한국정부론』 6판, 다산출판사.
안병영(1993) '한국 관료제의 전개과정', 『한국 관료제의 전개과정』, 안해균(외), 다산출판사.
_____(1987)『정책학 원론』, 다산출판사.
오석홍(1990)『조직이론』, 박영사.
_____(1995)『행정개혁론』, 박영사
안영배(1989) '국가안전기획부', 「월간 말」 1989.9
양천수(2007) '합법성과 정당성-칼 슈미트의 이론을 중심으로 하여', 「영남법학」 25:91-115.
어윤대·배재성(1995) '산업합리화를 통한 부실기업정리의 재무효과에 관한 연구', 「경영논총」 36.
원용찬(2015) '아마르티아 센의 경제학-인간의 자유와 민주주의를 말한다' 「인물과 사상」 2015.8:126-139.
오병선(2008) '분배적 평등의 실현형태와 그 평등화의 척도', 「법철학연구」 11(2):451-480.
오세철(1981) '비 에프 스키너의 급진적 행동주의와 문화설계', 「현상과 인식」 5(1):224-247.
오태규·김형오·최상연·이지운·박석홍·김영신·이경형·이규진·문명호(2013), '박근혜 정부의 성공을 위한 고언', 「관훈저널」 126:305-335.

원신애(2010) '맥킨타이어의 '서사적 자아'와 '실천'개념의 의미', 「기독교 교육정보」 27:291-317.

원용걸(2010) '개방과 경제성장, 동아시아와 라틴아메리카의 경제성장 비교', 「비교경제연구」 17(2):1-38.

유종일(2006) '참여정부의 '좌파 신자유주의' 경제정책', 「창작과 비평」 34(3):299-311.

＿＿＿(2016) '2017년 경제전망과 다시 보는 경제민주화', 「노동사회」 192:19-25.

유치성·손영우·박인조(2016) '자아탄력성, 감정경험, 삶의 의미 및 직무만족의 구조적 관계', 「한국심리학회지:산업조직」 29(2):175-201.

유현종(2011) '한국행정의 국가이론적 재검토:국가성의 변화와 대안을 중심으로', 「한국행정학보」 45(3):251-2711.

윤상우(2016) '한국 성장지상주의 이데올로기의 역사적 변천과 재생산', 「한국사회」 17(1):3-38.

윤성오·김영오(2013) '박근혜 대통령 당선인의 리더십에 관한 연구', 「사회과학연구」 29(1):71-93.

윤종성(2015) '대한민국 역대 대통령 리더십에 관한 권력기반 및 정당성 비교연구', 「사회과학연구」 31(3):83-111.

윤평중(2008) '공공성과 리더십의 위기: 이명박 정부의 실용주의 리더십 비판', 「철학과 현실」 9:55-65.

이갑영(2009) '로자 룩셈부르크의 자발성과 평의회운동', 「동향과 전망」 10:389-421.

＿＿＿(2008) '로자 룩셈부르크의 러시아 혁명에 대하여 재인식', 「사회과학연구」 16(1):146-185.

＿＿＿(2010) '로자 룩셈부르크의 공황인식 변화', 「비교경제연구」 17(2):133-170.

이강로(2010) '노무현 대통령과 이명박 대통령의 지도력과 국정운영비교:임기 초

지도력 특성과 국민지지', 「대한정치학회보」 18(1):49-75.

이국운(2017) '87년 체제를 극복할 새로운 정치의 모색:박근혜 탄핵결정의 역사적 의미', 「황해문화」 2017.6:94-111.

이근식(2009) 『신자유주의: 하이에크, 프리드먼, 뷰캐넌』, 기파랑.

이남영(1995) '5·6공화국의 성격과 리더십', 「동북아연구」 1(1):273-293.

이동수(2013) '자유 민주주의에서 '자유'와 '민주'의 관계', 「평화연구」 21(2):69-102.

이문웅(1978) '인간주의 사회학에 대한 반론-문화결정론의 올바른 이해를 위하여', 「현상과 인식」 2(2):5-35.

이명수(2007) 'IMF 외환위기 전후의 국가역할변화에 관한 연구:문민정부와 국민의 정부시기를 중심으로', 「한국동북아 논총」 44:225-250.

이병천(2000) '발전국가체제와 발전딜레마:국가주의적 발전동원체제의 재조명', 「경제사학」 28:105-138.

_____(2004) '지금 좌표는 있는가, 경제정책의 선회, 표류 그리고 함정:노무현 정부 2년의 경제부문 평가', 「노동사회」 12월호:19-26.

_____(2013) '한국경제와 민주주의 :김대중 모델과 한국경제 97년 체제', 「기억과 전망」 28:144-184.

이봉의(2017) '한국형 시장경제의 심화와 경제법의 역할', 「서울대학교 법학」 58(1):107-134.

이성로(2010) '한국지배층의 이데올로기적 헤게모니', 「동향과 전망」 2010.10월호:143-183.

이수광(2011) 『그들이 밝히지 않는 의혹들: 대한민국 12비사』, 일상과 이상.

이순웅(1993) '그람시의 국가시민사회론-헤겔 마르크스와 관련하여', 「시대와 철학」 4(3):197-207.

이순웅(2008) '그람시 이데올로기 개념의 형성', 「시대와 철학」 19(1):413-451.

이원봉(2007) '맥킨타이어와 칸트의 덕: 인간선의 실천으로서 덕', 「사회와 철학」 14:171-200.

이원표(2010) "'친박연대'의 혼성적 정치 정체성에 대한 비평적 담화분석', 「담화와 인지」 17(3):163-200.

이연호(2016) '한국의 규제국가적 개혁과 관료제의 강화', 「동서연구」 28(1):233-258.

이연호·정석규·임유진(2004) '전두환 정부의 산업합리화와 김대중 정부의 기업구조조정 비교연구', 「21세기 정치학회보」 14(1):25-54.

이영미(2014) '박근혜 정부의 국정운영기조의 형성과 변화:경제 민주화와 창조경제 이슈를 중심으로 한 네트워크 분석', 한국정책과학학회보 18:1-28.

이영석(2017) '건국초기 국난을 극복한 대통령 이승만에 대한 재평가', 「한국군사학논총」 11:153-183.

이영호(1999) 'The Rise and Fall of Kim Young Sam's Embeded Reforism', L. Diamond and Doh Chull Shin, Institutional Reform and Democratic Consolidation in Korea, Stanford;Hoover Institution Press:9-126.

이영희(2003) 「과학기술과 정치」, 김세균 외 편, 「현대정치의 이해」, 인간사랑.

이일환(2016) 『정보기관과 언론』, 한양대학교 출판부.

이재원(2014) 『대한민국 국무총리』, (사)전통문화연구회.

이종범(1995) '김영삼 정부의 장차관 충원정책', 「한국행정학보」 29(2):487-501.

_____(1995) '김영삼 대통령의 리더십 특성과 국정관리유형: 문민정부 1년의 정책평가', 「한국행정학보」 28(4):1127-1140.

이진우(1998) '공동체주의의 철학적 변형:공적과 정체성의 개념을 중심으로', 「철학연구」 6:243-273.

이철희·신강현·허창구(2012) '변혁적 리더십과 거래적 리더십이 직무열의에 미치는 영향:심리적 자본의 매개효과를 중심으로', 「한국심리학회지:산업조

직」25(1):147-169

이충환(2012) '국가권력에 대한 사회계약론적 전통에 관한 고찰', 「동서철학연구」 63:53-74.

이현희(1991) '기획논단: 반민특위 와해되었나', 「한국논단」 20:160-116.

이형산(1995) '좌익이 날조한 이박사의 반민특위 해산론', 「한국논단」 67:55-60.

임미원(2012) '슈미트의 법 및 정치관념에 대한 일고찰', 「법철학연구」 15(1):219-250.

임성한(1994) '한국정치와 관료주의', 『탈냉전 시대와 새로운 정치질서』, 동곡 김하룡 박사 정년기념 논문집 간행위원회(편), 산호출판사.

임운택(2010) '한국사회에서 신자유주의의 발전단계와 헤게모니 전략에 대한 이념형적 분석: 네오그람시 이론을 중심으로', 「경제와사회」 12:300-337.

임의영(2016) '관료제의 합리화 역설: M. Weber의 고전적 논의와 U. Beck의 위험사회론을 중심으로', 「행정논총」 54(2):149-180.

임혁백(2008) '한국 민주주의 가능성을 말한다', http://goodforum.org

_____(2012) 『대선2012 어떤 리더십이 선택될 것인가?』, 인뗄리겐찌야.

_____(2014) 『비동시성의 동시성』, 고려대학교 출판문화원.

_____(2000) 'South Korean Democratic Consolidation in Comparative Perspective.' L. Diamond and Byung-Kook Kim(eds), Consolidation Democracy in South Korea. Boulder; Lynne Rienner.

장세룡(1997) '틴스키너의 홉스', 「영국연구」 1:193-209.

_____(1998) '틴스키너의 자유론', 「영국연구」 2:195-214.

장현규(2005) '한국민주주의 위기와 발전', 「정신문화연구」 28(4):111-135.

전일욱(2015) '역대 국무총리의 개인적 특성에 관한 연구', 「한국행정사학지」 36:51-70.

_____(2016) '이승만 정부의 중앙조직의 실태와 개편특성', 「한국행정사학지」

39:183-202.

_____(2017) '한국관료제의 발달과정에서 나타난 적폐와 개혁', 「한국행정사학지」 40:119-142.

전재호(2001) '군정기 쿠데타 주도집단의 담론분석', 「역사비평」 55.

정남구(1998) 'DJ 시대에 변하는 것들, 변해야 할 것들 2:문민정부의 재벌개혁, DJ 정부의 재벌개혁-재벌과 얼굴 맞댄 '시장경제론'', 「월간 사회평론 길」 98(2):262-271.

정대화(1997) '한국 민주화와 지배세력의 교체 군부헤게모니에서 부르주아헤게모니로의 이동과 그 제한성을 중심으로', 「동향과 전망」 12:174-198.

정성진(2017) '촛불혁명과 마르크스주의의 과제', 「마르크스주의 연구」 14(2):5-10.

정승건(1994) '한국의 행정개혁과 변동:정치권력과 관료정치', 「한국행정학보」 41(3):41-65.

_____(2003) 『한국의 행정개혁: 정치권력과 관료제의 관계』, 부산대학교 출판부.

정시구(2005) '박정희 대통령의 수출주도 경제정책에 관한 연구', 「한국행정사학지」 16:149-197.

정용욱(2007) '홍보, 선전, 독재자의 이미지 관리:1950년대의 이승만 전기', 「세계정치」 8:11-51.

정연교(2010) '자유주의 국가이론: 정부의 역할과 기능에 대한 성찰적 반성', 「철학과 현실」 2012.12:46-58.

정영화(2012) '한국의 경제발전과 법:1961년~1979년', 「법학논집」 16(4):135-166.

정원섭(2013) '자유주의 정치철학과 복지: 롤즈의 재산소유민주주의를 중심으로', 「통일인문학」 56:333-362.

정윤승(2015) '사회적 정의Justice와 기후변화에 관한 롤즈의 관점과 그에 대한 과정 철학적 이해', 「화이트헤드」연구 30:97-111.

정윤재(1993) '김대통령의 개혁리더십의 정치적 성격연구. 한국정치학회편',「문민정부와 정치개혁」11-128.

정윤재(2000) '전두환 대통령의 정치리더십 분석',「정치정보연구」3(1):135-165.,「통일인문학」56:333-362.

정일영(2007) '이승만 정부의 산업정책과 렌트추구 그리고 경제발전',「세계정치」8:171-203.

정일준(2011) '박정희 정권기 개발독재 비판: 비교역사사회학적 접근',「역사비평」95:68-92.

정진화(2016) '존 롤즈John Rawls의 분배정의론과 한국적 적용에 관한 연구',「한국정치학회보」50(2):75-101.

(2015) '존 롤즈의 분배정의론과 한국형 복지국가 건설방안 모색',「성신여자대학교 박사학위 논문」

정태인(2012) '한미FTA와 복지국가',「월간복지동향」160:52-54.

정해구(2005) '노무현 대통령의 정치리더십 평가-참여와 탈권위주의',「민주사회와 정책연구」6:19-37.

정헌빈(1989) '홉스의 철학과 국가관',「역사와 사회」1:79-98.

정헌주·지명근(2017) '한국의 발전국가와 관료자율성: 대내외적 자율성과 정책결정 집권화를 중심으로'「사회과학연구」43(2):75-98.

조명래(2008) '대운하와 신자유주의 개발국가의 본격화',「환경과 생명」56:63-82.

조승래(2008) '공화국과 공화주의',「역사학보」198:227-254.

조영기(2008) 『노무현 정권하에서의 정부위원회 주요인사 성향분석』, 자유기업원.

주익종(2017) '박정희 정부 초기의 한미경제협력 교섭',「경제사학」63:39-65.

조홍식(2011) '환경분쟁조정의 법정책:라즈의 권위의 이론에 의존하여',「서울대학교 법학」52(3):121-159.

조희연(2008) "'헤게모니 균열'의 문제설정에서 본 현대한국정치변동의 재해석", 「마르크스주의 연구」 5(1):90-133.

주정립(2011) '마르크스의 정치경제학 비판에 있어 물신주의 비판', 「철학사상」 42:91-122.

주재현(1998) '권위주의 체제하 한국 국가엘리트의 정책추진 동기와 학습효과에 관한 연구', 「한국정책학회보」 7(2):289-310.

지병근(2008) '민주주의 이행: 민주화이론의 한국적 수용', 「한국국제정치학회 학술대회 발표논문집」

진덕규(1992) '다시 생각하며 읽는 현대사(7): 이승만 지배체제에 눌린 반민특위 활동', 「한국논단」 35:191-202.

최상오(2010) '한국의 수출지향공업화와 정부의 역할', 「경영사학」 25(4):355-383.

최성규(2002) '스키너와 마르크스주의의 통합적 접근에 관한 소고', 「정서행동장애연구」 17(3):1-24.

최영태(1996) '사회주의에서의 자유의 문제-카우츠키, 베른슈타인, 룩셈부르크를 중심으로', 「서양사론」 50:127-173.

최용섭·노찬백(1998) '문민정부의 민주화 추진분석-정치적 측면을 중심으로', 「한국동북아 논총」 9:213-240.

최장집(1984) '그람시의 헤게모니 개념', 「한국정치학회보」 18:19-40.

_____(2002) 『민주화 이후의 민주주의: 한국 민주주의의 보수적 기원과 위기』, 후마니타스.

_____(2010) '한국 민주주의를 이해하는 방법에 관한 하나의 논평', 「경제와 사회」 3:93-120.

최종욱(1992) '루카치, 네오마르크스주의의 선구자', 「월간 사회평론」 6(1):140-160.

최 진(2005) '대통령리더십과 국정운영스타일의 심리학적 관계:한국의 역대대통령', 「한국정책연구」 5(1):113-139.

최치원(2009) '근대와 정치적 삶의 문제: 베버(Max Weber)의 '관료주의'와 '민주주의' 이해를 중심으로', 「한독사회과학논총」 19(1):37-58.

_____(2012) '종교문화적으로 이해된 막스베버의 유교윤리에 대한 정치이론적 해석:동북아시아의 공공성 문제고찰', 「정치사상연구」 18(1):213-237.

최혜지(2013) '센의 인간실현력Human capability 관점에 근거한 노인일자리 사업의 효과성 분석', 「사회보장연구」 29(1):135-166.

채상원(2016) '사회정치적 공간으로서 학교와 엘리트 모델만들기에 대한 비판적 고찰', 「공간과 사회」 26(3):183-222.

채성준(2015) '국가정보활동 기능의 경로변화에 관한 연구: 경로의존과 경로진화를 통합한 모형적용', 「한국동북아논총」 77:269-290.

채진원(2014) '민주공화국은 어떻게 국가분열을 막고 국민통합에 나서는가', 「동향과 전망」 10:320-323.

하태수(2016) '이승만 정권 출범시기의 정부조직설계분석', 「공공정책과 국정관리」 10(2):128-159.

한국정치외교사학회 편집부(1997) '6공화국에서의 민주화:국회의정활동에 나타난 민주화 추진내용과 그 단계설정의 문제', 「한국정치외교사논총」 15:285-313.

한성훈(2013) '권력의 중심에 선 정보기관', 「내일을 여는 역사」 53:109-127.

한자경(1991) '홉스의 인간이해와 국가', 「철학」 36:59-80.

함민복·김민정(2017) 『문재인 스토리』, 모악.

함성득(1999) 『대통령학』, 나남출판사.

_____(2002) 『대통령 비서실장론』, 나남출판사.

홍종학(2008) '한국민주주의 사회·경제적 조건:친기업주의 한국경제', 「기억과 전망」 19:4-35.

홍철기(2005) '칼 슈미트: 정치적인 것의 개념과 민주주의 이론', 「역사와 사회」 35:27-70.

황성현(2014) '정권별 조세·재정정책기조의 평가와 시사점. 문민정부에서 박근혜 정부까지', 「재정학연구」 7(2):117-157.

황순향(2016) '구조와 의식의 문제:프로이트, 라깡, 들뢰즈와 가타리, 그리고 지젝 이론을 중심으로', 「철학논총」 84:385-406.

현재호(2008) '한국사회의 이데올로기 갈등:정치적 대표체제로서의 정당을 중심으로', 「한국정치학회보」 42(4):213-241.

Almond, Gabriel & Sidney Verba(1963) *The Civic Culture*. Boston:Little, Brown and CO.

Barber, James D(1992) The Presidential Character: Englewood Cliffs: Prentice Hall.

Bass, B. M(1985) *Leadership and Performance:Beyond Expectations* Free Press: Collier Macmillan.

Becht, M. & B. DeLong(2005) Why Has There Been So Little Block Holding in America? in:Morck Randall K(ed), *A History of Corporate Governance Around the World Chicago*: University of Chicago Press:613-666.

Chang, Kyung-Sup(2012) "Developmental Citizenship in Perspective: The South Korean Case and Beyond" in Chang Kyung-Sup and Bryan S. Turner(eds.). *Contested Citizenship in East Asia: Developmental Politics, Natioanl Unity, and Globalization,* London: Routledge.

Chan, Kim-Yin, Uy, Marilyn A., *Chemyshenko*, Oleksandr S. Ho, Moon-Ho Ringo, Sam, Yoke-Loo. Personality and enterpreneurial, professional and leadership motivations. *Personality & Individual Differences*. April. 77:161-166.

Downs, Anthony(1957) *Theory of Democracy*, New York: Harper and Row.

Easton, David(1953) *The political system: an inquiry into the state of political science*. New York:Knopf.

Elson, A(2006) "What happened?", *Fiance and Development*. International Monetary Fund, June:37-40

Gedddes, Barbara(1999) What Do We Know about Democratization After Twenty Years? *Annual Review of Political Science* 2:115-144.

Goethals, George R(2015) PRESIDENTIAL LEADERSHIP, *Annual Review of Psychology* 56:545-570.

Huntigton, Samuel(1991) The Third Wave: *Democratization in the Late Twentieth Century*. University Oklahoma Press.

Hume, David(1978) *A Treatise of Human Nature*, edited by L. A. Selby-Bigge. Oxford: Oxford University Press.

Jung, Carl Gustav(1973) Versuch einer Darstellung der psychoanalytischen Theorie, "Frühe Schriften IV", *Walter Verlag*, Olten.

Kalyvas, Andreas(2008) *Democracy and the Politics of the Extraordinary: Max Weber, Carl Schmitt, and Hannab Arendt*. Cambridge: New York: Cambridge University Press.

Offe,Claus(2000) Civil Society and Social Order: Demarcating and Combining Market, State and Community, *European Journal of Sociology*. 41(1):71-94.

Park, Sangin(2012) Market Power *Revisited Research in Law and Economics*. 25:1-23

Piketty, Thomas(2014) Arthur Goldhammer(trans.) Capital in the twenty-first century, Cambridge Massachusetts: The Belkapl Press of Harvard University Press.

Raz, Joseph(2009) *Legal Positivism and Sources of Law*, 「The Authority of Law (Second Edition, Oxford University Press.

Rueschemeyer, Dietrich et al(1992) *Capitalist Development and Democracy*. Chicago:

University of Chicago Press.

Lasswell, Harold D(1953) Politics: *who gets what when how?* Cleveland:New York World Publicshing.

Lipset, Seymour Martin(1959) "Some Social Requisites of Democracy-Economic Development and Political Legitimacy", *American Political Science Review* 53(1):69-105.

Moore, Barrington(1965) *Social Orig*ins of Dictatorship and Democracy: Lord and Peasant in the Making of the Modern World. Boston, MA:Beacon Press

Morgenthau, H. J(1973) *Politics* among nations(vol 4). New York: Knopf.

Sen, Amartya(1983) "Development: Which Way Now?" *Economic Journal* 93:745-62

_____(1985) *Commodities and Capabilities*. Oxford:Elsevier Science Publishers.

_____(1990) "Development as Capability Expansion" I*n Human Development and the International Development Strategy for the 1990s*, edited by Keith Griffin and John Knight, 41-58. Londoan:Macmillan.

_____(1992) *Inequality Reegxamined*, Oxford:Oxford University Press.

_____(1993) "Capability and Well-being", I*n the Quality of Life*, edited by Martha C. Nussbaum and Amartya K, Sen. 30-53. Oxford:Clarendon Press.

_____(1999) *Development As Freedom*, Oxford:Oxford University Press.

_____(2002) *Visions of Development*: A Study of Human Values, Cheltenham:Edward Elgar.

_____(2003) "Concepts and Perceptions of Human Well-Being:Some Evidence from South Africa.", *Oxfrod Development Studies* 41(8):1339-1368.

_____(2009) *The Idea of Justice*, London:Penguin.

Sexton, D. L., & Bowman, N. B(1986) "Validation of Personality Index. Comarative Psychological Characteristics Analysis of Female Enterpreneurs, Managers, Entrepreneurship Student, and Business Student", *Frontiers of Enterpreneurship Research*(Wellesley, MA:Babson College)

Stiglitz, J(1996) "Some Lessons from the East Asian Miracle", *The World Bank Research Observer*. 11(2):151-177.

West, William F(2006) Presidential Leadership and Administrative Coordination: Examining the Theory of Unified Executive. *Presidential Studies Quarterly/September*.

World Bank(1993) *The East Asian Miracle, Economic Growth and Public Policy*, World Bank Policy Research Report, Oxford:Oxford University Press.

World Bank(2010) *World Development Indicators database* 2010.

선거 정보

역대 대통령 선거

대별	공고일	선거일	당선인	선출방법
1대	1948.7.18	1948.7.20	이승만	국회선출
2대	1952.7.18	1952.8.5	이승만	직접선출
3대	1956.3.28	1956.5.15	이승만	직접선출
4대	1960.2.3	1960.3.15	이승만	직접선출
4대	1960.8.10	1960.8.12	윤보선	국회선출
5대	1963.9.5	1963.10.15	박정희	직접선출
6대	1967.3.24	1967.5.3	박정희	직접선출
7대	1971.3.23	1971.4.27	박정희	직접선출
8대	1972.12.18	1972.12.23	박정희	통일주체국민회의 선출
9대	1978.7.1	1978.7.6	박정희	통일주체국민회의 선출
10대	1979.12.1	1979.12.6	최규하	통일주체국민회의 선출
11대	1980.8.22	1980.8.27	전두환	통일주체국민회의 선출
12대	1981.1.24	1981.2.25	전두환	대통령 선거인단 선출
13대	1987.11.16	1987.12.16	노태우	직접선출
14대	1992.11.20	1992.12.18	김영삼	직접선출
15대	법정화	1997.12.18	김대중	직접선출
16대	법정화	2002.12.19	노무현	직접선출

17대	법정화	2007.12.19	이명박	직접선출
18대	법정화	2012.12.19	박근혜	직접선출
19대	2017.3.15	2017.5.9	문재인	직접선출

*중앙선거관리위원회 자료 원용

역대 국회의원 선거

대별	선거일	임기	비고
제헌	1948.5.10	1948.5.31.~1950.5.30.(2년)	
2대	1950.5.30	1950.5.31.~1954.5.30.(4년)	
3대	1954.5.20	1954.5.31.~1958.5.30.(4년)	
4대	1958.5.2	1958.5.31.~ 1960.7.28.(4년)	
5대 참의원	1960.7.29	1960.7.29.~ 1961.5.16.(4년)	국가재건최고회의 (1961.5.26.~1963.12.16.)
6대	1963.11.26	1963.12.17. ~ 1967.6.30.(4년)	
7대	1967.6.8	1967.7.1. ~ 1971.6.30.(4년)	
8대	1971.5.25	1971.7.1. ~ 1972.10.17.(4년)	비상국무회의 (1972.10.18.~1973.3.11.)
9대	1973.2.27	1973.3.12. ~ 1979.3.11.(6년)	
10대	1978.12.12	1979.3.12. ~ 1980.10.27.(6년)	입법회의 (1980.10.26.~1981.4.10.)
11대	1981.3.25	1981.4.11.~ 1985.4.10.(4년)	
12대	1985.2.12	1985.4.11. ~ 1988.5.29.(4년)	
13대	1988.4.26	1988.5.30.~1992.5.29.(4년)	
14대	1992.3.24	1992.5.30.~1996.5.29.(4년)	
15대	1996.4.11	1996.5.30.~2000.5.29.(4년)	
16대	2000.4.13	2000.5.30.~2004.5.29.(4년)	
17대	2004.4.15	2004.5.30.~2008.5.29.(4년)	

18대	2008.4.9	2008.5.30.~2012.5.29.(4년)	
19대	2012.4.11	2012.5.30.~2016.5.29.(4년)	
20대	2016.4.13	2016.5.30.~2020.5.29.(4년)	

*중앙선거관리위원회 자료 원용

역대 지방선거

선거명	선거일
시·읍·면의회 의원선거	1952.4.25
도의회 의원선거	1952.5.10
시·읍·면의회 의원선거	1956.8.8
시·읍·면의 장선거	1956.8.8
시·도의회 의원선거	1956.8.13
시·도의회 의원선거	1960.12.12
시·읍·면의회 의원선거	1960.12.19
시·읍·면의 장선거	1960.12.26
서울시장 선거·도지사 선거	1960.12.29
구·시·군의회 의원선거	1991.3.26
시·도의회 의원선거	1991.6.20
제1회 전국동시 지방선거	1995.6.27
제2회 전국동시 지방선거	1998.6.4
제3회 전국동시 지방선거	2002.6.13
제4회 전국동시 지방선거	2006.5.31
제5회 전국동시 지방선거	2010.6.2
제6회 전국동시 지방선거	2014.6.4

*중앙선거관리위원회 자료 원용

공동기획 및 후원

『한국의 대통령들』은 역대 대통령들이 어떤 리더십을 공직사회 내에서 발휘하느냐에 따라 정권의 국정기조와 조직논리들이 어떻게 변화했는지 역사적 관점에서 가늠케 한다.

이 책은 또한 대한민국 최초 정치 분야에서의 공직사회사史로서, 책에는 각 정권의 정치사적 의의들을 면밀하게 분석한 저자의 노고가 담겨 있다. 대한민국 대통령의 역사는 우리의 뼈아픈 한국의 현대사이다. 대통령을 위한 나라에서 국민을 위한 나라로 어떻게 변모해 가는지 그 과정을 담담하게 담아낸다. 어떤 국가든 국가와 국민의 안전보장을 기본 목표로 하여 자국사회의 포부와 가치를 실현하고자 한다. 이제는 진정으로 실현할 때가 왔다.『한국의 대통령들』 저서기획은 공무원노동조합운동사에 또 한 번의 변곡점이다. 외부의 좋은 기획에 서로의 이해 관계없이 정책노조를 지향하는 공무원노조는 누구나 참여하는 촛불혁명 이후의 공무원노동운동의 새로운 방향을 제시하였다.

전국통합공무원노동조합 위원장 **이충재**

국민들은 흔히 정치를 진흙탕 싸움dirty game처럼 여긴다. 그러나 이 책은 한국의 '정치-관료-경제' 삼각관계를 역대 대통령의 리더십을 통해 각 정권의 정치지형과 철학적 견해를 덧붙여 성실히 통찰한다. 우리는 이제 '대한민국의 정치'를 '대통령의 정치'로만 여기지 않을 것이며, 이러한 생각은 시민과 민주주의의 관점에서 대통령의 리더십을 제대로 평가할 수 있게 이끌어준다. 과거 제1공화국부터 현재의 문재인정부에 이르기까지 역대대통령을 반추反芻하는 일은 결국 우리 국민들 스스로를 돌아보게 만든다. 즉『한국의 대통령들』의 기획 의도는 대통령이 진정한 국민의 대통령이 될 수 있도록 국민의 손에서 그리고 노동자의 손에서 평가받는 시대가 오기를 희망하고 실천하는 의지의 표현이라는 점에서 참여 의미가 참으로 뜻 깊다고 하겠다.

창녕군 공무원노동조합 위원장 **성영광**

『한국의 대통령들』은 이승만 정부의 국가탄생과 작금의 문재인 정부 출현에 이르기까지 한국 근현대사의 다른 측면인 정치적 질곡의 역사를 통해 그 과정을 묵묵하게 풀어낸다.

대통령의 리더십과 국정주도세력이라 할 수 있는 핵심관료의 영욕들은 그동안 현대 한국사의 원초적인 정치문제들의 발원지가 어디에서부터 존재하는지를 명료하게 밝혀준다.

대통령은 하늘이 낸다지만, 대통령을 보좌하는 핵심관료들을 대통령이 어떤 리더십으로 어떻게 쓰는지에 따라 하늘의 운명이 바뀔 수 있음을 여실히 드러낸다.

수원시 민주공무원노동조합 위원장 김해영

이 책은 대한민국 역대 대통령의 리더십을 상의하달식 주도형과 대응형으로 분석하여 정치 민주주의, 관료 민주주의, 경제 민주주의가 어떻게 작동하였지를 보여준다.

대한민국을 대표하는 대통령의 역할은 '시대적 고민에 참여하는 정치행위'와 '다양한 신념 간에 공정한 협동조건을 만드는' 일일 것이다. 촛불시민혁명으로 '나라다운 나라'를 주창한 지금의 문재인 정부가 가장 추구해야 할 덕목이 아닌지 자문해본다.

경제 자유화와 경제 민주화의 시대적 물결 속에서 저자는 대통령에 대한 철학적 통찰력을 결코 놓치지 않는다.

대구시청 민주공무원노동조합 위원장 김진홍

촛불민심의 염원을 받들어 적폐청산이라는 시대적 과제를 짊어지고 문재인 정부가 출범한지 200여 일이 지났다. 『한국의 대통령들』에서 소개하고 있는 대한민국은 한국사회 민주주의의 굴곡진 여로旅路이다. 국가의 탄생에서부터 한강의 기적, 경제안정, 보통사람들, 문민정부, 국민정부, 참여정부, 먹고사니즘, 박근혜 탄핵, 촛불혁명까지 역대 대통령들이 상징하는 신화들은 그 자체로 대한민국이다.

우리는 이제 대통령의 리더십 덕목으로서 인사人事가 만사萬事임을 깨닫게 된다. 현 정부도 이 책을 통해 만사형통萬事亨通에 이르는 길을 찾기를 국민의 한사람으로서 권한다.

전국통합공무원노동조합 창원시지부장 **백건·제정애·김동규**

대한민국 공직사회에 20년 넘게 몸담을 동안 정권변화에 따라 공직현장도 많이 변모하고 동반 성장했다. 그러나 공무원노조의 역사는 민주화에 이르러서야 이제 15년 남짓 지났다. 공무원노조의 역사는 곧 한국사회 민주화 이후의 역사적 궤를 같이 한다.

우리 스스로 국민들로부터 신뢰받고자 한다면 공직사회 민주화를 위해 더욱더 헌신해야 한다. 이 책은 '대한민국大韓民國'이라는 근대국가는 필연적으로 관료화官僚化되기 마련이라는 점과 우리 공무원노조 모두가 늘 경계해야 할 정치적 사건들을 역사적으로 가르쳐준다.

『한국의 대통령들』은 공무원은 공직자로서 국민의 봉사자임과 동시에 시민임을 일깨워 주는 책으로서 100만 공무원들에게 일독을 감히 권한다.

전국통합공무원노동조합 광양시지부장 **강삼연**

대한민국호가 시대적 위기를 맞을 때마다 그 선장 격인 역대 대통령들은 어떤 리더십을 발휘하여 왔는가. 그 리더십에 따라 핵심관료 및 공직사회는 어떻게 구성됐고 조직적 운영을 펼쳐냈는지 일목요연하다. 특히 공직사회는 항상 정치와 경제 사이에서 늘 균형추 역할로서 모범적으로 수행한다는 김한창 저자의 문제의식에 공감한다.

국민과 진정성 있는 소통을 공직사회 내부로부터 추구한다면 역대 대통령들의 국정기조와 주도세력의 현대정치사를 면밀하게 살펴보지 않고는 시작될 수 없다. 그것이 공직사회 공무원 노동자들이 추구해야 할 충실한 소명이다.

대한민국호의 순항은 이제부터다.

전국통합공무원노동조합 은평구지부장 **정준**

촛불혁명 이후에도 한국사회 정치·경제 민주화는 여전히 진행 중이다. 갈 길이 멀지만 김한창 저, 『한국의 대통령들』의 발간 소식은 그 길 위의 이정표다.

한국사회는 권위주의 체제에서 민주주의 체제로 변모한지 이제 30년이 지났을 뿐이다. 여전히 박근혜 탄핵과 같은 권위주의적 정치와 경제는 공직사회를 전체를 위시하고 있으며, 우리 국민의 일상 곳곳에 스며있다.

이 책은 역대 대통령의 리더십과 국정주도세력을 분석하면서 민주주의의 다양한 얼굴들을 정치, 관료, 경제 분야에서 검증하고 검토한다. 적어도 역사적 과오를 다시 범하지 않기 위해서 이 책은 한국사회에서 정치사적으로 의미 있는 작업을 일궈냈다.

전국통합공무원노동조합 경기교육청지부장 **최종태**

 김한창 박사의 『한국의 대통령들』은 한국정치사를 관료사회에 입각하여 민주주의에 대한 보수진영과 진보진영의 통치로 나누어 진단하고, 대통령의 리더십을 가감 없이 드러낸다.

또한 우리는 역대 가장 진보적인 정권에서 한미FTA를 가장 강하게 왜 밀어 붙였는지, 보수 정권의 시장 존중이 과연 국민의 민생과 경제성장에 얼마나 도움을 줬는지 한국 민주주의의 일진일퇴一進一退를 함께 엿볼 수 있다.

이 책은 모든 공직자들의 솔선수범을 위한 일종의 오답노트다.

전국통합공무원노동조합 시간선택제본부장 **이지영**

모든 대통령은 정치적 위기 시에 어떤 리더십을 발휘할까? 김한창 박사의 책 『한국의 대통령들』에서 확인할 수 있다.

모든 대통령은 정국을 주도해 나갈 때 가장 신뢰할 수 있는 정부기관을 파트너로 지정하고, 위기 시 누구에게 어떤 역할을 적절하게 부여하느냐에 따라 국가대응방향이 결정된다.

현재 한국사회의 가장 큰 문제는 저성장·저출산·고령화의 구조적인 문제다. 이를 해결하는 길에 사회통합이 존재한다. 이 책은 역사적 맥락 속에서 우리사회의 가장 큰 문제를 해결할 수 있는 정치관료적 시선을 제공한다.

전국통합공무원노동조합 서울시청지부장 **김용구**

우리 사회는 제2의 한강의 기적을 여전히 대통령에게서 찾는다. 대통령의 리더십이 그만큼 중요한 이유다. 이 책은 한강의 기적이 진정 존재하는지 대통령의 역대 리더십을 분석하면서 그 답을 찾아보려 한다.

한강의 기적과 민주화의 길, 그 길에는 늘 대통령과 보좌하는 핵심 관료들이 있었다. 아직도 우리는 그 길 위에 서 있으며, 오늘날 경제민주화를 향한 촛불정권을 맞이했다.

대통령을 잘 뽑아야 나라가 산다는 말을 새삼 곱씹어보게 하는 책이다.

환경부 공무원노동조합 위원장 **박상동**

『한국의 대통령들』 저서 발간사업에 후원하고 참여하게 된 것은 중앙부처 공무원노동조합 운동방향이 정책노조를 지향하고 있다는 일관된 맥락입니다. 한국사회와 공직사회에서 대통령의 중요성은 새삼스럽게 말하지 않아도 되는 것입니다. 중요한 만큼 더욱 체계적으로 관심을 가질 필요가 있었습니다. 단순한 관심이 아닌 진지한 관찰도 필요했습니다. 문재인 정부가 끝난 뒤에도 『한국의 대통령들』은 지속적으로 발간될 것입니다. 그 첫 삽을 함께하게 되어서 다행이라고 생각합니다.

문화재청 공무원노동조합 위원장 **박상규**

학술사업은 공무원노동운동에 있어서 앞으로 중심축으로 자리를 잡게 될 것입니다. 낮은 곳의 눈으로 세상을 바라보고 그 생각을 기록하고 기억하는 것이 얼마나 중요한 일인지 알고 있기 때문입니다. 공무원노동조합들에 그동안 현장 중심의 열정적인 사업들이 있었지만 현장과 더불어 이론도 병행하여 발전하지 않으면 공무원노동운동의 한쪽의 수레바퀴는 없는 것과 같을 것입니다. 그럼에도 불구하고 학술사업에 대해서 이제야 관심을 갖고 참여하고 있는 초기라고 할 수 있습니다.『한국의 대통령들』후원을 계기로 공무원노동조합들이 지원은 하되 간섭하지 않는 학술사업이 앞으로 더욱 활성화되길 바랍니다.

조달청 공무원노동조합 위원장 김성남

『한국의 대통령들』은『한국의 장관들』의 저자 김한창 박사가 연이어 공무원노동조합과 함께 한 저서입니다. 동일조직 내에서 함께하지 못한 아쉬움이 있지만 공무원노동조합 전체와 함께 할 수 있는 새로운 길을 가고 있고 그 연구클럽이라 할 수 있는 공공정책연구원이 열린 연구사업의 첫 발이라고 할 수 있습니다.『한국의 대통령들』의 리더십은 물론이고 정치철학에 대한 향기도 음미할 수 있고 또 나아가 한국의 민주주의에 대한 정치, 관료, 경제에 대한 즐거운 고민도 해볼 수 있다는 점에서 강력하게 추천하고 싶은 저서입니다. 더 좋은 기획으로 다음에도 함께 할 수 있는 일들이 있기를 바랍니다.

중소벤처기업부 공무원노동조합 위원장 안준기

『한국의 대통령들』의 저자인 김한창 박사는 경상북도교육청 공무원노동조합의 특강강사로도 초청을 한 바 있는, 공무원노동조합 조합원과 항상 함께하고 있는 현장형 행정학자입니다. 공무원노동조합의 입장에서 보면『한국의 장관들』에 이어『한국의 대통령들』출간은 쉼 없는 공무원노동운동의 전진으로 응원을 받아야 할 일입니다. 더욱이 이번에는 특정조직에 속하지 않고 자율적으로 희망을 하는 단체들이 모두 참여하는 형태여서 더욱더 의미가 있다고 생각합니다. 저 역시 20여 년간 공무원 노동 현장에 있는 만큼 공무원노동운동에 큰 애착을 갖고 있습니다. 그리고 공무원노동운동의 한 축인 정책노조가 확고히 자리매김 할 수 있는 기반과 방향에 이 책의 출간이 큰 영향을 미쳤으면 하는 바람입니다.

경상북도 교육청 공무원노동조합 위원장 **김종기**